JN439026

아홉 모랭이

아홉 모랭이

이형순 에세이

선우미디어 sunwoomedia

책머리에

등 따습고 배부르면 글을 왜 쓰겠냐고 누군가 한 말이 생각난다.

나에게 외로움이 없었다면 글 쓰는 일은 하지 않았을지도 모르겠다. 마음의 상처를 치유하는 방법으로 이보다 더 좋은 것이 있을까. 가슴속에 응어리진 무엇인가를 끄집어내어 머리가 아프더라도 써야 할 것이 있다는 게 얼마나 다행한 일인가. 글자 한 자 한 자를 엮어 작품으로 탄생시켰을 때 느끼는 나만의 희열 또한 문학이 지니고 있는 힘이리라.

보통의 사람들은 가족이라는 테두리 안에서 살고 있다. 그런데 그 내면을 들여다보면 가족 구성원들은 각기 다른 생각과 성격을 지니고 누가 뭐라고 해도 자신이 좋아하는 일을 하며 살고 있음을 보게 된다. 그러고 보면 삶은 각자의 몫인 것을.

주위 환경에 따라 처지가 달라지는 것은 사실이지만, 시간은 누구에게나 공평하게 주어지는데 제대로 활용하지 못하고 이래서 안 되고 저래서 안 된다는 핑계를 대며 살아 온 것 같다. 이제는 나도 좀 변해야 할 때가 아닐까.

변화하도록 만드는 것은 결정적인 원인이나 기회가 주어져야 가능하다. 내가 변해야 세상의 길이 바로 보인다는 것을 이번 작품을 묶으면서 알게 되었다. 변혁, 그건 바로 내 마음 안으로부터 시작하여 뻗어나간 길이라는 것을.

뜸도 제대로 들이지 않은 밥을 퍼놓는 것 같아 민망하기 그지없지만 다음에나 잘 해보리라는 핑계를 앞에 세워본다.

2013년 3월

이 형 순

| 차례 |

| 2부 | 맞지 않는 보폭

| 3부 | 길 찾기

| 4부 | 자전거와 각서

| 5부 | 큰솥 거는 날

1부

들기름을 짜야겠다

들기름을 짜야겠다

방앗간에 들렀다. 떡쌀을 빻으려고 갔는데 마침 그곳에서 들기름을 짜고 있었다. 고소한 냄새는 방앗간에서 퍼져 나와 가을바람을 타고 지나가는 사람들의 콧속까지 스며드는지 킁킁거리며 지나간다.

어릴 적, 엄마 따라 방앗간에 간 적이 있었다. 엄마가 큰 가마솥에 볶은 깨를 이고 기름 짜러 간 것이다. 방앗간 주인은 엄마가 가지고 간 깨를 베보자기에 싸서 기름틀 위에 올려놓은 다음 맷돌 같은 무거운 것을 눌러놓았다. 기름틀 밑으로 한 방울 한 방울 떨어졌는데, 기름 한번 짜려면 시간이 꽤 많이 걸렸던 것 같다. 기름을 다 짜고 나면 깻묵을 집에 가져다가 곱게 빻아 된장찌개 끓일 때 넣어 먹기도 했다.

지금은 깨를 볶는 것도 기름 짜는 것도 기계로 다 한다. 깨를 넣고 스위치를 돌리면 마치 수도꼭지에서 물 나오듯 쏴아 기름이 쏟아졌다. 기름 나오는 것을 바라보면서 신기하기도 하고, 세상에는 모든 게 빠르고 편리하게 변하고 있구나 실감할 수 있었다.

기름이 다 짜지자 방앗간 주인은 병에 담기 시작했다. 그리고는 손가락으로 기름을 찍어 맛을 본다. 햇것은 이리 고소한데, 묵은 깨는 맛이 없다고 한다. 기름을 짜려면 햇것이어야지 묵은 깨는 절대로 사지 말라고 알려주었다. 기름 짜러 나온 아주머니도 고소한 냄새에 그만 못 참겠는지 손가락으로 찍어서 먹어 본다. 나도 저들처럼 한번 찍어먹고 싶은 마음이 들었지만, 잘 아는 사람도 아닌지라 그만두기로 한다. 기름이나 고추장, 간장을 맛볼 때엔 새끼손가락으로 찍어 쪽 빨아봐야 제 맛이 나는 것 같다.

친정에서 농사를 지을 때 어머니는 벼를 베거나 추수를 하려면 참기름과 들기름을 짰다. 텃밭에서 뽑아온 배추에 갓 짜온 참기름을 넣고 버무리면 아삭거리는 것이 배추겉절이 한 가지만 있어도 밥 한 그릇을 뚝딱 먹을 수 있었다. 추수할 때면 어디 배추 겉절이뿐이랴. 무를 큼지막하게 썰어 나박김치를 담그고, 참게를 간장에 넣었다가 풋고추와 마늘, 깨를 뿌려 먹으면 그런 진미가 또 어디 있을까 싶었다. 거기다가 무와 늙은 호박을 넣고 끓인 갈치찌개는 얼마나 맛이 있던지, 커다란 가마솥에 두렁 콩을 까서 햅쌀로 밥을 지어 다 푸고 나면 넓은 솥바닥에 붙은 누룽지는 우리 간식거리로 그만이었다.

가만히 생각해보면 예전 음식이 더 풍성하고 맛이 있었던 것 같다. 넉넉한 살림살이는 아니었어도 사람 사는 냄새가 구수하게 풍겼던 것이다. 요즈음 먹을거리가 아무리 많다 해도 사는 게 좀 삭막하다고 할까? 서로 오가는 정이 덜하고, 맛도 예전 같지가 않다. 또 먹을거리가 적어서 더 맛이 있었는지는 모르지만 전에는 재료가 순수해서 지금 말하는 친환경 그 자체가 아니었을까.

'먹어서 못 산다'라고 어느 작가가 말했듯이 우리는 지금 기름진 음식을 끼니 때마다 먹는다. 그뿐인가 농약을 너무 많이 사용하는 바람에 우리 몸은 농약이 생물 농축되어 수족 떨림이라든가 중추신경마비, 식욕부진, 두통, 뇌종양, 뇌출혈, 피부염 등 각종 질병에 걸리기 쉽고 비만과 성인병에 노출되어 있는 것을 보면 아무리 음식문화가 발전하고 먹을거리가 흔하다 해도 조상들이 즐겨 먹던 것들은 모두가 우리를 살리는 유기농 음식이었던 거다.

우리가 먹는 밥과 김치, 된장은 이제 다른 나라에서도 좋은 음식이라고 주목받는 식품이 되었다. 우리 음식이 우리 몸에 얼마나 좋은 것인지 조상들한테 큰 절이라도 해야 될 일이라 생각된다. 배고파서 굶주리던 시절, 굶주린 배를 채우기 위해 무엇이든지 가리지 않고 먹어야 했던 보릿고개가 있었는데, 지금은 많은 사람들이 기름진 것을 덜 먹고 오염이 덜 된 식품에 눈을 돌리고 있다. 이제 우리도 그만큼 여유롭게 잘산다는 얘기일 게다.

전에 친정어머니가 차려 내오던 밥상이 그리워질 때가 있다. 수확철이면 그런 음식이 더 먹고 싶어진다. 아무리 찾아봐도 보이지 않는 맛, 추수하는 날이라도 거의가 다 식당에서 시켜먹는다. 옛날 추억속의 그 밥상을 만날 수 있다면 열일을 제쳐놓고 달려가고 싶은 마음이 앞선다.

올해엔 손수 깨를 사서 기름이라도 짜야겠다. 그리고는 새끼손가락으로 고소한 기름을 한번 찍어 맛보고 싶다. 기름을 듬뿍 넣고 배추 겉절이라도 버무려 먹으면서 향수에 젖은 입맛이나 달랠까보다. 조상들로부터 내려오는 우리의 음식은 언제 먹어도 물리지 않고 건강을 도와주는 소중한 것임에 틀림없다는 것을 느끼면서 말이다.

스마트폰 시대

핸드폰을 물에 빠뜨렸다. 그것도 화장실 변기통, 소변을 보고 일어서는 순간 바지주머니 속에 넣었던 게 그만 툭 떨어졌다. 핸드폰은 물하고는 상극인데 이 일을 어쩌지, 벌써 하수구를 타고 내려갔거니 화장실에서 발을 동동 구르며 물 내려가는 것만 바라보고 있었다. 혹시 핸드폰이 그냥 있을까? 변기에 손을 넣으려다 주춤거린다. 아무리 깨끗한 물이 흘러나온다 해도 변기에 맨손을 넣는 것은 찜찜한 일이다.

한참 망설이다가 하는 수 없이 변기에 손을 쑥 넣었다. 다행히도 핸드폰은 하수구로 나가지 않고 걸려 있었다. 손에 집히는 순간 반가웠다. 얼른 수돗물에 헹궈 타월로 물기를 닦고 배터리를 분리한 다음 헤어드라이기로 말리기 시작했다. 그러면서도 티슈로 핸드폰을 살살 눌렀더니 물기가 젖어든다. 물이 들어갔는데 제대로 작동할까 의아심이 들었지만 해보는 데까지 해보자며 내가 아는 상식을 다 동원했다. 겉에 보이는 물기는 말렸지만 내부가 문제라서 몇 시간 더 두기로 했다.

사무실에서는 휴대폰이 없어도 별로 불편한지 몰랐는데 막상 외출하려고 하니 불안해지기 시작했다. 혹시 자동차라도 이상이 생기면 어쩌지? 급하게 통화할 일이 생기면? 또 중요한 전화가 올지도 모른다. 점점 답답해졌다. 혹시 하는 마음에 핸드폰을 한번 켜보기로 했다. 빼놓았던 배터리를 다시 끼우고 시작 버튼을 길게 눌렀다. 신호음이 들리면서 초기 화면이 뜬다. 정상적으로 작동되기를 숨 졸이며 눈동자를 고정시켰다. 그러나 채 몇 초도 넘기지 못하고 화면이 캄캄해진다. 다시 반복해보지만 물기만 액정 속에 구름처럼 떠다닐 뿐 아무런 응답이 없다. 약속시간은 다가오는데 휴대폰을 다시 구입할 짬도 없었다. 안절부절 못하고 서성이다가 사무실을 나섰다.

현대의 많은 사람들은 한 끼 밥을 거르는 일보다 핸드폰 없이 한나절을 견디는 일을 더 불편하게 느낀다고 한다. 그 속에 전화번호는 물론이고 개개인에 필요한 정보를 입력하고 꺼내 쓰기도 하고 새로운 정보를 다운받기도 한다. 아무리 멀고 먼 곳이라도 서로 대화를 할 수 있고, 문자며 사진이며 주고받는 기능이 다양하다.

컴퓨터를 할 줄 모르면 컴맹이라고 하는데, 내가 생각하기에는 컴퓨터보다 폰이 더 필수품이다. 그러나 이렇게 편리하게 사용하는 휴대폰에도 문제점도 따른다. 요즈음 어린아이부터 노인에 이르기까지 거의 다 핸드폰을 가지고 있는데, 요금이 장난이 아니다. 한 가정에 몇 십만 원이 핸드폰 사용료로 지출되고 있다. 관리를 잘해도 불과 몇 년 지나면 다시 교체해야 하고, 거기다가 떨어뜨리거나 물에 빠뜨리면 치명적이라 바로 경제적인 손실로 이어진다.

업체에서는 며칠이 멀다하고 최첨단의 기능을 개발하여 신제품을 출시하는데, 그럴 때마다 가격은 올라간다. 아무리 좋은 기능이 많다 해도 그것을 제대로 사용하지 못하면 무용지물이나 마찬가진데 신제품 출시에만 연연하지 말고 소비자의 경제적 손실도 감안해서 저가의 제품도 만들어 요금을 적게 낼 수 있게 해준다면 얼마나 좋겠는가 싶다.

핸드폰은 이제 우리 생활에 없어서는 안 될 만큼 큰 비중을 차지한다. 요즘처럼 바쁘게 사는 우리에게 전화기를 휴대해서 편리한 점을 더 말해 무엇하랴. 그러나 우리가 필요로 하는 만큼 우리는 그 속에 젖어 들어 빠져나오지 못하는 것도 사실이다. 폰이 없으면 심리적 불안을 느끼게 되고 일도 제대로 할 수 없을 정도로 생활에 깊숙이 자리 잡고 있는 것이다. 그 속에 저장해 놓은 많은 자료가 순식간에 날아갈 수도 있어 노심초사하기도 한다.

전에는 몇 백 개의 전화번호도 외울 수 있었는데, 지금은 아들 며느리 전화번호조차도 외우지 못해 이름으로 검색해야 통화를 할 수 있을 정도다. 두뇌의 능력을 무능하게 만드는데도 너나 할 것 없이 핸드폰을 지니고 다녀야 하니 어느 때는 서글프다.

생활에 도움을 주고 편리한 반면 한편으로는 경제적인 지출도 많아졌다. 그러나 이것을 개발하여 기업을 살리기도 하고, 핸드폰을 이동하는 사무실로 활용하여 실용적으로 먹고사는 사람도 있다. 잘 활용하면 득이 되기도 하고 잘못 사용하면 화를 부르기도 하는 핸드폰, 어느 쪽이 좋고 나쁘다 할 말은 아닌 듯하다.

기억력에 도움이 안 된다고 하면서도 아무튼 이것을 떼놓고 살지는 못할 것 같다. 잠시라도 핸드폰이 없으면 사회생활 하는데 뒤떨어진 느낌이 들어 나는 핸드폰이 고장 난 지 하루도 안 됐는데 참지 못하고 다시 사야 할 걱정을 하고 있다.

나는 주로 전화를 받는 것과 가끔 문자를 보내는 단순한 폰을 사용하기에 그런 기능 몇 가지만 있어도 사용하는 데는 별 불편함을 모른다. 그런데 여러 가지 기능이 들어있을수록 가격이 비싸진다. 제대로 사용하지도 못하고 돈을 더 내야하는 모순은 소비자가 선택의 여지가 없는 것 같아 씁쓸하다.

어떤 사람은 스마트폰을 샀는데 기능이 복잡하여 사용하지 못하고 단순 폰으로 바꾸었다고도 하고, 어떤 이는 일반 폰을 가지고 다니면 시대에 자신이 뒤떨어진 느낌이 들어 스마트폰으로 교체했는데 공연한 짓을 하여 금적적인 손실만 봤다고 한다. 그런데 나는 사회생활에 뒤질까 사용하기 복잡하여 더듬거리더라도 스마트폰을 구입하려 한다.

갯졸단을 묶듯이

동생이 갯졸을 뜯어왔다.

갯졸은 바다에서 자라는 식물인데, 밭에다 재배하여 먹는 부추 종류다. 벌써 십여 년 전 일이다. 동생은 바다에 가서 뜯어온 것이라며 마치 시장에 내다 파는 부추처럼 누런 잎 하나 없이 깨끗이 다듬고 가지런하게 묶어 가지고 왔다.

"얘, 이거 네가 뜯은 것 맞냐, 사가지고 온 것이 아니냐?"

"언니두, 사오기는 내가 바다에 가서 뜯어온 것이래두."

"뻘 속에서 뜯기도 어려웠을 텐데 이렇게 깔끔하고 예쁘게 묶어 왔으니 하는 말이지?"

"그냥 갖다 주면 안 먹을 것 같아서 이렇게 하느라 고생 좀 했지." 하며 히히거린다.

어쩌면 이렇게 졸을 깨끗하게 뜯었을까? 억센 갈대 속에서 가느다란 것을 뜯느라 얼마나 애썼을까? 가지런히 다듬어 묶어서까지 가지고 온 갯졸은 먹기도 아까울 정도였다. 상하지 않는다면 그냥 걸어두고 싶은 생각까지 들었다. 정성을 가득 담아온 갯졸을 보면서 나는 동생에게 한 번이라도 그렇게 해준 적이 있었던가! 받기만 하고 살아 온 것을 생각하니 가슴이 아리다. 동생은 어려서부터 궂은일을 마다하지 않고 웃음을 잃지 않았다. 그애는 당연히 그런 일을 해도 된다는 듯이 나는 내 몸 사리기에 바빴던 것 같다.

갯졸이 자라는 곳은 대부분 바닷가 뻘이 있는 갈대수풀 사이인데, 그 속을 헤치고 졸을 뜯기란 쉽지 않다. 또 묵은 갈대 잎이 흩어져 있어서 하나하나 뜯으려면 시간도 많이 걸렸을 것이다.

갯졸은 바닷물을 먹고 자라기에 육지에서 자라는 채소와는 달리 간기가 배여 있어 무칠 때 간을 조금만 해야 맞는다. 살짝 데쳐 고추장과 참기름, 깨소금, 마늘을 넣고 조물조물 무쳐서 먹으면 맛이 일품이다.

동생이 돌아가고 친정어머니한테 전화가 왔다.

"애, 종훈 에미는 누가 갯졸을 뜯어오라고 혔나, 글쎄 냉장고에 갯졸을 뜯어다 놨는데 검불이 반이다, 바뻐 죽건는디 일거리다 일거리여……."

어머니는 다듬지도 않은 것을 갖다 줬다고 중얼거리셨다.

"왜 그랬지? 우리 집에 가지고 온 것은 깨끗하게 다듬어서 예쁘게 해왔던데……."

"뭐? 느네는 그렇게 갖다 주고 에미는 검불째 가지고 와? 고게 못돼 먹었구먼, 나쁜 것, 누가 그런 것 가져오랬나."

어머니는 그렇잖아도 일거리를 만들어 준 것이 불편한 심기였는데 우리 것은 예쁘게 다듬어 가지고 왔더라는 말에 화를 내셨다. 내가 어머니 입장이라도 서운한 마음이 들었을 것 같다. 같은 것을 주면서 다른 사람한테는 정성껏 다듬어 뒷손질 안 하도록 보내고, 성의 없이 그런 것을 내게 보내왔다면 차별대우에 당연히 속이 상했을 것이다. 나는 어머니께 드릴 말씀이 없어 종훈이 엄마가 바빠서 그랬을 것이라고 얼버무리며 웃어넘겼다.

친정집은 바닷가에서 얼마 안 떨어진 곳에 있었다. 바다라고는 하지만 육지와 맞닿는 끝자락이라서 강에 비교할 만큼 좁은 갯고랑이었다. 썰물이 빠져나가고 나면 우리 동네에서 개 건너 동네로 마실도 다녔다. 사람들은 바지를 걷어올리고 걸어서 오고갔는데, 그렇게 가면 바로 지름길이었다.

그곳에 사는 사람들은 뻘에서 농게나 능쟁이를 잡기도 하고 바지락을 캐다가 먹기도 했다. 동생은 갯손이 걸어서 그런 것을 잘 잡았다. 언젠가는 동생을 따라 게를 잡으러 갔는데, 뻘 속에 구멍을 뚫고 사는 게는 팔뚝이 다 들어가도 잡히지 않을 정도로 깊숙이 숨어 있었다. 게를 잡으려면 모래를 파야 되기 때문에 힘이 무척 들었다. 동생은 힘 안 들이고 척척 잘 잡는데 나는 그게 그렇게 어려웠다. 손과 팔은 돌멩이나 굴 껍질로 긁혀 여기저기 상처가 나고 손톱에 시커먼 뻘물이 들어 지저분하게 되었다. 그것이 싫어 그 뒤로는 바다에 가지 않았다.

동생은 어렸을 적부터 힘도 세고 뭐를 해도 일손이 걸었다. 봄이 되면 나물도 금방 한 바구니 가득 채우고, 게를 잡아도 잘 잡는데 나는 그런 일을 좋아하지 않았다. 내 몸이나 옷에 뻘이 묻는 궂은일은 하기 싫었다. 동생은 아예 나는 그런 일을 못하는 사람으로 제쳐놓았다.

사람은 살면서 자기 자신이 어떻게 행동하느냐에 따라 상대방 생각도 달라지는 것 같다. 동생은 어려서부터 음식도 잘 만들고 힘도 세더니만 지금은 식당을 운영하고 있다. 나도 동생처럼 허드렛일을 했더라면 다른 사람들이 나를 스스럼없이 대했을지 모를 일이다. 삶은 자신 스스로가 만드는 것이 아닌가 하는 생각이 든다.

나는 머리숱이 적은 편이라서 머리카락이 흐트러지지 않도록 스프레이를 뿌려 고정시킨다. 말은 될 수 있으면 아끼는 편이고 상대방 말은 많이 듣는 편이다. 내가 뱉은 말은 무슨 일이 있어도 지키려고 하는 성격이라 실언은 좀처럼 하지 않는다. 사무실 안에서 일하여 자외선을 덜 받아 피부가 좀 흰 편이어서인지 나를 보는 사람들 눈에는 새침하게 보였던 것 같다. 소탈하지 못한 나의 성격 때문에 주위 사람들이 쉽게 다가오지 않았다는 것을 동생이 가지런히 묶어온 갯줄을 보고 알았다.

갯줄, 갯줄을 그렇게 가지런하고 깨끗하게 다듬어서 묶은 것은 그때 처음 보았다. 동생이 보내준 갯줄처럼 가지런하게 잘 다듬어서 누가 봐도 먹음직스럽게 보이는 글을 쓴다면, 그 글을 누가 읽어도 괜찮다 싶을 그런 작품을 이 세상에 내놓을 수만 있다면, 욕심이겠지만 꿈이라도 꿔봐야겠다.

그릇마다 물을 채우다

가만히 있어도 땀이 나는 삼복더위, 모처럼 아침 운동을 했다. 흠뻑 젖은 땀을 샤워기로 씻어내고 발끝부터 머리까지 방울방울 거품옷을 입혔다. 머리를 헹구기 위해 수도꼭지를 돌렸는데 갑자기 물이 나오지 않는다. 이상하다? 샤워기를 잡고 틀었다 잠갔다 해도 물 나올 기미는 없고, 헛김 새는 소리만 나온다. 받아놓은 물도 없는데 발을 동동 구를 일이 생겼다. 불과 몇 분 사이에 이런 다급한 일이 생기리라고 누가 상상이나 했겠는가.

그러니 물이라고는 변기 안에 고여 있는 것과 변기 저장통에 들어있는 물이 전부다. 저 물이라도 퍼서 써야 되나, 막다른 골목에 다다른 것처럼 다급해져서 변기에 있는 물을 들여다보았다. 그 와중에 어떤 사람이 외국관광 나갔다가 난처한 경우를 만났던 추억담이 생각났다. 그는 술을 많이 마신 탓에 목이 말라 잠에서 깼는데 마실 물이 없더란다. 견디다 못한 나머지 비몽사몽간에 변기에 있는 물을 퍼마셨다는 말을 듣고 배꼽을 잡고 웃었던 적이 있다.

내가 만약에 변기통 물로 씻었다면 얼마나 찜찜했을까. 값싼 고무다라이에 받은 물은 식수로 사용해도 아무렇지도 않은데 변기물 저장고는 아무리 값비싼 외제품이라 해도 식수로 생각하는 사람은 아무도 없듯이, 같은 물이라도 어느 그릇에 담겨 있느냐에 따라 물에도 서열이 매겨진다. 원효대사는 해골바가지 물을 먹고 도를 깨쳤다는데, 모든 것은 자기 마음 먹기에 달린 것 같다.

샴푸 액이 들어가 눈은 따갑지, 우선 욕실에서 나와야겠는데 이리저리 궁리해봐도 뾰족한 방안이 없다. 안절부절 수도꼭지만 잠그고 열기를 수없이 반복하는데, 어디에 구원의 손길을 내밀어야 할까 캄캄하다.

'물 쓰듯 한다'는 말이 있다. 그러고 보니 그동안 살면서 물이 귀한지 모르고 너무 마구 사용해 온 것 같다. 흥청망청 사용한 물의 소중함을 일깨워주는 순간이다. 한 번만 씻어도 될 것을 씻고 또 씻고, 버린 물이 얼마나 많았던가. 물이 부족하여 수입해서 먹는 양도 엄청나다는데 그런데도 대수롭지 않게 여기고 펑펑 사용해 왔다. 수사관 앞에서 죄를 자백하듯 감감 소식인 수도꼭지 앞에서 물에게 지은 내 죄를 생각한다.

예전에는 공동 우물이 동네마다 한두 개 있었다고 한다. 우물이 먼 곳에 있어도 사람들은 물동이를 양어깨에 져다가 커다란 물두멍에 물을 가득 채우고 가마솥에도 부었다. 겨울에는 가마솥에 군불을 때서 뜨거운 물로 밥도 짓고, 설거지도 하고, 빨래와 목욕도 했다. 어디 그뿐인가, 산에 가서 나무를 베어다가 장작을 패서는 담 밑을 에워서 쌓고 솔꼴이나 가랑잎을 불쏘시개 하기 위해 갈퀴로 긁어 나뭇간에 채웠다. 옛날 사람들은 생활에 필요한 것을 여축하며 산 것 같다.

우리는 지금 여러 가지 편리하고 풍족함 속에서 살고 있다. 힘 안 들이고도 수도꼭지만 돌리면 물이 콸콸 나오고, 스위치만 올리면 불이 들어오고, 에어컨이 돌아가고, 맛있는 밥이 익는다. 그러나 편리한 것의 반대편에는 답답한 것도 많다. 컴퓨터가 고장 나면 저장해 놓은 것을 볼 수가 없으니 두 손 놓고 서성인다. 자동차가 없으면 두 발을 묶어놓게 되고, 핸드폰은 일상생활에서 떼어 놓을래야 떼 놓을 수 없는 바늘과 실 같은 존재다. 하나라도 이상이 생기면 불편함은 물론 불안까지 뒤따른다.

이라크 전쟁 때, 미국에서 발사하는 최첨단의 무기는 세상 모든 사람들의 관심거리였고 더 이상의 전쟁이 일어나지 않기를 바라는 두려움과 경각심을 우리에게 심어주었다. 그때 일부 사람들은 혹시 우리나라에까지 영향이 미칠지 모른다는 심리적 부담으로 라면이나 물 따위를 사재기하는 바람에 생필품이 바닥난 동네도 있었다고 한다.

날마다 마시고 사용하는 우리의 생명줄인 물, 물 없이는 하루도 견디기 힘들 정도로 없어서는 안 될 소중한 것이다. 사람은 물론이거니와 짐승이나 식물, 모든 살아있는 것들은 물 없이 살 수가 없다. 비가 많이 내려 홍수가 나고 수해를 입는 경우도 있지만, 물은 우리의 생명이다.

세제나 샴푸가 물을 오염시키는 주범이 되는 것을 알면서도 아끼지 않고 써댄다. 조금이라도 오염을 줄이려면 세제부터 적게 사용하는 습관을 들여야겠다는 생각이 거품을 둘러쓰고 동동거리는 지금에

서야 더욱 반성이 된다.

헛김 새는 수도꼭지가 갑자기 치익 칙 하면서 큰소릴 친다. 와! 물이다! 물을 보는 순간 반가워 큰소리라도 치고 싶었다.

물을 쓰면서 언제 또 단수될지 모르는 일, 오늘처럼 쩔쩔매는 일을 되풀이 하지 않으려면 물을 받아 두어야겠다. 옛 조상들처럼 물독에 물을 가득 채우던 것을 본받아 그릇마다 찰랑찰랑 채워야 하는 게 아닐까 잠깐 생각한다.

농사나 짓자

우리 정비공장 앞에 논이 있었다.

봄에는 모내기를 하여 가을이면 알알이 영근 벼를 수확했다. 누렇게 물든 벼를 바라볼 때마다 내 마음도 덩달아 풍성해졌다. 쌀농사는 우리에게 없어서는 안 될 생명줄이라서 더 정감이 가는지도 모른다.

농기계를 정비하면서 이상 여부를 세밀하게 점검하기 위해서는 논이나 밭에서 테스트를 해야 될 때가 있다. 그 논은 정비공장에서 다리 하나만 건너면 되는 곳이기에 벼 수확철에는 콤바인으로 탈곡도 해보고, 트랙터로 로터리도 쳐보고, 쟁기질도 하는 실험 장소로도 쓰였다.

논 주인은 급하게 돈 쓸 일이 생겼는지 땅을 내놓았다. 그 땅을 우리가 매입하여 농기계 테스트도 하고 교육장소로 사용하면 좋겠다 싶었지만 여유자금이 없었다.

그 논은 도로에서 한길 넘게 푹 들어간 낮은 지대였는데, 벼농사 짓는 데는 아무런 문제가 없었다. 그 땅이 다른 사람한테 넘어간 뒤에 커다란 덤프트럭에 흙과 돌을 실어다가 부었다. 오직 벼만 심겨지던 논은 반항 한번 해보지 못하고 연일 쏟아붓는 돌과 흙더미에 깔리면서 밭으로 변했다.

해마다 가을이면 누렇게 익은 벼이삭을 바라보던 곳, 푸근하게 느껴지던 논이 없어지면서 정겨운 광경은 찾을 길 없고 잡풀만 무성했다. 그렇게 일 년여를 방치했다. 땅에도 팔자가 있다더니 그 땅은 주인을 잘못 만나 농토의 구실을 하지 못했다.

그 다음해 그곳에 양배추가 심겨졌다. 그러나 배추는 듬성듬성 어쩌다 한두 포기 있을 뿐 풀만 웃자라 산인지 밭인지 분간 못할 정도였다. 양배추는 종자 값도 건지지 못하고, 파를 심었는데 그것도 제대로 가꾸지 않아 잡풀만 키운 꼴이 되었다.

거액을 주고 구입한 농토에서 제대로 농사를 짓지 못하는 것을 보아 논 임자는 아무래도 투기 목적으로 매입한 것 같았다. 진정한 농부라면 그렇게 땅을 소홀하게 대하지 않을 텐데, 옆에서 보기에도 기분 좋은 일이 아니었다.

어느 날, 트랙터가 붕붕거리며 로터리를 치고 있었다. 이번에는 어느 작물을 심으려고 밭을 고르는 것일까? 내심 궁금했는데 로터리 치는 사람은 새 농지 주인이 아닌 내가 잘 아는 우리 단골고객이었다. 웬일이냐고 했더니 그 밭을 세 얻었다고 한다. 누가 무엇을 하든지 나와 상관없는 일이지만, 이제야 땅을 사랑하는 임자를 만나 농토로서 제 기능을 할 수 있겠다 싶어 반가운 마음이 앞섰다. 그는 밭을 고른 뒤 고추와 생강도 심고, 한쪽에는 나무도 심었다. 그는 시간이 날 때마다 밭에 와서 잡초를 뽑고 거름도 주며 심어 놓은 작물을 어루만지며 보살폈다.

같은 땅에 똑같은 씨를 뿌리고 가꾸는데 누가 더 정성들이고 땀을 흘리느냐에 따라 튼실한 수확을 얻을 수도 있고 실농을 할 수도 있다. 농사는 아무나 짓는 것이 아니라 농사짓는 기술을 익히고 터득해야 되는 일이다. 사람들은 사업에 실패를 한다거나 회사를 그만두거나 하면 흔히 '농사나 짓지 뭐'란 말을 쉽게 내뱉는다. 농사가 어디 말처럼 그리 호락호락하던가. 농사를 지으려면 우선 끈기가 있어야 하고, 농지와 자금이 있어야 한다. 돈이 없으면 농사일은 다른 일보다 몇 배 더 어렵다. 작물에 따라 재배의 기술이 다르므로 농사일을 깔보고 덤벼들었다가는 낭패 보기 십상이다.

농사 일은 소득의 목적도 있지만 비가 오나 바람이 부나 항상 마음 안에 걱정을 떼어놓지 못한다. 묘를 심어 자라나는 새싹과 열매의 결실을 얻는 기쁨은 농부에게는 돈으로 살 수 없는 무언의 뿌듯함이 있다. 무엇을 심더라도 흙은 품안으로 감싸 안는다. 얼마나 많은 노력을 하고 잘 보듬어 주느냐에 따라 수확이 뒤따르는 게 농사 일인데, 흙속에는 그 정직함이 숨어있다.

반듯하게 골을 내고 심어 놓은 고추줄기 옆에 지지대를 세우고 줄로 매어놓는데 그것은 웬만한 비바람에도 고추대가 쓰러지지 않도록 하는 안전장치와 같다. 볏짚으로 멀칭한 위로 쑥 올라온 생강 잎은 마치 대나무를 심어놓은 것 같다. 생강 줄기에서 칼칼한 생강 냄새가 코끝을 와 닿는 듯하다. 한쪽 가에는 적색 단풍나무가 심겨져 있어 빨간 색과 파란 색이 잘 어우러진 한 폭의 풍경화 같다.

그 땅은 공장 앞에서 보는 것보다는 3층 베란다에서 내려다보는 게 더 보기 좋다. 오늘도 풀을 뽑고 거름을 치는 농부의 손길이 바쁘게 움직인다. 땀 흘려 가꾸어 놓은 것을 힘 안들이고 베란다에서 훔쳐보는 나만의 재미가 꽤 쏠쏠하다. 공짜로 즐기는 것이 한편으로는 미안한 마음도 든다. 같은 곳에 같은 작물을 심어도 보는 사람의 눈이 피곤하게 느껴지는가 하면 정성들여 잘 가꾸어놓은 농작물은 눈이 맑아지고 가벼워진다.

흙과 더불어 묵묵히 일하는 농부의 부지런한 손이 스쳐간 자리는 오가는 사람들에게 기쁨을 선사한다. 그것은 바로 어려움을 참고 흙 속에서 건져내는 끈기가 보여서일 것이다. '농사나 짓지'라고 쉽게 내뱉는 것은 농토에게 큰 결례가 되는 말일 것이다.

팔순이 지나도

어머니를 모시고 병원 가는 날이었다.

친정집 현관문을 열고 들어서니 어머니는 구두를 신고 가신다거니 오빠는 구두보다 슬리퍼가 편하다거니, 어머니와 오빠는 신발을 놓고 실랑이를 벌이고 있었다. 그 모습을 지켜보다가 병원에 갈 때에는 구두를 신고, 병실에서는 슬리퍼를 신으면 되겠다싶어 슬리퍼를 들고 나와 자동차에 실었다. 서로 다른 의견으로 맞서던 어머니와 오빠의 머쓱한 표정을 보면서 혼자 웃었다.

어머니는 여자용도 아닌 슬리퍼가 마음에 들지 않아서 그러는데 자꾸 신으라고 하는 아들의 성화가 못마땅했을 것이다. 그 와중에도 천안에 사는 막내아들네 준다고 뜰 안에 심어 놓은 풋고추며 깻잎을 뜯어 이것저것 한보따리 차에 싣는다.

어머니는 몇 년 전 심장수술을 받으셨다. 입원하면서 검사를 받아야 결과를 알 수 있다하여 단대병원에 예약을 해놓았다. 그곳은 심장병 진료는 신뢰할만 하다고 한다.

지난 겨울, 어머니가 혈당이 높아 입원하였는데 오빠는 큼지막한 털신을 사왔더란다. 빛바랜 털신을 신고 다니시던 게 마음에 걸렸던 모양이다. 병실에서 그런 것을 신은 사람은 자기뿐이었다고 어머니는 생각날 적마다 한 마디씩 하셨다. 편한 맛에 그냥 신고 다녔는데 오빠는 어머니가 털신을 좋아하는 줄 알고 혹 빙판길에 발이라도 삐끗할까 사다드린 것이었다.

어머니가 즐겨 신으시는 구두가 있는데, 가죽이 부드럽고 발이 편하여 외출할 때는 으레 예쁜 구두를 신으신다. 팔순이 지났어도 예쁜 것을 좋아하시는 어머니, 아직도 마음은 소녀이시다.

"뭐니뭐니 해도 같이 사는 자식이 최고지, 누가 그렇게 어머니를 챙겨 준대요."

"그 말은 맞는구먼. 누가 나쁘다고 했간, 예쁘지 않다고 했지. 어미가 오래 살기는 살았나보다. 느이 오라비가 그런 것도 사다주고 말여."

어머니와 나는 차를 타고 가면서 오빠가 사다준 신발 얘기를 하면서 웃었다.

어머니가 아들이 사온 것을 썩 마음에 들어 하지 않는 것을 보면서 아무리 나이를 많이 먹는다 해도 이쁜 것을 선호하는 감각까지 늙는 것은 아님을 알 수 있었다. 이왕이면 다홍치마라고 내가 보아도 투박한 털신은 좀 그렇고, 슬리퍼는 색깔 고운 여자용으로 사다 드렸다면 좋았을 것을…. 어머니가 빛바랜 털신을 그냥 신고 다니지 않았어도 오빠가 그런 것을 사드렸을까.

오래 전에 들은 얘기다. 어느 아주머니가 장에 갔다 늦게 돌아왔는데 딸은 밥그릇 가에 붙은 밥을 주걱으로 짝 긁어 차려내왔다. 기가 막혀 누가 어미 밥을 글갱이로 푸더냐고 하니 딸은 그렇게 푼 밥이 맛있어서 엄마가 매일 그렇게 푸는 줄 알았다고 했다. 너무 어이없는 말을 듣고는 그렇게 해서는 안 되겠다 싶어 그 후부터는 자신의 밥도 편편하게 잘 펴 담았다고 한다. 은연중에 그대로 따라 하는 아이들을 보면서 앞으로 자신이 푸대접받을 것을 생각하니 정신이 번쩍 나더라고 했다.

옛날 어머니들은 무던히도 고생을 하고 살았다. 층층시하 부모를 모시느라 외출도 마음대로 못하고, 물도 길어다 먹고, 보리방아며 명절이나 집안 행사 때면 절구에 찧어서 떡을 만들고, 두부며 콩나물이며 손수 다 집에서 만들어 먹었다. 거기에 자식들 뒷바라지까지 잠자는 시간 외에는 쉴 틈이 없었다. 밥을 먹을 때에도 먹을 만한 음식은 시부모 상 위에 올리고 또 자식들 챙기느라 제대로 된 상차림 없이 부뚜막에서 먹는 것은 다반사였고, 가족을 위해 희생만 하고 살았다.

우리 어머니 삶도 그랬다. 아들의 눈에는 평소 어머니가 그런 신을 좋아해서 낡은 털신을 신었다고 느꼈을 것이다. 투박한 것을 사다주어 마음에 들지 않는다고 하기 전에 어머니 자신이 어떻게 하고 다니느냐에 따라 상대방이 눈높이를 알아 챌 것 같다. 오래되어 보기 싫으면 과감하게 버릴 줄도 알아야 되는데, 어머니는 아까워서 그냥 신고 다닌 것이다. 옆에서 볼 때엔 그것이 어머니 취향에 맞는다고 여겼을 것 같다.

젊었을 적에는 어려운 살림을 이끌어 가랴, 자식들 뒷바라지 하랴 유행 따라 멋 한번 부려보지 못하고 호사 누릴 새 없이 살아온 어머니, 어머닌들 이쁘게 치장하고 싶은 마음이 왜 없었으랴. 이쁜 것은 누구에게나 이쁘게 보이는 법, 젊고 늙고를 떠나서 고운 것은 언제 보아도 얼굴이 해맑아지게 마련이다. 늙었다고 해서 유행에 민감한 취향을 뭐라 해도 안 될 일이고, 무조건 편한 것만 좋아한다고 생각할 일도 아닌 것 같다.

투박하다고 뿌루퉁하는 어머니께 가볍고 고운 신발 한 켤레 사드려야겠다.

팥 인절미

팥고물을 묻힌 인절미를 보면 돌아가신 고모님이 생각난다.

아버지 형제는 다섯이었는데, 고모는 외동딸이었다. 고모는 당진 천의에서 살았고 친정인 우리 집에 가끔 오셨다. 교통수단이 지금처럼 편리하지 않았던 시절, 비포장도로에 배차시간도 제대로 지키지 않는 버스를 기다리다 지치면 어느 날은 걸어오기도 하고 운 좋은 날은 버스를 타고 오시기도 했다. 고모는 할머니께 드릴 음식과 우리들에게 줄 사탕, 그리고 아버지에게는 술 한 병을 잊지 않고 사오셨다.

저만치 논둑 끝에 고모가 나타나면 너무 멀어서 누군지 알아볼 수는 없지만 나는 고모임을 직감으로 알 수 있었다. 고모를 보는 순간 고모다! 소리치며 단숨에 뛰어가곤 했다. 고모를 만나 반갑기도 했지만 그보다 더 눈에 가는 것은 고모가 들고 오는 보따리였다. 그 속에는 언제나 달콤한 사탕이 들어 있었다. 먹을거리가 흔하지 않던 유년 시절, 고모가 사다주던 사탕이나 엄마가 장에서 돌아올 때 사오던 사탕이 군것질거리로는 그만이었는데, 그때 고모가 사온 사탕은 참

달고 맛있었다.

고모는 외동딸이어서 그런지 성격이 활달하고 낯모르는 사람하고도 금방 잘 어울렸다. 말 한마디를 하더라도 유머감각이 뛰어나 골이 났던 사람도 웃게 하는 재주가 있었다.

언젠가는 방송국에서 머리에 비녀 꽂은 사람을 찾던 중이었는데 마침 고모가 그들 눈에 띈 것이다. 방송국 PD는 작품 제작하는 데 협조를 부탁한다면서 고모를 설득시키더란다. PD는 어느 마을 고택으로 고모를 모시고 가 한복을 입히고 흰 고무신을 신기고는 어느 노부부가 살아가는 것을 재연하는 것이었다고 한다. 낯가림하지 않는 고모는 나이가 지긋한 처음 보는 남자한테 영감, 영감 하면서 연기를 거침없이 하여 그 장면을 지켜보던 사람들은 웃느라 정신이 없었는데, 촬영이 끝나고 고모가 입었던 한복은 소품이라 벗기고는 고무신만 주더란다. 출연료는 없느냐고 하니 고무신이 출연료라 하여 일당치고는 너무 값이 허름한 헛품만 팔았다고 했다. 다른 사람들은 머리카락을 자르고 퍼머를 하라고 권했지만 고모는 자르지 않고 비녀를 꽂고 다녔는데, 그 모습이 발탁되어 생판 모르는 노신사와 잠시나마 부부로 지냈다 하며 웃었다. 고모님은 코미디언들과 말을 견주어도 뒤지지 않을 정도로 입담이 걸다.

고모는 우리 집에 오시면 가끔 나와 동생을 고모 집으로 데리고 갔다. 그럴 때마다 나는 아버지의 눈치를 살펴야 했다. 아버지는 여자는 집에서 잠을 자야지 함부로 남의 집에서 자서는 안 된다고 하셨다. 그래서 고모가 가자고 해도 쉽게 따라나서지 못했는데, 고모는 아버지 몰래 나를 원둑 밑으로 먼저 가라고 하셨다. 나는 아버지 눈에 띄지 않게 살금살금 숨죽이며 둑 밑으로 재빨리 걸어갔다. 마치 비밀접선에 성공이라도 한 듯 고모와 나는 산모퉁이에서 만났다. 아버지한테 들키지 않은 것을 다행이라 여기며 고모 손을 잡고 룰루랄라 흥얼거리며 소풍이라도 가는 듯 설렜다.

고모는 아들 셋에 딸 일곱, 열 자식을 두었다. 고모 댁에 가면 언니가 없는 나에게는 언니들이 많아서 좋았다. 밤늦도록 언니들과 얘기를 하다 보면 밤이 깊어가는 줄도 몰랐다. 고모는 떡을 해놓고 꿈나라에 있는 나를 살살 깨웠다. 영문도 모르는 나는 눈을 비비며 간신히 일어났다. 언제 떡을 했는지 팥고물을 묻힌 인절미를 먹으라고 한 접시 내놓는다. 절구대로 찧은 것이라 쌀도 다 빻아지지 않고 드문드문 통팥을 씹는 맛이 더 구수했다. 나에게 떡을 더 먹이려고 식구들 몰래 살짝 주었던 거다. 조카가 뭐라고 자식들은 다 제쳐놓고 그렇게 인절미를 해먹였는지, 고모는 내가 갈 적마다 떡을 해주셨던 것 같다. 넉넉하지 않은 살림이었는데도 조카들 왔다고 반가워하며 늘 떡이나 음식을 맛있게 만들어 주셨다.

아버지 혈육으로는 유일하게 늦도록 살아계셨는데 몇 년 전에 돌아가셨다. 고모의 부음을 받고 장례식장에 갔다. 영전사진은 소리 없이 웃으며 나를 맞아주는 듯했다. 언제나 다정다감하던 고모, 지금도 푸근한 모습이 눈에 어린다. 우리에게 베풀어주신 사랑의 십분의 일이라도 갚아드릴 수 있었다면 내 마음이 좀 가벼웠을까? 때늦은 후회만 가슴속에 가득하다.

나에게도 조카가 여러 명 있다. 나를 고모라 부르는 애들이 가끔 찾아오면 용돈이나 찔끔 손에 쥐어줬을 뿐 고모처럼 다정다감하게 대해 본 적이 없는 것 같다. 훗날 이 세상에 내가 없을 때, 조카들은 나에 대해 어떤 기억을 떠올릴까? 아무리 생각해봐도 그애들의 마음 속에는 내가 보고 싶고 그리운 기억이 별로 들지 않을 것 같다.

고운 심성은 태어날 때부터 가지고 나오는 게 아닌가 하는 생각을 해본다. 고모는 당신이 낳은 자식들도 많아 손길이 모자라는데 우리가 가면 그리 맛난 음식을 차려 먹이려고 애쓰셨다. 팥고물을 묻힌 인절미를 떠올릴 때마다 고모님이 몹시 그리워진다.

내리사랑

큰아들 네를 다녀오기로 했다.

손녀를 본 지 2개월째인데 해산하는 날 병원에서 보고는 지금껏 가지 못했다. 바쁘기도 했지만 산모와 아기를 돌보아주는 도우미가 있어 믿거라 하고 미뤘는지 모른다.

밖에는 비가 끊임없이 내리고 있다. 책이나 읽을까 하다가 오늘은 손자녀석들을 보고 와야겠다는 생각이 들자 마음이 바빠지기 시작했다.

장마철이라 해산물은 싱싱한 것이 없을 듯하여 장보러 가는 것을 그만두기로 한다. 무엇을 가지고 가나 냉장고 문을 열어본다. 급냉해 놓은 꽃게를 꺼내 봉지에 담고, 콩을 드문드문 넣어 만든 쑥개떡을 꺼내 전자레인지에 돌렸다. 천안 가는 동안 김이 빠지고 식으면 졸깃졸깃해지겠지, 어저께 동생네서 보내온 냉면육수 맛이 괜찮았다. 더운 날 면을 삶아 시원한 육수를 부어 먹으라고 육수 한 병을 담았다. 작은 아이가 팔봉산 감자축제에 가서 캐온 감자 박스를 들여다보니 밤톨만한 것부터 아기 주먹만 한 것까지 골고루 섞여있다. 올 상반기

농작물 작황이 좋지 않다는 것을 짐작으로 알 수 있었다. 알이 굵은 것을 골라 봉지에 담았다. 손녀딸 옷 한 벌은 사주어야 할 텐데, 할미가 사주는 것이 행여 며느리 마음에 들지 않는다면 기분 좋을 일이 아닌지라 번거로운 일 하나 줄일 겸 봉투를 만들었다.

장대비처럼 쏟아지던 비가 좀 수그러졌다. 이것저것 챙겨 자동차 트렁크에 실었다. 집을 나섰는데 뭔가 빠진 것 같아 과일가게를 들렀다. 상점 안에는 제철 과일인 수박과 참외가 가득 진열되어 있고 겨울에 먹는 것으로 알려진 귤은 절기를 잊었는지 다른 과일과 나란히 앉아 자태를 뽐내고 있었다. 껍질도 연하게 생긴 것이 맛있어 보인다. 요즈음 귤은 비닐하우스에서 수확하는 것이라고 한다. 손자녀석이 맛있게 먹을 것 같아 값이 비싼데도 한 박스 샀다.

자식이 뭐라고 이렇게 주고 싶은 것이 많은지 차안에서 혼자 웃었다. 부모는 자식에게 하나라도 더 가져다 주려고 하는데, 자식들은 반에서 반만큼이나 부모를 생각할까? 대우를 받자고 하는 것이 아닌지라 부모는 자식들에게 무엇이든 주어도 아까운 생각은커녕 늘 부족한 감이 드는 것이다.

버스를 탈 때나 지하철에서 무거운 보따리를 머리에 이고 들고 다니는 노인들을 흔히 본다. 그들은 대부분 아들이나 딸한테 주려고 힘들어도 참고 들고 다닌다. 구부정한 허리, 자기 몸도 제대로 챙기지 못하면서 힘에 겨운 짐을 간신히 들고 가는 것을 보면 안쓰럽다. 그런 어머니들을 볼 때면 자식 위해 너무 희생을 하는구나! 저렇게까지 무리할 필요가 있을까 하는 측은한 마음이 들기도 했다. 그러나 지금에 와서 생각해보니 내가 하는 짓이 그들과 다르지 않다. 세월이 제아무리 많이 흘러도 변하지 않는 것은 자식에 대한 부모의 애달픈 사랑인가보다.

우리 친정어머니도 항상 나한테 무엇이라도 주고 싶어 하신다. 어머니보다 더 잘 지내고 있는데도 무엇이라도 챙겨주시느라 바쁘다. 부모에게 받은 것을 부모에게 갚는 것이 아니라 자식에게 주는 것을 보면 부모는 언제나 주기만 하는 존재인 것 같다. 부모가 열을 주면 자식은 겨우 하나나 드릴까. 항상 자식에게 베푸는 것을 당연하다고 생각하기 때문인 것 같다.

아들이 사는 아파트 현관 앞에 이르니 아기 우는 소리가 문틈으로 새어나온다. 요즈음은 아기 울음소리 듣기도 쉽지 않으니 울음소리만 들어도 아들 네라는 섯을 알 수 있었다. 며느리는 우는 아이 달래느라 정신이 없고 세 살 된 손자는 깍듯이 배꼽인사를 하여 웃었다. 얼마 전까지만 해도 아기 노릇하던 녀석이었는데 동생을 봐서 그런지 좀 의젓해진 것 같다.

가지고 간 쑥개떡이며 귤을 꺼내놓으니 손자, 아들, 며느리 모두 맛있게 먹는다. 그렇잖아도 귤을 사려고 했는데 너무 비싸서 사지 않았다며 며느리가 좋아했다. 애들이 맛있게 먹어주는 것만 보아도 흐뭇하고, 얼굴만 쳐다봐도 든든하다. 이런 기쁨을 맛보았으니 오늘 수확은 알차다. 부모는 자식이 있어 든든하고 자식은 부모가 있어 든든한 것을, 서로 만나는 기쁨과 함께 모여앉아 음식을 먹으면서 웃음소리가 방안에 가득 퍼질 때 이것이 진정 행복임을 느끼게 한다. 주는 만큼 내게는 즐거움이 따른다.

아이들을 키우면서 굽이굽이 가슴 졸이기도 하고 잠 못 이루며 밖에 나간 아이를 기다리던 날도, 몸이라도 아플 땐 차라리 내가 대신 아플 수 있다면 좋을 안타까운 날도 있었다. 아이들이 있었기에 삶에 기쁨과 활력소가 생기지 않았나 싶다. 부모는 자식에게 내리사랑이 있어 세상은 희망이 있는 것 같다.

세 어머니

나에게는 어머니가 셋이다. 첫 번째는 친정어머니고 두 번째는 수양어머니, 그리고 세 번째는 시어머니다.

어버이날 세 개의 봉투를 만들었다. 나를 낳아 길러주신 친정어머니를 챙겨드리는 것은 당연한 일이고, 두 어머니는 나와 타의건 자의건 맺어진 인연이라 그냥 지나칠 수가 없다.

내가 일곱 살 때 수양딸이 되면서 두 번째 어머니가 생겼다. 수양어머니 댁에는 딸이 여섯인데 아들을 얻으려면 칠 공주를 채워야 한다고 점쟁이가 말했다고 한다. 그 집 시누이는 우리 바로 옆집에서 살았는데, 엄마에게 나를 수양딸로 달라고 얼마나 졸라댔는지 엄마는 어쩔 수 없이 승낙을 했다.

어느 날 엄마는 나에게 고운 한복을 입히더니 그 댁으로 데리고 갔다. 방에 들어가서 어른들한테 절을 하라하여 시키는 대로 했는데, 나중에 알고 보니 그것이 수양딸이 되는 절차였다.

그 후로 점쟁이의 말이 맞았는지 수양딸인 나까지 일곱 명의 딸을 채운 그 댁에서는 꿈속에서도 바라던 아들을 낳았다.

철이 들면서 누구네 수양딸이 되었다는 것을 알았을 때 나하고는 상관없는 일이라며 수양딸을 물리려고 해도 이미 소용없는 일이었다. 더구나 수양아버지라는 사람은 일도 하지 않고 하구한날 술만 마시는 술주정꾼이었다. 그런 집 수양딸이 되었으니 내 기분이 좋을 턱이 없다. 쓸데없는 짓 했다고 엄마한테 화를 내며 그 집에는 가지 않을 거라고, 내가 좋아서 한 일이 아니라고 혼자 마음에 벽을 쳐보지만 한번 맺은 인연은 쉽게 끊을 수 없었다.

결혼하여 시댁에 가보니 남편을 낳은 시어머니는 일찍 돌아가셔서 안 계시고 아버님은 재혼하셨다. 진짜 시어머니를 얼굴 한번 뵌 적 없는 나에겐 남편의 새어머니가 시어머니다. 그렇게 해서 세 번째의 어머니가 생겼다.

시어머님은 큰댁하고 뭔가 맞지 않아 아버님하고 헤어져 혼자 살아가고 있다. 아버님과 함께 사실 때 시어머님은 마늘 한 접을 주더라도 제일 크고 좋은 것으로 골라 줬고, 신혼살림에 아쉬운 것이 많을 거라며 무엇 한 가지라도 더 챙겨주면서 안쓰럽게 생각하시곤 했다. 그렇게 친자식처럼 챙겨주시던 시어머니였다. 지금은 큰댁과 왕래를 안 하고 혼자 따로 나와 큰댁을 등지고 지내는데, 그렇다고 나 몰라라 할 수 없어 홀로 쓸쓸하게 지내는 어머님을 가끔 찾아뵙는다.

이 세상에는 많은 사람들이 있다. 부모, 자식, 형제자매, 이웃사촌, 회사동료들 여러 모임에서 만나는 사람들, 그리고 오가다 만나는 사람도 있고 하루에도 수없이 많은 사람들을 만나고 헤어진다. 그중에 꼭 필요한 사람이 있는가 하면 만나서는 안 될 사람도 있을 게다. 부모 자식 간을 끊을 수 없는 천륜이라고 했다. 얼마나 질기고 단단하면 그런 말이 있을까 싶다. 같은 피가 흐르는 일가는 아니라도 무슨 이유로든 맺어진 인연은 쉽게 끊어지지 않는다. 한 번 엮어지면 아무리 아니라고 하여도 지워지지 않고 마음속에 늘 그림자처럼 따라다닌다.

수양어머니는 내 뜻과는 상관없이 어른들이 맺은 것이어서 그 끈을 끊으려 해봤지만 소용없는 일이었다. 시어머님도 아버님과 헤어진 후, 지금은 시아버님이 돌아가셨기에 그냥 모른 척해도 되는 일이지만 사람의 도리가 아닌 것 같아 계속 찾아뵙는다. 수양어머니는 나를 딸로 삼고 나서 귀한 아들을 얻었다고 믿고 있으니 그분은 나름대로 나로 인해 위안을 받은 셈이 되니 좋은 일이다.

사람들은 수많은 사연 속에 연을 맺으면서 산다. 그 중에서도 부부의 연은 어떤 사람을 만나느냐에 따라 서로의 삶이 천차만별로 달라지는 것 같다. 사람은 연을 많이 맺을수록 주변에 복잡한 일이 많은 것 또한 사실이다.

수양어머니는 유년 시절에 만났고 시어머니는 결혼 후에 만났다. 두 분 만난 것도 몇 십 년이란 긴 세월이 흘렀다. 이런저런 일로 지나온 시간 속에는 저버릴 수 없는 정이 스며든 것 같다.

친정어머니는 누구한테 동정심을 얻으려고 하거나 구차한 내색을 하지 않으신다. 공짜도 좋아하지 않고 전화를 하면 용건만 간단히 끊고 잔정이 없는 것 같은데, 그렇지는 않으시다. 수양어머니는 가정을 제대로 돌보지 않고 술을 좋아하는 수양아버지와 살면서도 시부모께 잘하여 효부 상을 받았다. 그 효부상 속에는 수많은 고통이 담겨있는 듯 수양어머니 얼굴에는 늘 근심어린 표정이 있다. 내색하지 않고 살아온 그 속은 얼마나 힘들고 답답했을까 싶다. 시어머님은 깔끔한 성격이라서 부엌이며 주위에 먼지 하나 없을 정도다. 남한테 무엇을 주더라도 좋은 것으로만 골라서 주었고, 개나 고양이 같은 짐승을 좋아하셨다. 각기 다른 성격을 지닌 세 어머니의 비슷한 점이라면 지지리도 남편 복이 없는 분들이다. 일찍 남편을 잃었거나 같이 살았다 해도 별 도움이 없었다.

어떻게 만났든 잠시 스쳐 지날 수 없는 보이지 않는 테두리 안에 우리는 인연으로 묶인 사람들이다. 내게는 전생에 세 분의 어머니를 섬기면서 살라는 운명이 있었던 것 같다.

그래서 어버이날에는 세 분의 어머니들이 떠오른다. 제대로 딸 노릇을 하지 않았지만 땅속으로 숨어서 흐르는 물은 보이지 않듯이 가슴속에 흐르는 정도 그렇게 묵묵히 흐르는 것 같다.

여든이 넘으신 고령의 어머니가 세 분이나 살아계시니 나는 복이 많다. 많은 인연 중에 서로 각별한 인연이 모녀의 연이다. 서로 부족한 부분을 채우고 나누면서 살아가는 것이 우리네 삶이 아니던가. 남은 생, 세 분 어머니 건강하게 사시기를 빌어본다.

내 손은 할일이 참 많다(2)

논밭에서 일을 하다보면 흙을 뒤집어쓰기 일쑤다. 사용하던 기계가 고장 나면 흙투성이 옷을 갈아입을 새도 없이 대리점으로 달려오게 된다. 필요한 물품을 구입하려고 급한 마음으로 오다가 과속 위반 카메라에 찍히는 이도 있고, 농번기엔 흙 묻은 옷차림도 문제가 아니다. 그러니 하루에 몇 번씩 치워도 흙부스러기는 여전히 여기저기 널려 있다. 사무실 앞과 정비 공장 주변에서 쓸어내는 흙을 모아놓는다면 농번기마다 땅 몇 평씩은 생길 것 같다. 손님이 뜸하다 싶어 한 손엔 빗자루를 들고 다른 손으로 쓰레받기를 잡고 흙먼지를 쓸어 담고 있는데, 자동차 한 대가 사무실 앞에 정차한다.

40대 초반으로 보이는 남자가 자동차에서 내려 잰걸음으로 다가온다. 허벅지까지 닿는 장화를 신은 것으로 보아 모를 심는 도중 이앙기가 고장 나서 부품을 구입하러 온 모양이다.

“여기 사장 워디 있슈?”

그 남자는 무어랄 것도 없이 급한 목소리로 사장을 찾는다. 무슨 일 때문인지 얘기를 해보라고 하여도 내 말은 들리지 않는지 다시 묻는다.

"부품 담당허는 사람은 읍슈?"

마당을 쓸고 있는 내가 아마 청소하는 고용인으로 보이는 모양이다.

"부품 때문에 그러시는 것 같은데, 말씀을 하셔야죠, 그래야 무슨 물건인지 내어줄 것이 아닙니까?"

이젠 내 쪽에서 답답하게 여겨지는 터라 그가 온 목적을 캐려고 유도했다. 그제야 용건을 말해도 되겠다 생각했는지 말을 꺼낸다.

그가 필요한 물품을 받아들고 돌아간 뒤 혼자 웃었다. 내가 하는 일이 그 청소뿐이랴. 화장실 청소는 누구나 꺼려하여서, 우리 집도 마찬가지로 화장실이 지저분해도 좀처럼 치우려는 사람이 없다. 마치 내가 화장실 당번이라도 되는 듯 더럽다 싶으면 고무장갑을 낀다. 화장실은 하루에도 몇 번씩 사용하는, 없어서는 안 되는 필수불가결한 장소임에도.

사람들은 먹을거리는 싱싱하고 좋은 것을 골라 먹는다. 제아무리 깨끗한 것을 먹는다 해도 배설물은 다 그렇고 그런 것인데, 화장실은 왜 더럽다는 생각을 먼저 떠올리게 되는 것일까. 더구나 여럿이 사용하는 곳은 더 지저분할 수밖에 없는데, 화장실에 들어가서 깨끗하지 않을 땐 대부분 사람들은 변기 앞에 침을 뱉는 습성들이 있다. 뱉어놓은 침은 다른 것보다 더 혐오스럽다. 남들이 싫어하는 일이지만 내 집에 온 고객들이 쾌적하게 볼일을 볼 수 있다면 화장실 청소, 그것은 내 의무사항이라 여기고 있다.

화장실의 세균보다 사무실 집기에 서식하는 세균이 몇 배 더 많다는 조사결과가 나왔다고 한다. 그만큼 화장실은 괜한 누명을 쓰고 있는지도 모른다. 사무실보다 세균 수가 적은데도 누구라도 화장실을 더럽다 여긴다.

나는 화장실 청소를 하며 이런저런 생각을 얻기도 하고, 어느 때는 영업직 사원이 되기도 한다. 어느 날은 고객의 답답한 사연을 들어주며, 같이 아픔을 나누며 상담사 역할을 할 때도 있다. 식사 때가 되면 주방에 들어가 앞치마를 두르고 먹을거리를 마련해야 하는 번거로운 일도 내 몫이고, 누구 엄마로 불리게 된 것도 모자라 지금은 손자를 봤으니 할머니란 이름표를 하나 더 달았다.

때론 컴퓨터 앞에 앉아 자판을 두드리며 업무에 열중해야 하는데, 배움의 길이란 죽을 때까지 해도 다 터득하지 못한다고 하듯이 노력해도 모르는 일이 있게 마련이다. 무거운 짐을 안고 남한테 속마음을 다 내보일 수도 없는 외로운 길이 바로 책임자인 것 같다. 누구의 지시를 받고 한다면 쉬울 듯한데 말이다.

이 세상에는 다양한 직업이 있다. 어떤 일을 하느냐에 따라서 그 사람의 삶이 달라짐은 물론이거니와 거기에 따라 대우받는 것도 천차만별이다. 사람이 살아가는 동안 무슨 일인들 못하고 살까만, 그때그때 주어지는 일을 하는 것이 삶의 순리인데 행하는 모습에 따라 각기 다르게 생각을 하는 것 같다.

하루에도 몇 번씩 변신하며 살아가고 있는 내가 빗자루를 들고 마당을 쓸 때 청소부로 보이는 것은 당연한 일인지 모른다. 청소부면 어떻고 주방 아줌마면 어떠랴, 그런다 해도 다른 사람에게 피해주는 일만 아니라면 무슨 일을 한들 어떠랴. 오늘도 나는 주어진 시간 따라 카멜레온처럼 변신을 한다. 오늘은 또 누가 어떤 모습으로 나를 보게 될지 모르는 일이지만, 내 손이 가는 대로 움직이는 수밖에.

농사를 짓는 농부는 아니지만 나는 늘 흙과 더불어 산다. 농민들이 농기계와 옷에 붙여오는 흙을 보면서 콘크리트 문화에 밀리고 흙과 멀어지는 것에 안타까운 생각이 들기도 한다. 흙은 거짓을 모르는 정직의 표상이며, 사람의 본성일 것이다.

날마다 쓸어버리는 흙은 나를 보고 무어라고 부를까?

글의 힘

대리점 일을 도와주던 작은아이가 출근을 하지 않았다.

모내기철에 힘들었는지 몸살을 심하게 앓고 난 후부터다. 처음에는 아파서 그런가보다 그냥 놔두었는데 일주일이 지나고 한 달이 시나도 은기는 일할 생각을 하지 않는다. 말을 걸어도 대답도 잘 안하고, 어떻게 할 것이냐고 해도 아무런 반응이 없고 함께 밥도 먹지 않았다.

굶고 있는 아이를 그냥 내버려둘 수만도 없어 3층으로 밥을 날라다 주었다. 그 짓도 하루 이틀이지 할일 없이 빈둥대는 다 큰 녀석에게 끼니를 챙겨주는 일은 번거롭기 그지없었다. 그냥 놔두면 굶고 있으니 모른 체할 수도 없는 노릇이었다. 그러면서도 어느 땐 부아가 치밀어 당장 아이와 담판이라도 짓고 싶은 마음이 굴뚝같았다. 집에서 일하기 싫으면 나가라고, 확 소리치고 싶은 것이 입안에서 맴도는 것을 억지로 참았다. 자식이 아니라면 나 몰라라 신경 쓰지 않아도 되는데, 그애를 볼 때마다 울화가 치밀었다.

처음부터 공장일이 제 적성이 맞지 않는다는 것을 몸에 익숙해지면 괜찮아 지리라고 했던 것도 후회되었다. 지금이라도 하기 싫으면 네 할 일을 찾아나가라고 윽박질러 보기도 하고 앞으로 무엇을 할 것인지 얘기해 보라고 달래기도 했다. 그러나 은기의 대답은 계획한 것도 없고 일하기 싫다는 것이었다.

한 달정도 되었을 즈음, 친구와 함께 외국으로 배낭여행을 다녀오겠다고 했다. 여행을 보내면서 나가서 바람도 쐬고 세상 돌아가는 것도 보면서 집에 돌아올 때는 마음잡고 해맑은 모습으로 돌아오기를 바랐다. 그러나 이십여 일 여행하고 왔는데도 달라진 게 없었다. 낮에 잠자고 TV 보고 컴퓨터를 하면서 어쩌다 밖에 나갔다 들어오고, 매일 그러고 있었다. 할 일없이 노는 아들이 직원들은 물론 남들 보기에도 민망했다. 도대체 무슨 생각을 갖고 있는지 물어봐도 시원한 대답을 들을 수가 없었다. 그 일이 아니라도 이것저것 신경 쓸 것이 많은데 애까지 그러고 있으니 하루하루를 어떻게 보냈는지 모를 정도로 머리만 지끈지끈 아팠다. 자식 일이라 누구한테 속 시원하게 말할 수도 없고, 벙어리 냉가슴 앓듯 혼자 가슴을 치며 지냈다.

농기계전시회와 콤바인 설명회가 이틀 앞으로 다가왔는데 은근히 걱정되었다. 행사 전날 주변 청소와 농기계 배치며 여러 가지 준비할 것은 둘째 치고, 설명회에 참석한 고객들이 분명 아들이 안 보인다고 의아해할 텐데 무어라고 둘러대야 할지 갑갑하기 짝이 없었다. 생각다 못해 아들에게 편지를 썼다.

은기에게

며칠 있으면 농기계전시회와 콤바인 설명회가 있다. 행사 전날 주변청소도 해야 되고 여러 가지 준비할 것이 많다. 이런 중요한 날에 아들이 얼굴도 비치지 않는다고 해보자. 네가 몇 개월째 방에서 나오지 않고 있으니 엄마는 답답해서 어찌할 바를 정말 모르겠다. 일을 않고 그러는 것도 하루 이틀이지, 언제까지 그렇게 지낼 수는 없지 않느냐?

요즈음 엄마는 일을 해도 마음이 편하지 않다. 엊그제 두 번이나 자동차 사고 난 것도 정신적으로 불안해서 생긴 일이다. 이러다가 대형사고라도 나면 어쩌겠니? 세상에는 마음대로 되지 않는 일이 많단다. 나보다 못한 사람이 많다는 것을 염두에 두고 그들보다 내가 나은 처지라고 생각하며 살아간다면 무슨 일이든 쉽게 풀릴 것이다. 주위에서 어려움을 극복하고 일어선 사람들을 보면 그들은 다른 사람보다 몇 배 이상 노력하고, 악순환 속에서도 잘 견디고 오뚝이처럼 일어선다는 것을 알아야 한다. 세상에게 쉽게 얻어지는 것은 아무것도 없다.

엄마는 네가 하루 빨리 마음잡고 전처럼 밝은 표정으로 활동하였으면 좋겠다. 이 일이 네 적성에 맞지 않는다 해도 지금 너의 행동은 옳은 방법이 아니다. 너도 나이가 삼십이 다 돼가는데 그러면 되겠니? 지금까지는 엄마가 너희들 위해 희생하며 살아왔지만 나도 예전 같지 않고 몸도 마음도 쇠약해져 앞으로는 아들한테 보호를 받고 살아야 되지 않을까 한다.

자식은 끊을 수 없는 천륜이라고 했다. 엄마가 너의 의견과 맞지 않는 것이 있을지라도 네가 이해를 해주면 고맙겠다. 부모 자식 간에 계속 불편하게 살아가는 것은 사람 사는 게 아니다. 사람은 여러모로 생각을 가지고 살기 때문에 만물의 영장이라고 한다. 사회란 혼자 사는 것이 아니라 서로 양보하고 도우며 사는 것이다. 우리를 깔볼 것은 물론이고 너에 대한 신임도가 뚝 떨어질 것이다. 남들도 도와주는데 아들이 나 몰라라 한다면 체면이 안 서는 일이잖니. 엄마가 쓴 수필집에 네가 초등학교 때 신문 배달한 내용 「작은 거인의 용기」라는 것을 읽은 사람들은 은기는 지금 어떻게 성장했는지 많이 궁금해하고 있다. 신문 배달할 때처럼 그런 용기를 가지고 살아간다면 무엇인들 못하겠니.

이 사업을 시작한 지도 벌써 삼십여 년이 되어간다. 내 젊음을 다 바쳐 이곳에 쏟았다고 해도 과언이 아닐 게다. 그러나 요즈음 많은 갈등을 한다. 아들도 하기 싫어하는 일을 계속 운영한다는 것도 그렇고, 의욕이 떨어져 접고 싶다는 생각을 많이 해본다. 이런 사업체 하나 이루려면 오랜 기간이 걸린다. 그리고 돈을 너무 우습게 생각하지 마라. 친구도 내가 돈이 있어 밥 사주고 놀아줄 때 좋다고 할 뿐이다. 아무리 친한 친구라도 결혼하면 우선 자기 식구 챙기기에 바쁘다. 형제도 마찬가지다. 결혼하기 전에는 서로 네 것 내 것 없이 지내지만, 막상 결혼하고 나면 내가 더 잘 살아야 기죽지 않고 어디를 가든지 돈이 있어야 사람노릇도 할 수 있는 것이란다.

형만 자식으로 여긴다고 하는데, 그것은 네가 잘못 생각하고 있는 거다. 형은 고등학교 때부터 외지에서 살았고 한번이라도 집에 오면 손님이나 마찬가지였다. 오랜만에 집에 왔으니 반찬 한 가지라도 더 만들어서 먹이고 싶은 게 엄마의 마음이다. 만약 네가 그렇다고 해도 마찬가지였을 거다. 열 손가락 깨물어 안 아픈 곳 없다고 하듯이 자식은 똑같단다. 지금 너의 형을 보아라. 형수와 조카가 얼마나 행복하게 잘살고 있는지 너도 느낄 것이다. 앞으로 너도 결혼해서 행복한 가정을 이루고 살아야지.

내가 아는 은기는 현명한 생각을 가졌고, 엄마의 기대에 어긋나지 않으리라 믿는다. 그동안 너희들한테 소홀하게 한 것도 많지만 사업을 하느라 함께 많은 시간을 가지지 못한 것은 미안할 따름이다. 너도 이젠 엄마를 이해해줄 때가 된 것 같다.

혼자 사는 세상이라면 어떠한 짓을 하고 살아도 괜찮겠지만 사람은 사람이 할 도리에서 벗어나면 안 된다. 내 뜻과 맞지 않는 일이라도 거기에 취미를 붙이다보면 잡념도 없어지고 일에 재미를 느끼게 될 것이다.

이번 전시회에 아들이 도와준다면 행사장이 더없이 빛날 것 같다. 은기는 어떠한 고난이라도 잘 극복해 나가리라고 엄마는 믿고 또 믿는다. 마음을 바꾸어 먹으면 세상 보는 눈이 달라지듯이, 모든 것을 긍정적으로 받아들이면 안 될 것이 없고 세상은 아름답게 보이는 법이란다. 삶은 때론 힘들어도 보람 있고 살만한 가치가 있는 것이란다. 아들이 옆에 있어 엄마는 얼마나 든든한지 모른단다. 은기야 사랑한다.

–엄마가

나는 편지를 슬그머니 은기 침대 위에 놓고 나왔다. 그동안 이런저런 말을 걸어 은기의 마음을 돌려보려 했지만 아무런 답이 없었다. 편지를 쓰면서 이것이 어쩌면 마지막 카드가 될지도 모른다는 생각을 했다. 언제까지 방에 처박혀 있게 할 수 없는 일, 무엇인가 결단을 내려야 한다는 것이 심적 작용을 더했는지 모른다.

그 다음 날 정비공장에 들렀는데, 깜짝 놀라 이게 생시인가 꿈인가 눈을 의심했다. 은기가 나온 것이다. 그렇게 빨리 은기가 나오리라고 예상을 못했는데, 정비공장에서 일을 거들고 있었던 거다. 은기의 마음을 그렇게 쉽게 돌려놓다니, 글의 위력이 참말로 대단하구나, 그래 이제 됐어 더 이상 무엇을 바랄까, 자식이 애물단지라고, 왜 낳았는지, 일하지 않으려거든 나가기나 하지, 밉기도 하고 짜증도 나고 답답했던 순간들이 언제 그랬느냐는 듯이 눈 녹듯 사르르 녹았다. 그동안 아들 때문에 가슴 졸이며 마음이 어디에 떠 있는지, 나는 살아있어도 숨 쉬는 것 같지가 않았다.

큰아이 대학원 시절, 무엇인가를 놓고 나는 안 된다, 큰애는 그럴 수 없다 하며 의견 대립을 하였는데, 결국은 몇 번의 편지로 큰애의 마음을 돌려놓은 적이 있다. 이렇듯 글이란 말보다 사람의 마음을 더 사로잡는 마력이 있는 것 같다. 아들들의 흔들리는 마음을 올곧게 인도하게 할 수 있었던 것은 바로 편지였다. 내가 글을 쓰면서 건진 가장 큰 수확은 아이들의 마음을 움직이게 한 기쁨이었다고 자신 있게 말해도 괜찮을 것 같다. 글은 우리 생활 속에서 모르는 것을 터득하게 하고, 때로는 울고 웃으며 지식을 얻는 많은 도움을 주는 것임에 틀림없다. 열 마디 말보다는 한 줄 글이 힘이 더 세다는 것을 다시 한 번 느끼게 하는 순간이다.

가슴이 뭉클한 이 기쁨을 무엇에 비기랴. 모자 간의 사랑이 이렇게 큰 것이었나 생각하니 이제까지의 근심걱정들이 거짓말 같다.

내 자존의 불

그는 요즈음 마누라가 아파 사는 재미가 없다고 한다. 우리 단골 고객이자 남편의 친구인데, 그의 부인은 나와 동갑나기이다. 그런데 눈도 아프고 귀도 잘 안 들려 보청기를 끼고 다닌다. 갑상선 수술에 맹장 수술도 했고 쓸개도 떼어냈다. 병주머니를 아주 달고 다니는 것 같았다.

그녀는 당진에서 해미로 시집을 왔는데 시어머니도 아닌 시 큰어머니가 시집살이를 어찌나 시키던지 잠도 제대로 잘 수 없었다고 했다. 그 속에서 살다가 해미 비행장이 들어서면서 토지 보상금을 받았는데, 그의 부모는 그곳에서 그냥 살고 남편과 아이들은 서울로 분가를 했다.

특별한 직업도 없이 서울로 간 그녀의 남편은 주식에 손을 댔다가 돈만 날리고 빚까지 지게 되었다. 빚쟁이들은 시도 때도 없이 몰려와 독촉하는 바람에 어떻게 할 길이 없어 식구들한테 집에 있어도 없다고 거짓말을 하며 피해 다녔다. 떠오르는 해를 아파트 베란다에 서서 바라보노라면 마치 자기를 잡아먹기라도 할 것처럼 보여 날이 밝아오는 것이 무서웠다 한다.

그녀가 애들하고 어떻게든 먹고 살아야겠다고 시작한 것이 쌀 장사였다. 고향에서 부모가 농사를 지으면 쌀도 갖다 팔고, 고추며 배추, 무, 마늘 닥치는 대로 팔러 다녔다. 이십여 년을 부부가 같이 억척스럽게 일해서 주식으로 날린 돈을 복구하고 집도 장만했다. 자동차를 타고 다니는 것이 위험도 뒤따르고 싫증도 나서 접었으면 싶던 차에 마침 AB지구 현대간척지를 분양하는 시기여서 그 농토를 많이 구입하였다. 그는 농사짓는 것이 정신적으로 얼마나 편안한지 모른다며 열심히 일을 했다. 진작 농촌에 내려와서 살 것을 그동안 왜 그렇게 살았는지 후회가 된다면서, 일하는 즐거움에 활기가 넘쳐 보였다.

그의 부인은 바쁜 농번기에 잠시 내려와서 일을 거들어 주고는 다시 서울로 올라가곤 했는데 그동안은 자식들 챙긴다는 핑계로 서울에 있었으나 이젠 애들이 다 결혼하였으니 혼자 우두커니 할 일 없이 지낸다고 한다. 혼자 지낸다는 것이 얼마나 지루한 일이던가, 그렇다고 시골에 내려와서 살기는 시어머니와 마음이 맞지 않아 싫고, 그런 상황이니 몸은 더 아플 수밖에, 이젠 우울증까지 생긴 것 같단다. 악처니 뭐니 해도 마누라가 건강하게 오래 살아야 할 텐데, 마누라가 그러고 있어서 농사를 지어도 요즈음은 통 사는 재미를 모른다며 그녀의 남편은 걱정이 태산 같았다.

자기 마누라가 어떻게 하면 빨리 회복이 될는지 나한테 위로를 해주라고 부탁했지만 내가 해줄 수 있는 것이 무엇인지 생각을 해봐도 뾰족한 수가 없었다. 우울증은 본인 스스로가 자신을 다스리고 무엇인가 하려고 하는 의지가 있어야 되는데, 스스로 포기상태인 그녀에게 무슨 말을 해준들 가슴에 와 닿겠는가.

결혼해서 치른 시집살이, 우리 세대에 누군들 겪지 않았으랴. 없는 살림에 애들하고 살아가려니 힘인들 얼마나 많이 들었으랴. 그래도 비행장 보상금으로 서울에 가서 살 정도였으면 그 당시에는 경제적으로 풍족한 경우였을 텐데, 돈을 더 늘리려고 주식에 손댄 것이 화근이었다. 그로 인해 혹독한 인생살이를 했으면 무엇인가 가슴에 남는 것이 있어야 하는데, 그냥 돈만 벌고 애들만 바라보다가 이제 자식들은 제 갈 길로 떠나가고 혼자 덩그마니 남아있는 느낌, 그녀는 바로 빈 둥지 증후군을 앓고 있는 것이다.

사람이 살면서 고생 안 해본 사람이 얼마나 되겠는가? 남의 심장에 박힌 말뚝보다 내 손톱 밑에 박힌 가시가 더 아프다고 하듯, 내가 겪은 시련이 더 호된 것처럼 누구나 생각하기 마련이다. 가정에 평온을 위하고 자식들 잘되기를 바라는 마음에서 오로지 희생만 하고 지낸 세월, 정작 자기 자신은 돌보지 않다가 어느 날 갑자기 나라는 존재는 어디에 있는지 돌아보면 허망하기 그지없는 일일 게다.

그동안 가족한테 베푼 것을 보상받으려는 생각은 꿈에서도 버려야 할 것 같다. 혹시 그런 마음이 조금이라도 가슴속에 있다면 그것은 자신을 더 깊은 수렁으로 몰고 가는 일이므로 버려야 할 일이다. 잘 늙어가는 연습도 미리부터 해야 되지 싶다. 무엇인가 한 가지 정도는 자신만을 위한 취미생활을 한다면 본인도 즐겁고 옆에서 보는 사람도 좋을 것 같다. 아무런 희망이 없어 보이는 그녀를 보니 안타까웠다. 옆에서 볼 때 그녀는 돈 걱정 할 일도 없고 자식들 결혼까지 시켰으니 남은 생을 보람되게 살면 될 것 같은데, 걱정거리가 없어도 병이 되는 것을 보면 조금은 긴장 속에 사는 삶도 괜찮을 듯싶다.

나는 많은 시련을 겪으면서 여기까지 왔다. 그래도 내 생을 뒷걸음질 않고 앞으로 잘 걸어 나온 것 같다. 아무리 힘들고 어려워도 안 된다는 생각보다는 할 수 있다는 긍정적인 생각을 늘 가지고 살았다. 내 가슴속에는 언제나 '너는 할 수 있어'라는 자신감을 불어 넣어주는 불이 있었다. 세찬 바람이 불어도 꺼지지 않고 환하게 길을 비춰주던 불, 내 자존을 세워준 것도 바로 불이었다. 성냥과 불쏘시개는 늘 내 옆에서 버팀목이 되어준 것 같다. 한 걸음 한 걸음 걸을 때마다 내 앞에 빛을 밝혀주던 불, 어느 땐 다 꺼져가기도 하고 다시 살아나 활활 타오르기도 했던 불, 그건 누구에게나 있다고 생각한다.

내가 그녀의 입장이라면, 경제적으로도 넉넉하겠다. 애들도 결혼하여 잘살고 있으니 마음도 홀가분하겠다. 지금이 절호의 기회라 여기고 그동안 하고 싶었던 것을 찾아 나를 위한 시간을 가지면서 무엇인가 나도 할 수 있다는 도전 정신을 기르며 생동감 있는 삶을 펼칠 것 같다.

희망 없어 보이는 그녀의 가슴에 불이 일도록 불쏘시개 노릇을 해주었으면 싶다.

새해에는

며칠 전, 내 생일이었다. 모두 바쁘게 살다보니 가족들이 다 모이기도 쉽지 않다. 요즈음 생일은 너나 할 것 없이 대부분 일요일로 정해진다.

올해 생일은 신정 바로 뒷날인데, 아들 며느리가 토요일에 오겠다고 한다. 토요일은 12월 31일이고 신정은 일요일이자 휴무다. 이번에는 공교롭게도 양력설에 생일 밥을 먹게 되었다.

며느리가 오면 젖먹이가 있어 애 보살피기도 바쁘다. 며느리가 온들 애하고 뭔 음식을 제대로 만들까? 편히 앉아 상 받기는 틀린 것 같아 일찌감치 접어두기로 한다. 내 생일 먹자고 손수 음식을 만드는 것도 선뜻 내키지 않는 노릇이고, 그렇다고 아무것도 않고 두 손 놓고 있자니 너무 썰렁할 것이고, 어떻게 할까? 여자로 태어나지 않았다면 이런 걱정은 안 해도 되련만, 오늘따라 내가 여자라는 게 마음에 안 든다.

식당에 가서 먹으면 번거롭지 않고 편할 텐데, 이런저런 생각에 머리만 복잡해진다. 어이구 나도 모르겠다. 언제 누가 내 생일이라고 제대로 상 차려 주었더냐? 애들이 오면 먹을거리를 만들어야 하는 것도 내 몫, 내손을 거쳐야 될 일들이다. 우선 꽃게장부터 담가 놓기로 했다. 양파와 마늘, 청양고추를 썰어 넣고 간장을 달였다. 간장에 꽃게를 넣어 5일정도 지나면 비린내도 가시고 간이 잘 들어 맛이 가장 좋다.

애들이 오기 전에 장을 봐다 음식을 만들기 시작했다. 바다에서 갓 채취한 싱싱한 굴을 넣고 무를 채 썰어 생채를 비벼놓고 굴젓을 담았다. 저녁에는 굴밥을 해먹으려고 마트에서 사온 달래를 씻었다. 달래를 송송 썬 다음 간장과 참기름, 깨소금을 넣고 양념장을 만들었다. 굴밥에는 달래간장이 제격이라 다른 반찬이 없어도 밥 한 그릇은 뚝딱 비울 것 같다. 내일 아침에 먹을 미역국도 굴을 넣고 끓였다. 느끼한 고깃국보다 굴국이 더 시원해서다. 굴 한 가지를 가지고 몇 가지 음식을 만들었다. 굴은 어느 음식에 넣어도 담백하여 평소에도 자주 먹는다.

음식을 만들고 있노라니 아들, 며느리, 손자, 손녀가 우르르 들어온다. "안녕하세요?" 세 살 된 손자의 배꼽인사, 말은 어디서 그렇게 술술 나오는지, 손자의 재롱을 보고 있노라니 어느새 집안은 구석구석 웃음이 가득하다. 식당을 운영하는 동생이 갈비를 양념에 재서 한 통 가지고 왔다. 며느리와 같이 인삼을 튀김가루를 묻혀 기름에 튀기고 갈치조림도 하고, 이것저것 만들었다.

지난해 내 생일은 아이들 모두 까맣게 잊고 있었다. 나는 저희들 생일이 되면 한 번도 거르지 않고 챙겨주었건만, 말 한마디 없이 그냥 지나쳐 서운했다. 자식 이쁘다고 키워봤자 아무 소용 없다더니 그럴 때 그런 말이 나오는가보다. 어쩌면 그 많은 가족 중에 한 사람도 기억을 못하느냐 말이다.

언젠가 며느리 친정어머니와 수덕사에 다녀오던 길이었다.

"석현이 외할머니, 제 말 좀 들어보세요, 지났으니까 말인데요, 얼마 전에 제 생일이었는데 글쎄 아들이고 며느리고 전화 한 통 없지 뭐유. 그래서 집에 있는 작은아들한테만 나무랬어요. 너희들은 에미 생일도 모르고 지나치냐고, 그랬더니 아들은 죄송하다며 다음부터는 잊지 않겠다네요."

"어이구 죄송해라. 제가 챙겨드려야 했는데, 제 불찰이네유. 다음부터는 조심하라고 할께유. 얼마나 서운하셨대유, 저 같아도 서운하죠. 요새 며느리들은 뭘 할 줄을 몰라유."

"어쨌든 기분 좋은 일은 아니데요."

나는 사돈댁한테 지난 속내를 털어놓으며 같이 웃었다.

전 같으면 시부모 생일이면 며느리가 정성껏 차려 주었는데, 지금은 오히려 며느리에게 시어머니가 상을 차려주어야 되는 세월을 살고 있다. 그런 시대를 사는 내게 생일이라고 해서 더 특별하지는 않다. 애들이 온다 하면 미리부터 찬거리 걱정에 일거리만 더 생길 뿐이다. 그런데도 애들이 와서 떠들고 귀찮게 해도 기다려짐은 부모 자식간의 소통의 통로, 바로 그 정일 게다. 애들이 음식을 맛있게 먹는 것을 보면 나도 모르게 흐뭇해지는 그게 사람 사는 재미가 아닐까.

새해 아침부터 함박눈이 펑펑 쏟아진다. 손자는 추위에도 아랑곳하지 않고 눈썰매 타느라 신바람이 나 있다. 지난해 안 좋았던 일들은 눈 속에 덮어두고 눈썰매에 정신이 쏠려있는 아이처럼 새해에는 모든 사람들이 건강하고 하는 일마다 신바람 나는 일만 있기를 기원해본다.

다음 일요일에는 손자 석현이 녀석 생일이다. 이번에는 큰아들네 가서 손자 녀석의 재롱을 보며 웃음보따리를 많이 풀어놓고 와야겠다.

2부

맞지 않는 보폭

군자란을 자르고서

군자란 잎을 가위로 싹둑 잘랐다.

사무실 앞에 놓여 있는 군자란은 십여 년을 그 자리에서 가끔 주는 물만 먹고도 잘 자랐다. 넓적한 잎은 힘차 보이고 봄이 되면 어김없이 탐스런 꽃을 활짝 피웠다. 주홍색의 환한 꽃을 보고 있으면 내 마음도 따라서 환해졌다.

지난겨울은 몇 십 년 만에 찾아온 혹한이라 했다. 그 동안도 잘 견디어왔으니 이번 겨울도 괜찮겠지 창가에 그냥 놔두었던 군자란이 얼었다. 사람들은 춥다고 실내 온도를 높이고 두툼한 옷을 껴입으면서 매일 보는 화초가 추울 거라고는 미처 생각을 못했던 거다. 늘 푸르던 것이 시래기를 삶아 놓은 듯 축 늘어져서 살아날 가망이 없어 보였다. 추우나 더우나 늘 문 앞에서 오가는 사람들을 맞이하던 군자란이었는데 그 화분을 치우고 나니 허전했다.

3층 베란다에 있는 것 중에서 꽃대가 많이 올라온 것으로 그 자리에 갖다놓았다. 얼어 죽은 것보다 커서 모서리 쪽에다 바짝 놓았어도 잎이 길게 뻗어 있다. 화분 앞을 지날 때마다 잎사귀 스치는 것이 마음 쓰여 가위로 싹둑 잘랐는데, 모양새가 말이 아니라 그냥 놔두고 볼 수가 없었다. 에이, 괜한 짓을 해서 눈만 버려놨네! 혼자 중얼거리면서 보고 또 보아도 자연미는 찾을 수 없었다. 아예 중간이 잘린 잎을 떼어내고 이젠 괜찮겠지 바라봤더니 반대쪽은 늘어지고 떼어낸 쪽은 올라가서 균형이 맞지 않았다. 하는 수 없이 양쪽을 똑같이 떼어내니 가위로 싹둑 잘랐을 때보다는 좀 나았다.

어느 시골의 할머니가 서울에서 사는 아들네 갔다가 난 잎을 무턱대고 가위로 잘랐다가 며느리한테 지청구만 실컷 들었다고 하던 말이 떠올라 내가 그런 꼴이 된 것 같아 혼자 웃는다.

그 할머니가 어느날 아들네 갔는데 아들은 아침 일찍 출근하고 손자들은 학교에 가고 며느리마저 나간 뒤, 혼자 우두커니 있었단다. 토끼장 같은 아파트에는 많은 사람이 살지만 얼굴도 볼 수 없고, 복잡한 거리를 무턱대고 나갈 수도 없어 종일 방에 처박혀 있자니 답답했다. 집안을 둘러보던 중 누렁잎이 진 화초를 보고는 저것이나 손질해야겠다 싶어 가위로 잎을 잘랐단다. 밖에서 돌아온 며느리는 시어머니가 싹둑싹둑 잘라놓은 난을 보는 순간 이게 얼마짜리인데 이렇게 엉망으로 해놨냐며 화를 내더란다. 시골에서 농사일만 하던 할머니는 누렁 잎이 있으면 떼어주던 게 습관이 되어 화초도 그런 줄 알았고, 노인네가 보기에는 별것도 아닌 풀 한포기일 뿐인데 그걸 못쓰게 망쳐놨다고 야단법석을 떠는 며느리 앞에서 기가 막혔다고 한다.

어떤 시어머니는 아들네 가서 하룻저녁을 묵는데 거실에서 자라고 하여 내심 서운하여 좀처럼 잠이 오지 않았다고 한다. 수족관에 산소 공급을 하기 위해 꽂아놓은 기계소음 때문에 신경이 쓰여 전기선을 빼놓고 잤는데 아침에 일어나 보니 물고기가 모두 죽어서 허연 배때기를 보이면서 둥둥 떠다니더란다. 아침부터 온 집안이 찬물을 끼얹은 듯한 분위기라 더 이상 머물 수가 없어 그 날로 집으로 내려왔다는 얘기도 있다. 이렇듯 아차 하는 사이에 실수를 저지르게 되는데, 아들네라고 어떻게 하고 살든 좀 불편하고 눈에 거슬러도 함부로 손대지 말아야 될 일 같다.

생각의 차이에서 벌어지는 일이었다. 채소는 누런 잎을 떼어주어야 모양새가 돋보이지만 난은 생긴 그대로 놔두는 것이 자연미가 돋보인다. 흔하디흔한 군자란을 내가 자르고도 보기 싫은데 하물며 시어머니가 그랬다면 더 속이 상했을 것 같다.

모든 생물이나 물건은 저마다 특징이 있다. 값어치 있는 것을 떠나서 생긴 대로 놔두지 않고 손을 대면 자연미가 무너지는 것은 당연한 일이다. 사람은 자연과 조화를 이루면서 함께 살아가고 있다. 무엇이든 저마다의 각기 다른 모양을 지녀서 가만히 들여다보면 신비롭기까지 하다. 말 못하는 화초일지라도 앞으로는 무지하게 가위를 들고 싹둑거려 균형을 잃게 하는 짓은 말아야겠다. 모든 것은 제 생김새 그대로가 가장 아름다운 것 같다.

다른 사람들이 나에게 모질게 대했다면 내 마음은 어떠했을까. 마음에 들지 않는다고 군자란 잎을 자르듯 상대방 가슴에 상처 준 일은 없었는지, 무슨 일이든지 쉽게 하지 말고 앞뒤를 생각해보는 습관을 길러야겠다.

호박 때문에

애호박을 보면 오랜 시간이 지났어도 잊히지 않는 기억이 있다.

신혼 초 큰댁에서 첫여름을 보낼 때였다. 보통 여자들은 예나 지금이나 밥상 차리는 일이 가사노동 중에서 큰 비중을 차지하는데, 그날도 저녁 찬거리는 무엇을 만들어야 할까 걱정하던 참이었다.

농촌에는 고추며 감자, 오이, 상추, 배추, 참깨 등등 철따라 밭에 심는다. 생선이나 육류를 제외하고는 대부분 손수 심고 가꾸어 먹기에 텃밭에는 싱싱한 채소가 골고루 널려 있다. 밭에 나가 둘러보니 기름기가 자르르 흐르는 애호박이 눈에 띈다. 오우 맛있게 생겼는데! 그래 오늘은 호박을 넣고 칼국수를 만들면 되겠네, 메뉴가 정해지면서 주저할 것 없이 애호박을 몇 개 땄다.

커다란 양푼에 밀가루를 넣고 물을 치면서 질지 않게 이겨댔다. 칼국수는 반죽을 잘해야 쫄깃하고 금방 불지도 않는다. 반죽된 것을 한 움큼씩 떼어 밀기 좋게 판판하게 매만졌다. 도마 위에 올려놓고 방망이로 얇고 넓적하게 밀었다. 면발이 붙지 않도록 밀가루를 뿌려가며 칼로 가지런히 썰어놓았다. 호박은 잘게 썰어 들기름에 볶고

멸치육수를 만들었다. 밖에서 일을 끝내고 들어 온 식구들에게 정성 들여 만든 칼국수를 끓여냈다. 식구들은 출출해서인지 한 그릇씩 달게 비웠다.

그 이튿날, 엊저녁에 식구들이 맛있게 먹은 것 같아 또 호박을 따다가 칼국수를 만들었다. 내 딴에는 오늘도 맛있게 먹어 주리라 생각했는데 상 앞에 둘러앉은 식구들 얼굴 표정이 뜨악했다. 남편 왈, 어제는 처음이라 아무 말 안 했는데 오늘 또 호박을 넣다니, 식구들이 호박을 좋아하지 않는다면서 핀잔 투로 말했다. 그 말을 듣는 순간 나는 쥐구멍이라도 있으면 들어가고 싶었다. 눈물이 핑 돌고 속상해서 그날 저녁도 먹지 않았다. 식구들이 다 있는 자리에서 앞뒤도 가리지 않고 뱉은 그 말은 화살이 날아와 박히듯이 내 가슴에 정통으로 박혔다. 갓 시집온 내가 자기네 식구들이 무슨 음식을 싫어하는지 모르는 것이 당연한 일인데, 그렇게 매몰차게 몰아붙인 저런 사람이 내 남편이라니 정나미가 뚝 떨어지고 야속한 생각만 들었다. 살아갈 날이 구만리 같은데 매사 저런 식이라면 앞길이 순탄하지만은 않을 것 같다는 생각이 들었다. 싫어하는 호박을 왜 여러 그루 심어놨는지 그것도 이해가 안 되었다.

그 후로 나는 애호박만 보면 아무리 먹음직하게 생겼다 해도 씁쓸한 맛이 먼저 맴돌았다. 몇 십 년이 지난 일인데도 잊혀지지 않는 것을 보면 그때 너무 깊은 상처를 받은 모양이다.

남편과 식구들이 호박을 싫어하는 이유를 뒤늦게 알게 되었다. 어렸을 적, 여름철 저녁에는 매일 호박을 넣고 끓인 칼국수나 수제비를 먹었다. 지금처럼 곱게 빻은 밀가루가 아닌 밀 껍질까지 그냥 넣고 맷돌로 갈아 만든 것이라서 목구멍에 넘기려면 거칠거칠했다고 한다. 또 늙은 호박은 팥이나 밀가루를 넣고 죽을 자주 쑤어 먹어서 호박에 물렸다는 것이었다. 그 말을 듣고 나니 그럴 만도 하겠다는 생각이 들었다.

요즈음은 한겨울에도 비닐하우스 재배를 하여 호박이 흔하게 나온다. 옛날에는 구덩이를 파고 거름을 넣고 그 위에 호박을 심었다. 넝쿨은 감으면서 길게 자라고 꽃은 종 모양처럼 노랗게 피는데, 서리 내릴 때까지 호박이 열린다. 얼굴이 예쁘지 않은 여자를 보면 호박꽃 같다고 하는데, 커다란 꽃을 가만히 들여다보면 넉넉한 그릇에 정이 가득 들어있는 것 같고 탐스럽고 예쁜 구석도 있다. 호박잎은 살짝 데쳐서 된장을 넣고 밥 한술을 얹어 쌈을 싸먹는 맛도 괜찮다. 산모한테는 늙은 호박이 부기 빠지는 데 도움이 된다고 달여 먹기도 하고 죽을 쑤어먹기도 한다. 또 호박고지는 떡이나 빵을 만들 때 넣기도 하고, 애호박은 잘게 썰어 말렸다가 밑반찬으로 쓰인다. 된장찌개 끓일 때는 호박이 들어가야 제격이다.

예전에는 먹을거리가 모자라 주린 배를 채워주던 것이었는데, 지금은 개개인 기호에 맞게 건강식으로 먹고 찬거리로도 다양하게 사용한다.

시댁식구들의 식성을 미리 알았다면 연거푸 호박을 넣고 음식을 만들지 않았을 게다. 일부러 그렇게 한 것도 아닌데, 남편이 살짝 귀띔이라도 해주었더라면 마음에 상처 입을 일도 없을 뿐더러 호박에 대한 거리감을 갖지 않았을 것이다. 양식이 부족해서 생긴 일, 조상들은 배고픔을 참느라 주린 배를 움켜쥐고 고난의 세월을 견뎌

냈다.

흔하디 흔한 호박, 토심이 깊고 비옥한 곳이면 줄기가 한없이 길게 뻗어 나가면서 꽃을 피우고, 열매는 연푸른색에서 연노란 색으로 변한다. 얼굴이 못생긴 여자를 호박꽃 같다고 비유하는데 아랑곳없이 우리 식생활에 늘 도움을 주는 고마운 것이다.

오늘은 기름기가 자르르 흐르는 호박을 사다가 풋고추와 함께 썰어 넣고 보글보글 된장찌개를 끓여야겠다.

치매, 두려운 대상

박경철 씨가 쓴 『시골의사의 아름다운 동행』을 읽었다.

그는 외과 의사로 병원에 오는 환자들을 돌보며 일어난 가슴 아픈 사랑과 우정, 그리고 나눔과 반성, 감동의 이야기들을 산산하게 써냈다. 병원은 삶과 죽음이 넘나드는 곳이고 울리고 웃는 희로애락이 원색으로 노출되어 있는 곳이다.

전편에서 읽은 것인데, 치매 걸린 시어머니와 아들 내외가 살아가고 있는 한 가정 이야기였다. 시어머니는 치매기가 있어 낮에는 밖에 잘 안 나가는데 저녁에는 자주 나간다는 것이었다. 그래도 밤에는 식구들이 있으니까 할머니를 돌봐줄 수 있어서 다행이라고 하였다.

어느 날, 며느리가 시장에 다녀올 일이 있어 시어머니에게 어린 아들을 맡기고 외출을 했단다. 부랴부랴 집에 돌아와 보니 시어머니는 며느리를 반갑게 맞으면서 어미가 요즈음 피곤해 보여 몸보신 해주려고 곰국을 끓여놨다며 시장할 테니 어서 먹으라고 하더란다. 출출해서인지 구수한 냄새가 코를 찔렀다고 한다. 국거리가 없었는데 무엇으로 끓였을까? 의아해 하면서 솥뚜껑을 열어보니 펄펄 끓는 솥

안에 몇 시간 전까지만 해도 팔팔하게 뛰어다니던 아들이 들어 있었다고 했다. 상황을 인식한 아이 엄마는 울며불며 통곡하다가 그만 기절했다는 것이다.

시어머니에게 믿고 맡겼는데 아이를 솥에 넣어 끓여놓고는 곰국이라고 먹으라고 했다니, 도저히 상상도 못할 이런 일이 어떻게 가능할 것인가 글을 읽으면서도 기막히고 어이없고 끔찍하기만 했다. 정말 무어라 형언할 수 없는 일이라 너무 놀랍고 섬뜩하여 떨리는 가슴을 진정시킬 수가 없었다. 독자가 그럴 때 그 글을 쓴 사람은 어떠했으며, 당사자인 그 여인은 어떠했겠는가. 그 참담한 상황을 어떻다고 표현할 수가 없었다.

잠깐 외출 중이었던 글쓴이는 병원에서 빨리 들어오라는 연락을 받았는데 중환자실에 근무하는 간호사의 다급한 목소리를 듣는 순간 예삿일은 아닌 듯 했다. 중환자실에서 일하는 간호사들은 죽어가는 사람을 많이 접하기 때문에 어지간해서는 그렇게 서두르지 않는데, 아무래도 심상치 않은 일인 것 같아 급히 병원으로 들어가 보니 상상도 못할 그런 상황이 벌어져 있었다고 한다. 일반적으로 큰일이라고 하면 교통사고나 다른 병으로 사망하는 일일 텐데 그런 경우는 처음 보는 것이라서 그 의사도 한동안 수습을 못했고 어린아이의 사망 원인을 확인해 주는 것 외엔 손을 쓸 수가 없었다고 했다.

온전한 정신이었다면 할머니가 손자를 죽이지 않았겠지만 자기 자식을 그렇게 참담하게 죽인 시어머니와 어떻게 같이 살아갈 수 있을까. 그녀는 남편과 이혼을 했는지, 그 이후 가족 간의 관계는 어떻게 됐는지 모른다고 했다.

평소 눈에 넣어도 아프지 않을 정도로 손자를 예뻐했을 텐데, 할머니가 어떻게 그런 일을 스스럼없이 저질렀는지 치매란 병은 너무 황당하고 무섭다는 사실이 뼛속까지 스며들었다. 물론 글을 쓴 사람이 허구로 그런 걸 쓸 수도 있다는 생각도 들었지만 소설이 아니라 수필 형식이므로 허구가 들어갈 수 없다는 결론에 이르자 내용이 너무 끔찍하다 못해 참담했다.

치매, 치매란 정신 장애로 인하여 인지 능력을 잃어버린 상태며 대뇌 신경세포에 손상을 입어 지능과 의지, 기억이 지속적으로 사라지는 경우를 말하는 것인데 나이를 먹으면서 생기는 노인병이라고 한다. 치매에 걸리면 대부분 밖으로 나가려고 하고, 금방 밥을 먹고도 굶었다고 한다든가 정신이 없어져서 기억을 못한다고 한다. 때로는 똥오줌을 싸놓고도 아무렇지 않은 듯 벽에 바르기도 하는 등 여러 증상이 있다. 사람으로서는 도저히 할 수 없는 그런 끔찍한 일을 저지르는 것을 보면 치매는 사람의 속성을 뺏는 병이라고 보아야 할 만큼 심각한 병인 것 같다.

평균수명이 길어짐에 따라 노인 인구가 늘어나는 것은 당연하다. 늙을수록 몸과 마음을 가다듬어 주위 사람들에게 피해를 주지 말아야 되는데 그게 생각대로 따라주지 않으니 문제다. 나이 한 살씩 보태지면서 주위에서 노인들의 그런 불상사를 듣게 되면 걱정이 앞서기도 한다. 주위 사람들에게 괴로움을 주지 말고 곱게 늙어가야 할 텐데 어떻게 앞 일이 펼쳐질는지 모르면서 오늘을 살고 있다. 가족들이나 가까운 사람들과 대화를 나누면서 원만한 관계를 형성해야 하지 않을까 하는 생각이 든다. 마음이 허하고 상처가 많은 사람은 치매에 걸릴 확률이 더 많을 것 같다. 스트레스는 만병의 원인이 되는 것이니 치매를 불러오는 것이 아니겠는가.

오래 산다 해서 반드시 좋은 것은 아닌 것 같다. 어떻게 제대로 사느냐가 중요한 과제일 듯하다. 내가 좋아하는 일이 무엇인가 찾아내서 평소에 꾸준히 계발하는 것도 정신 건강에 괜찮을 것이라는 생각을 해본다. 물론 자기 자신을 잘 다스리는 생활 습관도 도움이 될 것이다. 무서운 치매는 모두가 걸리지 않았으면 하는 바람이다. 점점 늘어나는 노인 인구, 한 가정의 일이기 전에 사회적인 문제인데, 책을 읽다보니 우리가 상상하는 것보다 훨씬 나쁘게 돌아가는 게 치매인 듯하다. 이외에도 책 속에는 많은 이야기가 들어 있었다.

앵두 공부

앵두를 땄다.

탱글탱글 윤기가 자르르한 선홍빛이 곱다. 잼을 만들어 먹으면 좋다고 하는데 번거로운 짓은 그만두기로 한다. 만지면 톡 터질 것 같은 앵두, 그냥 놔두면 상할 것 같고 술은 몇 해 전에 담가놓은 것이 있다. 무엇을 하면 좋을까, 주스를 만들면 어떨까. 맛이 새콤하겠지, 입안은 벌써 침 가득 고인다.

믹서에 앵두를 넣고 스위치를 눌렀다. 살짝 돌렸는데도 칼날에 씨 깨지는 소리가 요란하다. 체에 걸러 건더기는 버리고 즙은 설탕을 넣어 마셨다. 남편과 정비공장에서 일하는 기사도 한 컵씩 주었다.

앵두주스를 마시고 난 후 불과 한 시간이나 지났을까, 배가 살살 아프기 시작했다. 화장실 가는 횟수가 잦아지면서 변기에 앉기가 무섭게 설사를 했다. 상한 음식을 먹지 않았는데 왜 배탈이 났는지 아무리 생각을 해봐도 집히는 게 없다. 나는 한꺼번에 음식을 많이 먹지 않는 편이고, 금방 만든 것을 좋아하며 꺼림칙한 것은 먹지 않는다.

하루 종일 굶었는데도 배가 고프지 않았다. 저녁상을 차리면서 속이 거북해서 밥을 먹지 않겠다고 하니 남편은 배 아픈 것이 자기한테 옮은 것같다 한다. 옆에 있던 정비기사도 앵두주스를 마시고 난 후부터 화장실을 여러 번 갔단다. 배탈의 주범은 바로 앵두주스였다. 그것을 먹으면 왜 설사를 하지? 수박 씨나 포도 씨는 씹어 먹어도 아무렇지 않은데 앵두를 갈아 먹으면 설사를 하는지 점점 의문이 생기기 시작했다. 앵두에 관한 자료를 찾아보았다.

앵두는 오래 전부터 귀하게 여기던 열매였고, 옛날에는 종묘의 제물로 올려질 만큼 귀한 과실이었다고 한다. 앵두의 영양성분은 탄수화물, 칼슘, 인, 비타민 A와 C가 함유되어 있었다. 앵두의 유기산은 체내에서 신진대사를 도와주며 피로회복의 효능도 있고, 펙틴이라는 성분도 많아 젤리나 잼을 만들어 먹을 수도 있고 정장효과도 있었다. 혈액순환을 촉진시키는 성분도 있고, 폐 기능을 도와주어 가래를 없애고 소화기관을 튼튼하게 해주기도 한단다. 피부에는 비타민 A, C, E가 직접적인 영양을 미치는데, 앵두에는 비타민 A와 C가 많이 들어 있어 앵두즙은 미용의 성수라고까지 불린다고 한다. 앵두즙을 마시면 소화기관이 튼튼해지고 혈색이 좋아지고 오래 마시면 얼굴에서 빛이 난다는 것이었다.

또 앵두 씨에는 특수한 배당체로 아미그달린이라는 성분이 들어있는데 펜치오비오스라는 당분과 만데로니트릴이라는 성분이 결합한 것이라고 한다. 그것은 분해되어 좋은 향기를 내는 성분이지만 청산가리라는 맹독성 물질이라고도 한다. 앵두 씨는 생약으로도 쓰이며 특수 성분을 이용해서 기침과 변비의 약재로도 사용한다는 것이었다. 기관지염에는 앵두 나뭇잎과 흑설탕을 적당히 넣고 물에 끓여 먹기도 하고, 잘 익은 앵두를 항아리에 넣고 밀봉한 뒤 땅속 깊이 묻었다가 6개월이 지나면 이 물을 얼굴, 몸 또는 부스럼에 바르면 효과가 있는데 오래 묵은 것일수록 좋다고 한다. 앵두나무는 여러모로 생활에 이로움을 주는 유실수다.

앵두가 이로운 열매라는 것이고 변비에는 앵두 씨가 효과가 있다는 것인데, 씨를 가공해서 만든 것이 아니라 생으로 갈아 먹었으니 배탈이 날 수밖에 없었던 것이다. 독이 들어있는 것을 모르고 그것을 먹고 하루 종일 화장실을 들락거렸다. 그날 외출했다가는 실수할 것 같아 나가지 못할 정도였다.

현대개발이 들어서는 바람에 고향집이 없어졌는데, 친정집 마당가에 있던 앵두나무를 지금 사는 곳에 캐다 심었다. 고향의 정취를 앵두나무에 담아 옮겨왔다. 또 손자들이 오면 앵두를 따먹는 추억거리를 만들어 주고 싶은 마음도 있었다. 봄이 되면 어김없이 꽃을 활짝 피우고 6월이 되면 빨갛게 익는 앵두를 보면 고향에 대한 푸근함을 느끼게 한다. 앵두는 새들의 밥이 되기도 하고 술을 담그기도 하는데 우리 집 앵두는 누구든지 먼저 따가는 사람이 임자다.

씨 속에 독이 들어있는 것을 배탈이 난 뒤에서야 알게 되었다. 모르고 먹는 것이 어디 앵두뿐이던가. 독버섯을 먹고 죽는 사람도 있는가 하면 복국을 끓여 먹고 죽는 사람도 있다. 독은 그렇게 무서운 것인데, 우리는 음식물을 통해 알게 모르게 날마다 농약을 먹고 있다.

초등학교 다닐 때, 해마다 회충약을 먹었다. 약을 먹는 날에는 아침을 굶고 학교에 갔다. 약을 먹고 얼마쯤 지나면 뱃속에서 회충이 요동치는 바람에 배가 아프기도 했다. 그러나 지금은 구충제를 먹지 않아도 구충제보다 더 독한 것을 음식물을 통해 날마다 먹고 있다. 몸속에는 농약 성분이 농축되어 있어서인지 요즈음은 그런 약은 먹지 않아도 되는 것 같다.

앵두는 건강식품으로도 쓰이고 피부미용에도 좋다고 하니 변비 때문에 고생하는 사람은 앵두 씨를 한 번 갈아 먹어보면 어떨까? 변비는 그날로 '안녕' 하며 물러날 것이다.

앵두, 가지마다 휘도록 알알이 발갛게 열린 작은 열매, 내게도 앵두처럼 주렁주렁 좋은 문장이 열린다면 한 알씩 따서 엮어 놓아 이 세상 어디에 내놔도 부끄럽지 않을 글을 쓸 수 있으련만.

아버지가 서 계시는 곳

결혼식장에서 딸의 손을 잡고 나란히 걸어가는 부녀를 볼 때면 돌아가신 친정아버지 생각이 난다.

내가 시집가던 날, 아버지의 건강은 더 악화되어 예식장에도 참석하지 못하셨다. 병석에 누워계신 아버지를 두고 떠나게 되니 불효자식이 따로 없구나 싶었다. 그렇다고 혼례를 미룰 수도 없는 일, 식장으로 떠나기 전, 아버지의 여윈 손을 잡는 순간 눈물이 앞을 가리고 목이 메여 인사도 제대로 드리지 못했다. 신부가 그렇게 울면 어쩌누, 오늘은 예쁘게 보여야 되니 애비 걱정은 하지 말고 잘살라며 오히려 나를 안심시켰다.

결혼이란 마냥 기쁘고 행복한 것만은 아니다. 부모 곁을 떠나 앞으로 일어나는 많은 일들을 스스로 해결해야 되고, 어떠한 삶이 펼쳐질지 베일에 가려 예측할 수 없는 길, 아버지마저 누워계시는 터라 친정집을 떠나는 발길은 한없이 무겁기만 했다.

예정대로 결혼식을 무사히 마치고 시댁으로 들어갔다. 그 해 따라 흉년이 들어 곡식은 절반의 수확도 안 된 데다가 우환중이라 친정집

형편이 여의치 않았다. 그런데도 바리바리 싸 보낸 혼수마다 부모님의 정성과 사랑이 가득한 것을 보고 또 한 번 눈시울이 뜨거워졌다.

내 결혼비용을 마련하기 위해 아버지는 논을 팔았다고 했다. 그것도 고생고생해서 마련한 간척지를 처분했는데 갑자기 내놓는 바람에 헐값으로 넘겼고, 일부는 받고 나머지는 그 다음해에 받기로 했다는 것이었다. 땅을 팔면서 어머니한테 한마디 상의도 없이 일을 저질렀다고 어머니는 무척 서운해 하셨단다. 그런 일이 있었다는 것을 나중에서야 알았다. 농토까지 팔아서 딸의 혼수를 마련해 주시다니, 그 말을 듣는 순간 자식에 대한 사랑이 한없이 크다는 것을 뼈저리게 느꼈다.

아버지가 건강하셨더라면 그 땅은 팔지 않았을 텐데, 병석에 있으면서도 딸의 혼수를 잘해주려고 무던히도 노력하셨던 것이다. 딸 시집보내는 것보다 당신 몸 아프신 일이 더 급했을 텐데 자식을 위해 당신의 피땀으로 일군 농토를 내놓기까지 얼마나 많은 날을 고민하셨을까. 행여 혼수 문제로 시댁 식구들한테 구박이라도 받아 주눅 들까봐 아버지는 그런 일도 서슴지 않으신 것이다.

그런 줄도 모르고 나는 가난한 부모를 만난 것에 대한 불평만 하며 살았다. 남들처럼 보란 듯이 고등교육을 시켜 주었다면 내 삶이 좀 달라지지 않았을까, 고비고비 어려움이 닥칠 때마다 부유한 집에서 태어났더라면, 순전히 내 욕심 챙기기에만 급급했던 거다. 자식들 뒷바라지를 제대로 못해주는 부모의 마음은 더 괴로웠을 텐데, 그동안 이기적인 생각을 하며 산 것 같다. 그러고 보면 형제 중에 내가 제일 많은 재산을 축냈다고 해도 과언이 아닐 것이다. 몇십 년 전에 그 소중한 농토를 팔아 내 결혼비용으로 썼으니 말이다.

자식 몇을 낳아서 키워 봐야 비로소 부모의 마음을 알게 된다고 했다. 나도 결혼해서 아이 둘을 둔 엄마가 되었다. 첫애를 낳으며 우리 엄마도 나를 낳을 때 많은 고통을 겪으셨다는 것을 조금은 알 것 같았다. 아이들이 자라면서 어찌 불만이 없었으랴. 일을 한다는 핑계로 제대로 챙겨 주지 못하고 소풍이나 운동회 날이면 간신히 도시락이나 싸주었을 뿐, 엄마와 같이 있어야 할 많은 시간들을 고아처럼 혼자 놔두지 않았던가. 자립정신 길러준다고 운동화도 더러우면 스스로 빨아 신게 하였는데, 어느 날 운동화 빠는 것이 귀찮았던지 은기는 세탁기 속에 신발이란 신발은 다 집어넣고 돌렸다. 세탁기 안에 있는 신발들이 쿵쾅거릴 때마다 마치 나를 향해 반란이라도 일으키는 듯했다.

큰아이 진기는 나한테 매를 많이 맞고 자랐다. 술과 고스톱을 좋아하는 남편은 동양화에 푹 빠지면 시간관념이 없어 집에서 기다리는 식구들은 안중에도 없었다. 언제 들어올지 모를 사람을 기다리다가 제대로 잠을 못 이루고 뜬 눈으로 새다시피 한 날이 한두 번이 아니었다. 그로 인한 스트레스는 고스란히 내 몫이 되었고, 그럴 때마다 신경이 날카로워졌다. 화풀이할 곳이 마땅치 않았던 나는 엉뚱하게도 화살을 큰애한테로 날렸다. 저 할 일을 조금이라도 게을리 했다싶으면 어김없이 죄 없는 애만 잡았다. 그런다 해서 남편의 성격이 고쳐지는 것도 아닌데 왜 그리 아이한테 모질게 했는지, 종아리에 시퍼런 멍이 들 정도로 혹독한 매를 맞으면서 아이는 나를 얼마나 원망했을까. 그럴 때마다 아이의 가슴속엔 지워지지 않는 피멍이 든다는 것을 왜 깨우치지 못했는지, 그 일만 생각하면 큰애한테 미안하고 또 미안해서 몸둘 바를 모르겠다. 조금만 참았더라면, 뒤늦은 후회 속에 지금도 어찌해야 좋을지 마음만 짠하다.

이러이러했더라면 더 좋았을 것이라고 내가 부모를 원망하듯 우리 애들도 그랬을 게다. 자식은 부모에게 나름대로 많은 것을 받았는데도 마음속으로 손해보고 산다는 생각을 하는지도 모르겠다.

친정아버지는 내가 결혼한 다음 해에 돌아가셨다. 돌아가시기 전 당신이 할 수 있는 모든 것을 나에게 베풀어 주셨다. 지금 살아 계신다면 그 무엇이라도 해드릴 수 있으련만, 아버지는 그런 기회를 한 번도 주지 않으셨다. 그러나 친정어머니께 좀 더 잘해 드리라고 나한테 과제를 남겨주신 것이 아닌가 싶다.

아버지가 그리울 때면 가끔 그 논엘 가본다. 누렇게 익은 벼이삭을 둘러보며 아버지는 구릿빛 얼굴로 환한 미소를 머금고 나를 보고 두 손을 높이 흔들며 논 한가운데 서 계시는 듯하다.

상차림

남편과 아들한테 선언을 했다.

"앞으로는 아침 점심 저녁 세 번 밥상을 차리되 그 이상은 차리지 않을 것이니 때가 되면 정한 시간에 밥을 먹고, 만약 늦게 일어난다거나 제 시간에 먹지 않을시는 각자 밥을 꺼내먹고 설거지까지 할 것과 또 밖에서 늦게 들어올 경우 알아서 해결하라."고 단호하게 말했다.

가족에게 그럴 수가 있느냐고 할지 모르지만 그렇게 하지 않으면 나는 밥상을 하루에도 몇 번씩 차려야 하는 번거로움을 평생 안고 살아갈 것 같아서였다. 식구라고 해야 남편과 아들, 나, 이렇게 셋밖에 안 되는데 식구마다 따로 밥상을 차려야 되는 불편함을 도저히 그냥 넘어갈 수가 없었다. 남편은 밥을 먹으라고 하면 얼른 와서 먹는 것이 아니라 밥이 다 식은 뒤 먹기 일쑤였다. 요즘 애들을 보면 대부분 밤에는 컴퓨터 게임을 하고 때론 친구를 만나느라 늦게까지 잠을 자지 않는다. 아침이 되어도 일어나지 않고 낮에 잠을 자고 있는 것을 볼 때는 가슴에서 불길이 치미는 것 같다. 남편이 어디 나갔을 때 혹시 집에 들어와서 밥을 먹으려나 준비해 놓으면 먹고 들어올 때가 많아 번번이 찬밥을 만들었다. 그럴 땐 전화라도 해주면 번거로움을 덜 수 있으련만, 다른 사람은 안중에도 없는 것 같고 가끔은 밤늦게 들어와 상을 차려 달라기도 했다.

젊었을 때에는 남편이 들어오면 같이 먹으려고 배가 고파도 참으며 기다렸다. 그러던 어느 날, 늦으면 밥을 먹을 것이지 그냥 기다리고 있다고 남편은 오히려 나에게 화를 내며 퉁명스럽게 말했다. 그 말을 듣는 순간 왜 그동안 어리석은 짓을 했는지 앞으로는 절대로 그렇게 하지 않으리라 다짐했다. 뱃속에서 쪼르륵 소리가 나도록 이제나저제나 하고 기다렸는데, 그 시간에 그이는 내 생각은커녕 다른 사람들과 어울려 더 잘 먹고 다녔다. 그런데도 나는 집에서 남편이 들어오기만을 목 빼고 기다렸으니 이 얼마나 어리석은 짓이었던가. 기다려봤자 내 몸만 축갈 뿐 소용없는 일이라서 그 이후부터 때가 되면 혼자서라도 밥을 먹었다.

결혼한 뒤 지금껏 남편과 아이들 밥을 해주면서 아무리 힘들고 귀찮아도 식구들을 위한 일이라면 내 몸을 아끼지 않고 무엇이든 한 것 같다. 그런 반면 내 자신에게는 마음 편히 쉴 시간을 주지 않고 왜 그리 인색하게 굴었는지 모르겠다.

남편은 외출할 때에 집안의 집다한 일 신경 쓰지 않고 그냥 나가면 되고 들어올 때도 시간에 구애받지 않고 아무 때나 들어온다. 그에 비해 나는 외출 한번 하려면 가족들 챙기느라 미리 밥을 해놓고 밑반찬 만드느라 허둥지둥댔다. 식구들 생일이 되면 꼬박꼬박 미역국을 끓여 주었건만 내 생일에 누가 나를 위해 미역국을 끓여 주었던가,

내가 외출했다가 들어와도 누가 나를 위해 밥상 한번 차려놓고 기다려 본 적이 있었던가. 잡다한 일은 다 내 차지라니 어이가 없다. 그것도 하루 이틀인가. 때 지난 밥상을 챙겨주는 일은 짜증났다. 가족이라서 하기 싫어도 했는데 어느 땐 내가 일만 하는 머슴같다는 생각마저 들었다. 그런 내가 싫고 부아가 치밀어 어느 날 그렇게 선언했던 거다.

같은 친목회 회원인 여자가 있다. 그녀는 결혼 초에 시부모와 모든 식구들에게 하루에 세 번 이상은 밥상을 차리지 않을 것이니 모두 제 시간에 밥을 먹을 것과 때를 어기면 나가서 사서 먹든지 알아서 해결하라고 했단다. 거기에 모여 있던 사람들은 한 집안 식구인데 어떻게 그런 말을 서슴지 않고 할 수가 있었을까? 더구나 시부모한테까지. 그녀가 결혼한 것은 40여 년 전이었는데 그 시기에 그런 발언을 한 것은 획기적인 일이었다. 보통사람은 상상도 할 수 없는 행동을 그녀는 하였던 거다.

그 말을 듣고 있던 우리는 서로 얼굴을 쳐다보며 그렇게 해도 되는가? 무어라 할 말을 잃어 뜨악한 표정만 지었을 뿐이다. 사람이 살다보면 늦을 수도 있고 밥상을 여러 번 차릴 수도 있는 일인데 그렇게까지 하면 세상인심이 너무 각박하지 않을까 싶어 고개를 갸우뚱 저었다. 그러나 수도 없이 반복되는 밥상을 차리면서 그녀는 처음부터 자기관리를 참 잘하면서 산다는 사실을 깨달았다. 남들은 감히 실행하지 못하는 일을 그녀는 결혼 초부터 자기 위치를 확실하게 세워놓았던 것이다. 또 그녀의 가족들은 그 일에 순순히 따라준 것도 잘한 일이라 생각되었고, 그렇게 함으로써 집안이 더 화목해지지 않았을까도 싶다.

집안 식구가 한자리에 앉아 얼굴 마주보며 밥을 먹으면서 대화를 나누다보면 정이 더 쌓이기 마련이다. 지금은 식구가 많지 않지만 전에는 보통 열 식구가 넘는 대가족이었다. 그 많은 식구들마다 각기 다른 밥상을 차린다고 생각하면 지레 질려 기운이 더 빠질 것만 같다. 그녀의 기발한 두뇌는 그 많은 식구를 통솔하는 데 성공했다. 그로 인해 제때에 밥을 먹으면 밥상을 여러 번 차리는 번거로움을 덜 수 있고, 또 그 시간에 다른 일을 할 수 있어 일거양득인 셈이다. 그런 현명한 판단을 하고 사는 그녀에게 높은 찬사를 보내고 싶다.

가만히 앉아 음식을 받아먹는 사람은 맛이 있느니 없느니 말도 많다. 그러나 음식을 만드는 사람은 끼니때마다 무엇을 어떻게 해야 되나 신경을 많이 쓰게 된다. 하루에 주방에서 소모하는 시간은 보통 3~6시간은 될 것이다. 그 많은 시간을 매일 허비했다니 너무너무 아깝다는 생각이 든다.

그렇게 선언한 뒤로 남편과 아들은 음식을 먹고 나면 알아서 설거지까지 한다. 밥을 같이 먹지 않는다고 성화 댈 일이 하나 줄었다. 나도 이제 외출할 땐 예전처럼 허둥대지 않아도 될 것 같다.

어쩌면 그 속에서 헤어나지 못한 것은 내 스스로 만든 무덤이었다. 나는 힘들어도 식구들이 편하고 즐거우면 그게 행복인 줄만 알았다. 어느 날 눈을 크게 뜨고 나를 바라보았다. 나는 날마다 그들의 뒷바라지만 할 뿐이고, 모두 자유스러운데 나만 외톨이가 되어 가슴 안에 외로움을 싸안고 그 속에서 헤어나지 못하고 전전긍긍하고 있는 모습을 발견했다.

이건 아닌데, 지금이라도 나를 찾아야겠다. 나도 떳떳하게 내 목소리를 내야겠다고 마음의 변화가 일어났다. 일은 하되 이제부터는 나를 위한 시간을 늘리면서 나를 위해 살아야겠다고 마음먹었다. 변화란, 다른 사람이 변하기를 바라기 전에 나 자신부터 변해야 될 일이었다. 진작 그녀처럼 그런 선언을 했더라면 내 생활이 좀 달라지지 않았을까 싶다. 늦게라도 식구들의 마음을 바꾸어 놓은 것은 역시 잘한 일이라는 생각이 든다.

그렇다고 가족을 무시하고 내 본분을 망각하면서 자유롭게만 살겠다는 것이 아니고 나를 위해 무언가 투자를 해보겠다는 거다. 그 많은 세월을 가족들에게 헌신하고 이제 내 시간을 좀 활용해본다는데 그 누가 무어라 할 것인가.

나도 그녀처럼 현명한 두뇌를 가졌다면 오랜 시간 걸리지 않고 단시일 내에 가족들과 동등한 생활을 하지 않았을까. 머리가 나쁘면 손과 발이 고생한다는데 나 같은 사람에게 해당되는 말인 것 같다.

획기적인 나의 선언으로 우리 가족의 화목도 도모하고, 가족의 질서를 바로잡고, 남는 시간은 소득과 연결되고, 번거로움을 줄이면서 동등한 입장이 되어 삶의 질을 향상시킬 수 있었다.

나의 뒤늦은 선언은 이리저리 둘러봐도 괜찮았던 것 같다.

맞지 않는 보폭

어두운 골목길에서 남편을 놓쳤다.

나는 남편을 따라 가느라 헐레벌떡 뛰다시피 했지만 어느 골목에서 나를 앞섰다. 남편은 다리가 길어서 슬슬 걷는 것 같아도 발걸음이 빠르다. 평소에도 같이 걷다보면 남편은 저만치 앞서가고 나는 항상 뒤처져 있어 누가 보면 싸운 사람들처럼 보인다. 좀 천천히 걸어 보폭을 맞춰주면 좋으련만, 도저히 그이의 발걸음을 따라갈 수가 없다. 이젠 나도 지쳐서 너는 너, 나는 나 이런 식으로 걷기로 했다. 이렇듯 보폭 하나 제대로 맞추지 못하고 살아가는 우리 부부가 무엇인들 척척 맞을 수 있을까.

농번기가 지나고 비수기가 되면 남편은 본색이 드러난다. 틈만 있으면 밖에 나가 다른 사람들과 어울리며 술 마시고 고스톱 치느라 집안일은 안중에도 없다. 밤늦게 들어오는 것은 기본이고 어느 땐 밤을 새고 들어오기도 한다. 주머니에 돈 떨어지고 기운이 다 빠지면 집에 들어와서 밥숟가락 놓기 무섭게 자리에 눕는다. 눕자마자 코를 드르릉드르릉 골아댄다. 누가 밤에 나가라고 한 적도 없는데 일을 한 사람보다 더 지쳐 있다. 남편이 밖에서 들어오지 않을 때면 언제 들어오려는지 기다리다가 잠을 설치고, 집에 들어오면 코를 골아대서 잠을 설친다. 그럴 땐 얼굴을 옆으로 돌리면 잠시 조용해지지만 다시 코고는 소리에 신경이 날카로워진다. 그럴 땐 귀를 잡아당겨보아도 건드릴 때뿐이다. 그렇게 며칠 지내다 몸에 충전이 되었다 싶으면 또 나간다.

어느 해 겨울이었다. 남편에게 식구들을 생각해서 제발 정신 좀 차리라고 했지만 쇠 귀에 경 읽기였다. 내가 하는 말은 잔소리로만 들리는지 오히려 화를 내며 밖으로 휙 나갔다. 그렇지 않아도 남편은 밖에 나갈 핑계를 찾던 중이었다. 얼마나 좋은 곳인지 나도 한번 가봐야겠다고 그를 따라나섰다. 남편은 다리가 길어 몇 발짝만 옮겨도 저만큼 앞서가는지라 나는 뛰다시피 했다. 어두컴컴한 밤, 그를 놓칠세라 눈을 크게 뜨고 쫓아갔다. 어느 골목에 다다랐을 때쯤 남편은 갑자기 방향을 바꿔 어디로 갔는지 알 수가 없었다. 닭 쫓던 개 지붕만 쳐다본다더니, 그런 꼴이었다. 나는 허탈감을 안고 골목에서 우두커니 한참 서 있었다. 남편의 버릇이 따라나선다고 고쳐질 일이 아니었기에 한심스럽기도 하고, 컴컴한 골목에 혼자 있으려니 무섭기도 했다.

집으로 들어가야지 하며 발길을 옮기려는 순간 '아니야, 내가 먼저 들어가면 안 돼.' 밤새 잠 못 이루고 사람 기다리는 심정이 어떤지 그도 당해봐야 알게 될 것이라고, 그 날 밤 나는 집에 들어가지 않았다.

시내에 사는 형님 댁으로 갔다. 형님과 이런저런 얘기를 나누면서 하룻밤을 보냈다. 생각 같아선 며칠이고 집에 들어가고 싶지 않았지만 아이들이 아침도 굶고 힘없이 학교에 갈 생각을 하니 안 되겠다싶어 서둘러 집으로 돌아왔다.

남편은 밤새 술을 얼마나 마셨는지 방안에는 술 냄새가 진동했다. 나를 보자마자 여자가 어디서 외박을 하고 다니느냐고 이젠 너와 끝장이니 사업이고 뭐고 다 필요 없다면서 큰소리치고 야단법석이었다. 기가 막혀 말이 나오지 않았다. 허구한 날 자기는 외박하면서 나는 외박하면 안 된다는 법이라도 있는가. 밤새 기다리면서 뉘우치기는커녕 또 나를 괴롭히기 시작했다. 그렇다고 다른 곳에 가서 자고 온 것도 아닌데, 뭐 뀐 놈이 성낸다고 남편이 그런 꼴이었다. 사람은 오래 곁에 두고 봐야 그 속을 알 수 있다는 것을 결혼하고 살면서 터득하였다. 결혼 전에는 그렇게까지 무례한 성격인 줄 몰랐다. 진작 알았더라면 결혼하지 않았을 것이다.

요즈음 신세대들은 몇 년 살아보고 괜찮으면 결혼하고, 그렇지 않으면 쿨하게 헤어지기로 사전에 약속을 하는 젊은이들도 있다고 한다. 상대방을 파악해본 후 선택하는 방법도 괜찮을 것 같다.

가장이면 자신 때문에 가족들이 불편한 생활을 하지는 않는지 한번쯤은 되돌아보아야 할 터인데 왜 그런 생각을 안 하는지 모르겠다. 여자라고 좋아서 집안 일을 하는 것은 아니다. 행여 아이들이 삐뚤어질까봐 전전긍긍하면서 어쩔 수 없이 참는 것이다. 아이들을 낳지 않았더라면 사정은 달라졌을 것이다. 만약에 자식이 없다면 백 쌍의 부부 중에 몇 쌍이나 남을까 싶다.

사람이 살아가면서 때론 실수도 하게 마련이지만 잘못을 반복하지 말아야 할 것이다. 한 쪽이 아무리 잘하려고 노력해도 다른 한 쪽이 엇나가면 그것은 어찌 할 도리가 없다. 세 살 버릇 여든까지 간다고 하는 말이 뼛속까지 사무친다.

결혼하기 전, 가진 것은 없어도 마음고생은 시키지 않을 것이라고 했던 그 말이 헛소리에 불과했다는 것을 왜 진작 깨닫지 못했을까. 애시당초 호의호식을 시켜주리라 바라지도 않았다. 그저 자장면 한 그릇을 놓고 나누어 먹을지라도 마음고생은 시키지 않을 것이라는 그 말을 믿고 아무것도 없던 그를 선택했다.

그 사람은 고등학교 때 어머니를 잃었다고 한다. 그 후 큰형수 손에서 자랐는데 그때부터 방황하며 자기 성질을 이기지 못해 칼로 손을 쳐서 다친 흉터가 지금도 크게 남아있다. 가만히 생각해 보면 어머니의 사랑을 받지 못한 그가 안됐다는 마음도 들었다. 일찍 어머니를 여의고 마음 붙일 곳이 없어 방황하고 다녔단다. 그런 이유에서인지는 몰라도 술을 많이 마시고 고스톱을 좋아한다. 어느 때는 그의 마음을 보듬어 주려다가도 이건 아니다싶어 부아가 치민다. 손자까지 보았는데 그쯤해서 가정에 충실할 때도 되었건만 무엇을 믿고 그러는지 날이 갈수록 그 기세가 꺾일 줄을 모른다.

세상에는 내 뜻대로 되지 않는 일이 허다하다. 그런저런 일로 속 끓이느라 불면증에 시달리기도 했다. 내 잘못이 아닌데도 남들의 시선이 왜 그리도 두렵게 느껴지는지 모르겠다. 가정을 깨지 않으려고 애쓰는, 겉으로 드러내지 않은 내 가슴속엔 앙금이 아마도 시커먼 연탄처럼 꽉 차 있을 것이다. 그런 속에서도 아이들은 남의 손가락질 받지 않게 키우려고 무던히도 참고 또 참았다. 다행히 아이들은 심성이 곱게 자라주어 그 세월이 헛되지 않은 것만으로 위안을 삼기도 한다.

하루에도 몇 번씩 정리하고 싶은 생각이 파도처럼 밀려왔다가는 부서진다. 그러나 그게 무처럼 쉽게 자를 수도 없는 일이다. 처음부터 보폭이 맞지 않은 것을 그래도 맞춰보려고 견뎠는데, 세월이 흐를수록 그 폭은 점점 더 커가고 있다는 것을 알았다. 처음 몇 걸음은 느끼지 못할 정도로 표가 나지 않지만, 계속 걷다 보면 까마득하게 멀어진다는 것을 왜 진작 몰랐을까? 모른 것이 아니다. 이 세상에서 가장 질긴 끈은 자식으로 연결된 끈이었다. 그 끈이 너무 질겨서 도저히 끊을 수가 없어 그 속에서 훌훌 털고 나오지 못한 것이다.

맞지 않는 보폭으로 함께 걸을 수 없는 길, 저쪽에서 가물거린다.

살아생전에

친정아버지는 내가 결혼한 그 다음해 돌아가셨다. 몇 년 동안 고생하시다가 겨우 환갑을 넘기고는 무엇이 그리 급한지 저 세상으로 훌쩍 떠나신 것이다.

장례를 모시고 삼우제까지 지낸 후 친척과 형제들은 각자 생활전선으로 돌아갔다. 집안은 텅 빈 것 같은 썰렁함만이 가득했다. 남은 식구라고 해야 어머니 혼자였다. 어머니 옆에서 말벗이라도 되어드릴까 싶어 친정에 남아 있었다.

궤연을 사랑방에 모셨다. 궤연은 작은 장롱만하게 만들어 누런 광목으로 씌우고, 그 안에 상을 놓고 망자의 사진을 올려놓았다.

밥을 새로 짓고 반찬을 만들어 아침저녁으로 궤연 앞에 갖다놓는 일을 상식이라 했다. 평소 아버지가 살아계실 때처럼 음식을 갖다놓았다가 다 드신 것 같으면 내온다. 어머니가 안 계실 때엔 내가 상식을 올려야 했다. 상식을 올리려고 궤연 앞에 갈 때마다 무서운 생각이 온몸으로 퍼지면서 사랑방 들어가는 일은 죽기보다 싫을 정도였다. 방문을 열고 들어가 궤연 문을 양쪽으로 젖힐 때마다 내 몸은 움츠러들고, 궤연 문이 열려 있으면 좀 덜한데 닫혀있으면 더 으스스 했다. 음식을 올려놓을 때보다는 그릇을 꺼내어 방문을 닫고 나올 때면 아버지가 꼭 붙잡는 것 같아 뒷걸음질치곤 했다. 어느 땐 빨리 나오려다가 넘어지기도 하고, 해질 무렵이면 사랑방은 더 음산하게 느껴졌다.

아버지가 모셔진 곳인데 왜 그리도 들어가기 싫었는지 모르겠다. 너무 무서워서 더 이상 여기 못 있겠다고 어머니께 말씀드렸다. 어머닌 아버지와 정을 떼려고 그런 것 같다고 하시면서 홑몸도 아닌데 괜히 여기 있다가 애라도 잘못되면 큰일이니 어미 걱정은 하지 말고 가라고 하셨다. 쓸쓸하게 지내실 어머니 생각을 하니 좀처럼 발길이 떨어지지 않아 무겁기만 했다.

나는 깜짝깜짝 잘 놀라고 무서움까지 타는 아이였다. 친정집은 농촌이었는데 캄캄한 밤에 혹 화장실에 가게 되면 동생을 데리고 가서 기다리게 했다. 뒷간과 사돈댁은 멀어야 좋다는 말을 듣고 지었는지 몰라도 뒷간은 마당 끝에 있었다. 어느 땐 동생들은 깊은 잠이 들어 깨워도 일어나지 않아 어쩔 수 없이 혼자 호롱불을 켜들고 조심조심 뒷간에 갔다. 볼일을 보노라면 간은 콩알만해지고 콩닥콩닥 가슴이 두근거렸다. 달걀귀신, 몽달귀신, 처녀귀신, 온갖 귀신들이 자꾸만 떠올랐다. 떠도는 말에 의하면 뒷간에는 달걀귀신이 있다는데, 그런 말이 머릿속에 스치면 긴장했는지 시원하게 나오지 않았다. 불안한 마음으로 간신히 볼일을 보고 나올 때엔 뒷간에 숨어있던 달걀귀신이 잡아당길 것만 같아 후다닥 뛰어나오곤 했다.

어릴 적 나는 무서워서 밤에 좀처럼 나다니지 않았다. 더구나 시골은 집도 드문드문 있어 더 그런 생각을 가지게 했다.

그동안 살아오면서 여러 사람이 저 세상으로 가는 것을 보았는데 아버지가 돌아가셨을 때 같지는 않았다. 아버지가 돌아가셨을 적에는 왜 그렇게 무서웠던지, 정을 떼느라고 그런다는 말이 맞는 것 같기도 하고 어느 땐 혼란스럽다.

사람은 살아 있을 때 서로의 정을 나누고, 함께 살아가면서 희로애락을 느끼는 것 같다. 아무리 다정다감했던 사람도 죽은 뒤 손을 잡아보면 차가워서 섬뜩 움츠려 든다고 한다. 그래서 산 자와 죽은 자의 갈림길이 정해져 있는 것이고, 죽은 자는 잊히기 마련인 것 같다. 사랑하던 사람이 죽으면 남은 생을 혼자 어떻게 살아 가냐고 슬픔에 몸부림치며 통곡을 하던 사람도 시간이 지나면 잊게 된다. 이 세상은 산사람을 위한 공간이기에 주어진 생활에 순응할 수밖에 없다. 사람은 태어나서 언젠가 한 번은 죽게 마련인데, 다만 누가 몇 년을 더 살고 죽느냐 하는 그 차이일 뿐이다.

아버님이 돌아가신 지도 벌써 삼십여 년이 넘었다. 그 당시에는 사람이 죽으면 으레 궤연을 차려놓고 아침저녁으로 상식을 올렸다는데 세월이 흐르면서 어느 사이 사라졌다. 조상 대대로 전해 내려오던 미풍양속이 사라지는 것은 아쉬운 일이지만 죽은 뒤 상식을 하는 것은 아무런 의미가 없는 것 같아 삭망제사가 없어진 것은 잘된 일인 것 같다. 차라리 부모가 살아 있을 때 그런 제도를 만들어 실행하는 것도 괜찮지 않을까 하는 생각을 가져본다.

어머니는 할머니 살아계실 때 삭망을 지내셨다. 부모가 돌아가신 뒤 아무리 맛있는 음식을 차려놓아도 다 소용없는 일이라며 살아생

전 국 한 그릇이라도 따뜻하게 끓여드리는 것이 옳은 일이라며 그렇게 생시에 실천을 하신 것이다.

가까이 지내는 선배가 어머니께 그런 효를 하는 것을 보고 참 아름다운 마음을 지녔다는 생각을 하고는 나도 한번 해봐야겠다고 실행에 옮겼다. 한 달에 두 번, 어머니와 같이 목욕탕에 가서 등도 밀어드리고 밥도 함께 먹으면서 말벗도 되어 드린다. 그럴 때마다 어머닌 더없이 즐거워하신다. 앞으로 얼마나 사실지 모르지만 그동안 받기만 했던 사랑을 이렇게나마 조금은 갚을 수 있을 것 같다. 어머니께 즐거움을 안겨 드릴 수 있게 해준 선배에게 고마움을 전한다.

어머니, 건강하게 오래오래 사세요. 늘 기도하는 마음이 된다.

수업료

하숙을 쳐서 번 돈을 떼었다.

아주버님이 돈을 불려주겠다고 하여 맡겼는데, 그 돈을 갖다 쓴 사람이 어디론가 행방을 감추었다고 했다. 그 말을 듣는 순간 하늘이 무너져 내리는 듯 앞이 캄캄했다. 가슴은 두근거리고 손에는 아무것도 잡히지 않았다. 그 돈은 내게 있어 전 재산이었다.

결혼 후, 시댁에서는 방 한 칸 얻어 내보내겠다고 했다. 그러나 그렇게 나가서는 남편의 월급으로 도저히 살아갈 수 없을 것 같아 앞길이 막막하였다. 어떻게 해야 좋을지 궁리 끝에 형님 댁에 눌러 살기로 하였다. 형님 댁에 살면서 밥하는 것은 물론, 집안일이며 농사일까지 거들었다. 신혼 재미가 무엇인지도 모르고 살았다. 결혼생활은 당사자만 좋다고 모든 것이 해결되는 것은 아니었다.

결혼 전에는 재산을 중요하게 여기지 않았는데, 막상 결혼을 하고 보니 재산이 있는 것과 없는 것은 마치 하늘과 땅 차이 같았다. 결혼생활은 바로 돈과 연결되었다. 결혼하기 전, 많은 사람들이 경제적인 것도 중요하다고 충고해줬지만 귀담아 듣지 않았다. 내가 선택한 길이라서 누구를 원망할 수도 없고, 해결방안을 찾아야 했다.

시댁 식구들과 함께 산다는 것은 누가 뭐라고 하지 않아도 심적 부담으로 불편했다. 남편의 씀씀이를 줄이고 한 푼이라도 모아 살림 날 때 보태기 위하여 숨죽이며 살았다. 그렇게 해서 모은 것과 형님이 보태주는 돈을 합쳐 시내로 나와 전셋집을 얻었는데, 방이 여러 개 있었다. 식구라고 해야 큰애까지 셋밖에 안 되니 방이 남았다. 그냥 비워두기는 아깝고 무엇을 하는 것이 좋을까 궁리 끝에 하숙을 치면 괜찮겠다는 생각이 들었다.

학생들을 모아 하숙을 치기 시작했다. 어린아이를 데리고 사람들 밥을 해주는 일은 쉽지 않았다. 누가 돌봐주는 이 없어 애를 업고, 때론 재워놓고 잠자는 틈을 이용하여 밑반찬을 만들고 집안일을 하였다. 힘들어도 남편의 월급은 고스란히 저축하는 재미가 있어 그래도 견딜 만했다. 그렇게 해서 모은 돈을 한 푼도 써보지 못하고 한순간에 떼인 것이다. 결혼한 후 시댁에서 살림을 나와 하숙을 치기까지 하루도 편할 날이 없었는데, 그 돈을 떼었다고 생각하니 너무 억울해서 잠을 이룰 수가 없었다.

그즈음 낙찰계를 들고 있었는데 그 계도 부도가 났다. 다행히 우리는 미리 계를 탄 상태라서 손해는 없고 차액만 내놓으면 되었다. 그런 일을 당하고 난 후부터는 돈은 안전하게 은행에 맡겨야 한다는 것을 깨달았다. 삼십여 년 전의 몇 백만 원은 지금으로 계산해보면 아마 몇 억은 될 것 같다. 그 돈을 떼이고 한동안 시름에 젖어 있었다. 그런다고 나올 것도 아니고, 내 몸만 망가질 뿐 아무런 도움이 되지 않았다. 억울함이야 이루 말할 수 없었지만 고액 수업료를 내고 한 차원 높은 교육을 받았거니, 두 번 다시 그런 짓은 하지 않으리라 다짐하고 그만 잊기로 했다.

그 당시는 개인이 돈놀이를 하는 것과 계를 조직하여 목돈을 만드는 것이 유행이었다. 돈뿐만이 아니라 금반지계라든가 쌀계도 있었고, 날마다 찍는 일수계도 있었다. 아무튼 여러 가지 계 이름이 많았다.

그때 나는 사회 초년생이고 아주버님은 시내에서 오래 사셨기 때문에 우리한테 잘못되게 하지 않을 것이라 믿었는데, 그게 잘못되었다. 아주버님이 이자를 놓아준다고 할 때 돈을 아주버님께 드렸기에 누구를 주었는지 나는 알 수가 없다. 내가 직접 주었다면 독촉이라도 한번 해봤을 텐데, 얼굴도 이름도 심지어 그 사람이 실존 인물인지조차 몰라 돈을 돌려달라는 말 한마디 할 곳이 없었다. 그렇다고 아주버님한테 대납해 달라고 할 수도 없어 벙어리 냉가슴 앓듯 혼자 속만 태웠다. 어떻게 해서라도 살아보려고 애를 업고 밤잠 설쳐가며 일해서 얻은 것이었다. 다른 사람이 그랬다면 물어내라고 했을지도 모른다. 그런데도 아주버님은 어떻게 해주겠다는 말 한마디 없이 그냥 넘어가서 섭섭했다.

둘째시누이가 서울에서 남편과 새벽시장에서 번 돈을 낙찰계를 들었다가 몇 억을 떼었다고 한다. 추우나 더우나 하루도 빠지지 않고 새벽에 나가 고생했는데, 그 돈을 하루아침에 다 날렸으니 얼마나 속이 상했으랴. 그로 인하여 시누이 남편은 허구한 날 술을 마시다 쓰러져 반신불수가 되었고, 결국은 사람노릇도 못하고 죽고 말았다. 평생 모은 재산인데 어찌 분통이 터지지 않을까만 그래도 높은 이자를 받을 때는 마음이 흐뭇하지 않았을까. 손해 보려고 그리된 것을, 아무리 그런다고 되돌아올 돈이 아닌 것을 미리 깨우치고 잊었더라면 그렇게 죽지도 않았을 것이다. 너무 돈에 집착하다가 하나밖에 없는 목숨과 바꾼 꼴이 되었다.

시누이인들 하루아침에 그 많은 돈을 날릴 줄 꿈에선들 알았으랴. 어쩌면 돈에 대한 욕심 때문에 오히려 더 많은 것을 잃은 셈이다. 서울에서 오래 생활을 했으면서 왜 은행에 돈을 맡기지 않았는지, 은행에 넣는 것보다는 개인에게 높은 이자를 받는 쏠쏠한 유혹을 뿌리치지 못하여 생긴 일이었다.

살아가면서 경험은 참 중요하다. 금쪽 같은 돈을 떼었을 때 나도 세상을 다 잃은 것 같았다. 그러나 그 쓰라린 고통을 일찍이 체험하지 않았다면 더 큰 손실을 입었을지도 모른다. 작은 손실은 큰 것을 지켜주는 방패막이 될 수 있다는 것을 깨달았다. 돈을 잃고서 얻은 생생한 체험이었다. 그 돈을 잃어 손해 본 것이 아니라 오히려 세상 보는 눈이 한 차원이 높아졌다고나 할까.

가발

가발을 샀다.

서울 고속터미널 근처 지하상가에는 끝도 보이지 않을 정도로 온갖 물건으로 꽉 차 있다. 그곳에 있는 물품은 오가는 사람들의 지갑을 열게 한다.

신발가게를 지나다가 편해 보이는 구두 한 켤레를 샀다. 필요한 것이 또 있을까 이리저리 물건을 둘러보며 걷는다. 가발이 눈에 띈다고 생각하는 사이 발은 벌써 가발가게 안으로 들어서고 있었다. 주인이 무엇이 필요하냐고 묻는다. 머리숱이 적어서 그러는데 똑딱 핀으로 만든 부분 가발이 있으면 보여 달라고 했다. 판매원이 이것이 괜찮다며 보여주는데, 내가 찾는 것과는 다른 것이라서 그보다 더 작으면 좋겠다고 하니 더 작은 것은 없단다. 인모는 값이 비싸지만 인조는 값이 싸니 쓰다가 버려도 아깝지 않을 것이라며 한번 해보라고 한다. 내 머리색에 맞는 것을 골라 머리에 꽂고 숙달된 손으로 이리저리 매만지더니 머리숱이 많아 보인다며 거울을 보여준다. 마음에 썩 들지는 않았지만 그리 흉하게 보이지는 않았다.

가발을 하나 머리 위에 이고, 흐트러지면 어쩌나 하는 불안도 함께 이고 지하상가에서 나왔다.

서산 터미널에 도착하여 버스에서 내리니 바람이 불었다. 운동 삼아 좀 걸을까 하다가 바람 때문에 머리가 흩어질 것 같아 택시를 탔다. 사무실에 도착하니 귀한 손님이 와 있었다. 먼저 화장실로 가서 거울을 보려고 했는데 손님과 정면으로 마주치는 바람에 피하지 못했다.

"웬일이세요. 연락도 없이 갑자기 이곳까지 오시구…." 그를 보는 순간 머리를 감출 수도 없고 난처한 표정으로 얼른 안으로 들어가 머리부터 살펴보았다. 바람에 날려 헝클어진 머리, 버스를 타고 오면서 좌석에 기대고 온 터라 뒷머리도 엉망이었다. 이게 무슨 꼴이람. 가발을 쓰고 오지 말 것을 괜한 짓을 한 자신이 원망스럽기까지 했다.

나는 머리숱이 성글다. 뒤쪽은 괜찮은데 정수리 근처가 숱이 적다. 머리숱이 적어 머리 모양도 마음대로 할 수가 없다. 생머리일 때는 머리카락이 더 없어 보여 파마를 자주하는 편이다. 머리숱이 적은 사람은 파마하는 것도 두피에 해롭다고 하는데, 어쩔 수가 없다. 그뿐인가, 아침에 화장하는 시간은 채 십분도 안 걸리는데 머리 만지는 시간은 화장하는 시간의 몇 배 더 걸린다. 스프레이 뿌리는 것도 머리에 좋지 않다는데, 성긴 머리카락을 고정시켜야 되므로 다른 방법이 없다.

내겐 가발이 긴 것과 짧은 것, 부분가발도 여러 개 있다. 가발을 사용하면 성근 머릿속이 감추어질까 구입했는데, 막상 사용해보면 생각했던 것과는 달리 어색하기 그지없다. 전체로 된 가발은 답답하고 머릿속에 이가 기어 다니는 것같이 스물거린다. 짧은 것을 해봐도 신통치 않다. 어느 날인가 똑딱 핀으로 된 부분 가발을 머리에 고정시키고 다녔는데, 핀 꼽은 자리가 얼마나 아프던지 하루도 채우지 못하고 결국 빼내고 말았다. 이렇듯 실용적이지 않은데도 왜 자꾸 가발에 미련을 두는지, 머리숱이 적은 것에 대한 콤플렉스가 많은 것 같다.

대리점에 자주 오는 머리가 벗겨진 고객이 있었다. 그 사람은 머리카락이 새로 난다하여 치료를 받는다고 했다. 그 사람이 오면 그의 머리를 유심히 지켜보았다. 3개월쯤 지났을까, 그의 정수리에서 머리카락이 병아리 깃털 나듯이 새로 솟아나는 것이 보였다. 그 모습을 보고 나도 치료를 받기로 하였다. 이틀에 한 번씩 두피에 침을 맞고 뜸뜨고 인삼과 한방 재료로 만들었다는 샴푸로 머리를 감았다. 머리에 침을 꽂을 때마다 머리카락이 하늘로 치솟는 것 같았지만 그래도 머리가 나온다면 그런 아픔쯤이야 참을 수 있었다. 정수리 치료를 받으면서 새 머리카락이 나오기는 했지만 내가 원하는 만큼은 아니었다.

머리카락을 이식하려면 자기 뒤통수에 있는 머리를 옮겨 심는데, 뗏장을 뜨듯이 모공을 떠서 한 개씩 뽑아 머리카락이 없는 부위에 심는다는 것이었다. 그 말을 들으니 생각만 해도 소름이 끼치는지라 그 뒤로 머리 심는 일은 잊어버리기로 했다.

머리숱이 없는 것도 유전이라고 한다. 아버지가 정수리에 머리카락이 많지 않았는데, 내가 아버지를 닮았다. 남자는 대머리가 되어도 봐줄만한데 여자의 머릿속이 훤하면 보기 싫은 것이 사실이다. 정수리에 머리카락이 없으면 속알머리가 없다고 하고, 이마 근처에 머리카락이 적은 사람을 주변머리가 없다고 하는 우스갯소리도 있다. 누가 지어냈는지는 몰라도 그럴 듯하다. 또 무슨 일을 하더라도 답답한 사람을 보면 빗대어 하는 말인 것 같다. 그러고 보면 나는 속알머리가 없는 측에 속하는데 다른 사람이 나를 보면서 얼마나 답답하게 느꼈을지 모르겠다.

가발은 머리숱이 없어 쓰기도 하지만 자기 스타일을 바꾸고 싶을 때도 애용하는 사람들이 있다. 가발은 신체 어느 부위에 모자라는 곳을 가리기 위한 것이다. 그러나 가발은 쓰면 어딘지 모르게 어색하고 거짓 같아서 마음이 쓰인다. 거짓은 금방 탄로 나는 일이라서 애당초 타고난 모습이 더 자연미가 있고 불편도 적다. 머리숱이 적어 가발로 가려보지만 어디 내 머리만 하겠는가.

머리가 성긴 사람치고 미련한 사람이 없다고 하는 말을 들은 적이 있다. 머리숱이 적어 두뇌가 명석하다고 하면 나도 그 속에 해당하는 일이니, 그렇다면 그것으로 위안을 삼아도 될 것 같다. 모든 사람이 다 그렇다는 것이 아니고 예를 들어 그렇다는 거다. 어떻든 나는 머리숱 때문에 스트레스를 받는 것은 틀림없다. 허지만 내게는 올곧은 정신세계가 있노라고 억지라도 쓰고 싶다. 어색하고 불편한 가발보다는 내 머리카락이 그래도 이만큼이나 있어주니 감사하며 살아야겠다.

성글어도 가발에 비교할 수 없을 만큼 자연스런 내 머리카락, 이젠 가발에 대한 미련을 버리기로 했다. 내 삶에 있어서 가리고 싶은 것이 어디 성긴 머리숱뿐이랴. 가발은 겉포장으로 잠깐 가릴 수 있을지 몰라도 내면까지 가릴 수 없는 일이다. 모자라는 부분을 가발로 가려 보려 했던 부질없는 일은 더 이상 하지 않으리라. 아무리 완벽하게 태어난 사람이라도 불만은 있게 마련, 채워지지 않는 부분이 있으므로 사람이 아닐까.

위험천만한 것

급커브 오르막길, 가속페달을 밟았는데 그만 자동차가 붕 뜨며 날으다가 뒤집어졌다.

그 순간 나는 눈을 꼭 감았다. 이젠 죽었구나! 생각이고 뭐고 머릿속은 백지상태가 되었다. 얼마나 시간이 흘렀을까. 어떻게 해서라도 밖으로 나가야 한다는 생각이 들었다. 손가락을 살짝 움직여 보고 그 다음 발가락을 꼼지락거려 보았다. 손발 모두 무사하다는 신호를 받았다. 이번에는 온몸을 조심스레 움직여봤는데 고개가 갸웃거릴 정도로 불편한 곳이 없었다. 차 안에는 나 말고도 동생과 동생의 아들 종훈이와 은기, 이렇게 네 명이나 탔었다. 종훈이 우는 소리가 들렸다. 어딘가 다친 것 같은데, 은기는 아무런 기척이 없었다. 혹시 의식을 잃은 것은 아닐까. 저애들 몸이 온전하지 않을 텐데 만약에 평생 불구자로 살아간다면 어쩌지, 끔찍한 상상이 앞을 가려 차마 눈을 뜰 수가 없었다. 차안에서 꼼짝도 못하고 있었다.

"얘, 너는 괜찮으니?" 동생에게 물어보았다.

"으응 언니, 나는 괜찮아." 동생도 다친 곳이 없다고 한다. 나는 숨을 길게 내쉬고는 눈을 떴다. 떨리는 손으로 간신히 문을 열고 나왔다. 그리고는 차안에 있는 아이들을 내려놓고 다친 곳이 없는지 살펴보았다. 믿기지 않을 정도로 그 누구도 다친 곳 없이 멀쩡했다. 정말 천만다행이었다. 종훈이는 놀라서 울었고, 은기는 잠을 잤기 때문에 상황을 모르고 있었다.

땅을 밟고 있어야 할 자동차 바퀴는 하늘을 올려다보고 있고, 자동차는 전봇대를 고정해 놓은 줄에 걸쳐 있어 더 이상 굴러 가지 않았다. 그곳에 전봇대가 없었더라면 차가 낭떠러지로 굴러 큰 참사를 당할 뻔 했는데, 그 줄이 방패막이 되어 우리를 지켜주었던 것이다. 세상에! 아무리 생각해도 꿈만 같았다. 사람의 목숨은 하늘에 있다더니 이런 경우를 두고 하는 말인 것 같다.

운전면허를 딴 지 얼마 안 되었을 때다. 남편의 운전 부주의로 사고를 내어 내 다리가 골절된 적이 있다. 그 일을 당하고 난 후 나는 운전을 하지 않았다. 자동차 운전하는 것이 겁부터 나서 쉽게 핸들을 잡을 수가 없었다. 면허증은 있어도 운전을 못하는 사람에게 하는 말이 있는데, 내가 바로 그 장롱면허였다. 이러다가는 면허증은 무용지물이 되어 평생 장롱 속에서 잠만 잘 것 같아 생각을 바꾸어 도로주행 연습을 하던 무렵이었다.

어느 휴일, 동생과 아이들과 같이 바람 쐬러 나갔다가 돌아오는 길, 한적한 시골길이라서 내가 운전을 했는데 그만 운전 미숙으로 사고를 냈던 것이다. 그 곳은 급커브인데다가 경사진 오르막이었다. 그 언덕을 오르려고 가속페달을 밟았는데 갑자기 자동차가 날아간 것이다. 그런 일이 있은 후 종훈이는 이모가 운전하는 차는 무섭다며 타지 않았다.

운전은 생명과 연결된 것이라서 항상 조심을 해야 된다. 초보자는 말할 것도 없고 운전에 능숙한 사람이라고 해도 언제 어디서 돌발 상황이 벌어질지 모르므로 항상 방어 운전을 해야 한다. 운전뿐만이 아니라 모든 일은 오래도록 갈고 닦는 경험을 쌓아야 비로소 프로 정신이 나오는 것 같다. 초보운전자는 위험에 처했을 때 슬기롭게 처리할 수 있는 능력이 부족하여 사고를 내기 쉽다.

삶에 있어 예기치 않은 사고가 어디 자동차운전뿐이던가. 작은아이는 열이 높으면 경련을 하는 바람에 금방이라도 잘못될 것만 같아 놀란 가슴을 안고 한밤중에도 애를 업고 병원으로 뛰어가던 일, 갑작스런 사고로 머리를 다쳐 정신을 잃고 앰뷸런스에 실려가 며칠만에 깨어났던 일, 밤새 안녕이라고 멀쩡하던 사람이 저세상으로 가버려 허망하던 일, 다된 밥에 재를 뿌리듯이 어렵게 성사시킨 계약을 파기해야 했던 일이라든가, 살면서 숨죽이며 마음 졸일 일이 어디 다 헤아릴 수나 있을까. 주위에는 예기치 않는 난관들이 수없이 도사리고 있다. 시련을 겪고 나면 새로운 것을 터득하게 되는데, 이 세상에는 쉽게 얻어지는 것이 없다. 위기를 맞을 때마다 무엇인가 깨우치게 되고 그 힘은 든든한 주춧돌이 되어 삶에 보탬이 되기도 하는 것이다.

그 사고로 누군가 잘못되었다면 평생 마음속에 지울 수 없는 부담을 지니고 살아갔을 텐데, 천만다행으로 불행을 피해갈 수 있어 그저 고맙고 감사할 따름이었다.

아기가 태어날 때 큰소리 내어 우는 것은 앞으로 험난한 세상을 어떻게 살아가야 하나 하는 두려움 때문이라고 우스갯소리들을 한다. 운전할 때에는 눈이 옆에도 뒤에도 있어야 할 정도로 사방을 한 눈으로 보듯이 항상 방어자세로 긴장을 늦추면 안 되는데, 그 긴장이 내리누르면 나도 아이처럼 으앙! 소리질러보고 싶을 때가 있다.

어제가 무사하다고 오늘도 무사하란 법이 없듯이, 예고치 않는 사고는 늘 주변에 도사리고 있는 것 같다. 차 운전은 편리한 반면에 사고라는 위험이 늘 뒤따르니 문제다. 자동차는 현대인에게 없어서는 안 될 만큼 큰 비중을 차지하는 필수품이지만 눈 깜짝할 사이에 행 불행을 갈라놓는 흉기이기도 하다. 그런저런 사건 사고들을 뒤돌아보면 새삼스레 가슴이 뛴다.

돌아온 진순이

서울에 사는 큰오빠는 기르던 진돗개 진순이를 잃어버렸는데, 그 개가 며칠 만에 집을 찾아왔다고 한다.

오빠는 하얀 옷을 입은 진순이를 가끔 자동차에 싣고는 번잡한 도시를 떠나 한적한 곳으로 가서 같이 산책을 하곤 했다. 진순이도 세상 구경하는 것이 좋았는지 오빠가 외출하려고 문을 열면 얼른 차에 올라탄다고 했다. 어느 날인가 진순이를 데리고 멀리 갔다가 그만 잃어버렸단다. 오빠는 그 주위를 샅샅이 살펴보았지만 진순이는 찾을 수 없었고, 혹시 그 근처에 오지 않을까 그 다음날도 가보았지만 진순이는 끝내 나타나지 않았다.

대문 열고 들어가면 꼬리치며 반겨주는 개가 있어 든든했는데 그런 진순이가 없으니 집안이 텅 빈 것 같고, 자꾸 달려드는 모습이 눈에 어른거렸다고 한다. 그러던 어느 날, 킹킹거리며 대문 긁는 소리가 들려 밖에 나가보니 애타게 기다리던 진순이가 돌아왔더란다. 그 먼 곳에서 어떻게 집을 찾아왔는지 너무 반갑고 기가 막혀 말이 나오지 않았고, 개는 며칠 동안 먹지 못해 뱃가죽은 등에 붙어 홀쭉

하고 하얗던 털은 시커멓게 그을어 있었다고 한다. 차도 많고 사람도 많은 낮에는 하수구 같은 곳에 숨어 있다가 한적한 밤에 기억을 더듬어 찾아온 것 같다는 오빠의 말이었다.

지금 우리가 사는 건물은 큰오빠가 건축하였다. 건물을 완성해 놓은 뒤 살림집을 다시 맨 위층에 꾸미고 어디 하자라도 없는지 살펴보느라 예정보다 더 늦도록 공사를 하였다. 이곳은 시내에서 좀 떨어진 곳이고 터가 넓어 밤에는 적적해서 안 되겠다 싶어 진돗개를 몇 마리 키우게 되었다. 기르던 개가 새끼를 낳았는데, 그중 한 마리를 큰오빠가 키우겠다고 서울로 데리고 갔다. 그 개가 진순이다.

기르던 개는 먼 곳으로 보내도 먼저 살던 곳으로 되돌아온다는 말은 종종 들었는데, 그렇게 찾아온 것이 아무리 생각해도 신기했다. 그 복잡한 서울 시내를 어떻게 기억하여 찾아 왔는지 개는 주인에게 받은 은혜를 잊지 않는다는 것을 알 수 있다. 술에 취한 주인이 담뱃불을 물고 그만 잠이 들었는데 옷에 불이 붙어 화를 당하게 될 것을 알아챈 개가 자신의 몸에 개울물을 적신 뒤 뒹굴어 주인을 살렸다는 감동적인 이야기도 있다. 어떤 개는 할머니와 함께 살았는데, 할머니가 돌아가시자 밥도 안 먹고 그 묻힌 산소를 매일 찾아가는가 하면 할머니가 자주 다니던 길목에 앉아서 울기만 하고 있었다고 한다. 이처럼 개는 주인에게 충성을 하는 동물이다. 비록 말 못하는 짐승이지만 저에게 잘해주면 그 공을 잊지 않고 주인을 섬긴다. 그런 개가 있으므로 주위에서 사람의 도리를 제대로 못하고 사는 이들을 향해 개보다도 못하다고 한다.

반면에 못된 짓을 하는 개에 대한 속담도 많다. 개 못된 것은 들에

가서 짖는다는 말은 마땅히 해야 할 일은 아니하고 아무 소용도 없는 데 가서 잘난 체하고 떠드는 행동을 이르는 말이고, 개 못된 것은 부뚜막에 올라가고, 개 기르다 다리를 물린다는 것은 자기가 도와주고 은혜를 베풀어 준 사람에게 도리어 해를 입힌다는 소리다. 개는 인사가 싸움이라 만나기만 하면 으르렁대는데, 툭하면 남과 다투기를 잘하는 사람에게 해당하는 말이다.

개같이 벌어서 정승같이 쓰라는 것은, 돈을 벌 때는 천한 일도 하지만 벌고 쓸 때는 보람 있게 쓰라는 뜻이다. 개도 제 털은 아낄 줄 알고, 도적이 던져준 고기를 먹은 개는 짖지 않는다는 것은 뇌물을 받아먹으면 사정을 봐주지 않을 수 없게 되고, 할 말이 있어도 못한다는 것이다. 개 팔자가 상팔자라고 놀고 있는 개가 부럽다는 것은 일이 분주하거나 고생스러울 때 넋두리로 흔히들 하는 말이다. 개가 용상에 앉은 격이라는 것은 그 사람 됨됨이와 지위가 전혀 격에 어울리지 아니할 때 쓰는 말이다. 술 먹은 개라고도 하는 등 개를 빗대어 하는 말은 수도 없이 많다.

개는 사람을 잘 따르고 영리하다. 이빨이 날카롭고 냄새를 잘 맡아 마약 탐지할 때도 개를 이용하고, 사냥을 한다거나 맹인 안내와 군용견에까지 여러모로 사용된다. 요즈음은 사람보다 더 호사를 누리고 사는 애완견도 많다. 개를 안고 다니는 것을 보면 개에게 하듯 부모한테 십 분에 일만 신경을 쓴다면 아마 효자가 났다고 온 동네 사람들의 칭송이 자자할 것 같다. 제아무리 영리하고 집을 잘 지킨다 해도 개는 동물에 불과할 뿐이다. 개는 가축이기 때문에 사람을 위해 태어난 것이다. 애당초 식용으로 사육된 것의 고기를 먹는 사람을 야만인 같다고도 하는데 각자 식성이 다르므로 그렇게까지 할 필요는 없을 것 같다.

사람을 개와 비교할 때는 천박스럽다거나 저질스러운 경우가 많다. 말 못하는 개도 살던 집을 찾아오는데 개만도 못하다는 말은 듣지 말아야 할 일이다.

훈훈함으로 남겨진 사람

어제 내린 폭설로 대지는 온통 하얗다. 나무 위에는 눈꽃이 장관을 이룬다. 설경을 보는 즐거움도 잠시 오늘 자동차를 운전하고 다닐 걱정이 앞선다.

중요한 일이라 참석을 안 할 수도 없어 시간 여유를 두고 조심스레 집을 나섰다. 자동차에 연료를 확인해보니 보충하지 않아도 충분한 양이다. 어제의 거센 눈보라와는 달리 날씨는 화창했다. 도로는 눈이 녹아있고 군데군데 얼어있을 뿐 생각보다 운전하는 데는 괜찮았다. 주행 중 계기판에 가끔 노란불이 깜빡거리는데 무슨 신호인지 알 수 없었다. 분명 어딘가 문제가 있다는 건데 현재로서는 시동도 잘되고 기어변속도 정상이다. 별다른 이상은 없는 것 같은데 그래도 자꾸 신경이 쓰인다.

세미나를 마치고 나오니 함박눈이 펑펑 쏟아졌다. 눈길을 헤치며 집으로 가야 할 일이 막막했다. 저녁을 먹고 가라고 했지만 날이 저물면 더 얼어붙을 것이 뻔해 그냥 나왔다.

차들은 조심스레 저속으로 굴러가고 있다. 해 저문 시간, 온도는 점점 떨어지고 눈은 바닥에 쌓이면서 그대로 꽁꽁 얼었다. 평지에서는 잘 굴러가던 차들은 오르막에서 미끄러워 더 이상 전진을 못하고 그 자리에 서있었다. 처음에는 연기가 뿌옇게 나와 불이 난 것인가 걱정했는데 언덕에서 가속페달을 계속 밟아 소음기에서 나오는 것이었다. 내 앞에 다섯 대정도의 차가 서 있고 순식간에 내 뒤로는 수십 대가 밀려 있었다. 기다리기가 지루했는지 앞차를 제치고 추월 나가려던 봉고차는 핸들을 돌리는 순간 팽그르르 돌았다. 순간 뒤에서 보고 있던 나는 머리카락이 하늘로 치솟는 것 같았다. 준비성이 철저한 사람은 체인 대신 스노스프레이를 바퀴에 뿌리고 어떤 이는 모래주머니를 가져다가 바닥에 뿌리고는 간신히 그곳을 빠져나갔다.

앞에 서있던 차들이 시나가고 내가 올라가야 할 차례다. 나는 조심스레 가속페달을 밟았다. 부릉-부릉-부르릉! 헛바퀴만 돌뿐 차는 앞으로 갈 생각은커녕 꼼짝도 안한다. 계기판에는 노란 불이 들어오고 기어변속을 잘못했나 싶어 이리저리 작동해 봐도 그르륵, 소리만 나고 앞으로 가지 않았다. 자칫 잘못하다가는 도로위에서 밤새 꼼짝 못할 것 같아 보험회사에 다니는 조카한테 전화를 걸었다. 아무래도 주행부분에 이상이 생긴 것 같으니 견인차를 보내줄 것을 부탁했다.

내가 지나가야 뒤차들이 갈 텐데 그냥 서 있는 나를 본 건장한 청년이 다가오더니 왜 안 가느냐고 한다. 밋숀이 잘못된 것 같다하니 그는 그게 아니라 바닥이 미끄러워서 그렇다고 한다. 얼었을 때는 정지하지 말고 그냥 올라가야 한다는 것이었다. 차들이 빨리 빠져나가야 하는데 오도 가도 못하고 있으니 사람들은 나와서 웅성거린다. 보고만 있을 수 없다는 듯 차를 밀고 모래를 뿌려 한 대씩 간신히 올라갔다. 나도 올라가려고 애를 써봤지만 자동차는 갈 생각을 안 하고 제 자리에 있을 뿐이었다. 옆에서 지켜보던 그 청년은 미끄러울 때는 세게 밟으면 안 된다며 핸들을 좌우로 살살 돌리면서 가속페달을 살짝 밟으라 했다. 그러나 그가 시키는 대로 해도 빙글빙글 헛바퀴만 돌고 조금도 움직일 줄을 몰랐다. 이를 지켜보다 못한 그 청년은 저쪽 길가에 있는 모래주머니를 가져다가 이리저리 뿌리고는 다시 해보라고 한다. 그의 말대로 가속페달을 지그시 밟으니 신기할 정도로 차가 앞으로 쭈욱 나갔다. 삼 십여 분 동안 길 위에서 움직이지 않던 것이 그 미끄러운 곳을 빠져나온 것이다. 행여 다시 정지라도 하면 또 그런 현상이 나타날까 두려워 천천히 갔다.

눈은 그치지 않고 계속 내렸다. 오가는 운전자들은 너나 할 것 없이 바짝 긴장 속에 차는 기어가다시피 움직였다. 주행 도중 차가 도로가에 밀려나 걸려 있기도 하고 충돌하여 길을 가로 막고 있기도 했다.

평소 삼십분이면 충분한 거리를 세 시간은 족히 걸린 것 같다. 미리 체인이나 스프레이를 트렁크에 싣고 다녔어야 했는데 아무런 준비 없이 나갔다가 오늘 황당한 일을 겪게 되었다. 될 수 있는 한 겨울에는 운전을 안 하는 게 좋은데 그럴 수도 없는 일이고 어떻든 운전 미숙에 서다. 도로가 얼어붙은 오르막에서는 정지하지 말고 그대로 쭉 올라 가야 된다는 것을 그제서 터득했다. 무엇이든 경험에서 진리를 얻을 수 있다는 것과 쉽게 얻어지는 게 없다는 것을 느낄 수 있었다.

운전면허를 취득한 것은 수십 년이 되었다. 면허증을 받아놓고 연습에 들어갔는데 접촉사고가 났었다. 겁이 많은 나는 그 뒤로부터 핸들 잡기가 두려워 차일피일 미루기만 하였다. 그러던 어느 날 옆좌석에 타고 나갔다가 불의의 교통사고를 당해 다리가 골절되어 몇 년을 걷지도 못하고 고생했다. 그런저런 일 때문에 한동안 장롱면허가 되었던 것이다.

운전을 하지 않아도 어디든지 다닐 수는 있다. 택시나 버스를 이용해도 되는데 때로는 자가운전이 필요할 때가 많았다. 남들도 다하는데 안 되겠다 싶어 용기를 내어 다시 운전을 하게 되었다. 자동차에 이상이 생기면 남편이 정비소에 맡겨서라도 손질하여 놓았으므로 나는 타고 다니기만 하면 되었다. 그런 까닭에 어디가 이상이 있는지 잘 모를 때도 있다. 엊그제 깜빡거리던 것은 다름 아닌 워셔액이 떨어졌다는 신호였는데 그런 상식적인 것도 모르고 다니는 자신이 너무 한심스럽기까지 했다.

손수 모래를 가져다가 뿌리고 있는 힘을 다하여 밀어준 그 청년 덕분에 무사히 집에 올 수 있었다. 서투른 운전솜씨 때문에 본의 아니게 주위 사람들에게 피해를 끼치게 되어 미안하기 그지없다. 지금도 후진할 때는 서투르고 좁은 공간에서는 아예 주차할 생각은 하지 않는다. 그런데도 자동차는 내 생활에 없어서는 안 될 편리한 도구이므로 미숙하나마 운전을 할 수 있다는 게 얼마나 다행스런 일인지 모른다. 좀 더 성숙한 운전으로 민폐 끼치는 일이 없기를 바라며 오늘도 핸들을 잡는다.

추운데도 인상한번 찡그리지 않고 자상하게 도와준 그 청년한테 인사도 제대로 못하고 왔는데 그 날 정말 고마웠었다고 늦게나마 진심으로 말하고 싶다. 훈훈함이 오래오래 가슴속에 남을 것 같다.

3부

길 찾기

아홉 모랭이

"여그가 아홉 모랭이라고 허는 디다. 내가 이곳으로 시집 와보니 식구는 많구 먹을 것은 읎구 봄이 되면 쑥이며 산나물을 뜯어다가 죽을 끓여 먹었지. 봄이 되는가 싶으면 된장도 떨어지더구나. 된장이 떨어지면 뜨뜻한 아랫목에 삶은 콩을 띄워 담북장을 만들어 먹곤 혔어, 산나물 뜯어다가 데쳐 새로 만든 된장을 넣고 끓이면 왜 그리도 맛이 있었는지. 그때는 느이덜 젖 먹일 때였는디, 먹을 것이 읎어 점심은 굶고 아침저녁만 먹었으니 무언들 맛이 안 났건냐."

"어이구 그렇게 가난한 데로 무엇하러 시집은 왔대유?"

"그렇게 가난헌지 모르고 왔는디 살다보니 애들은 생기구 어쩌것냐, 니들 불쌍해서 차마 나갈 수가 읎드라. 그래서 그냥 살었지. 너의 셋째 작은아버지는 심성이 참 착혔다. 그때 머슴살이를 가겠다고 하더라. 선 새경을 받았다면서, 쌀 세 가마니를 지게로 져다주면서 형수님 굶지 말구 밥을 혀서 먹으라고 갖다 주더구나. 쌀 세 가마니라고 혀야 너그 할아버지, 할머니, 작은 아버지들 혀서 식구는 여남은이 넘었으니 아껴 먹어두 두어 달밖에 뭇 먹겠드라. 작은아버지는 일 년 동안 쉬지도 못하고 일을 해야 되는데 그 쌀로 밥을 해먹어도 마음이 편하지 않혔어. 그러니 봄이 되면 나물 뜯어 넣고 죽이라도 끓여 먹어야 혔다. 저 너머 박 씨네가 살았는디 어린 새댁이 불쌍하다구 그 댁에서 가끔 이 에미를 불러다가 밥을 실컷 먹이곤 하드라. 그때 얼마나 맛있게 먹었던지 지금도 잊어지지 않는구먼. 참말 고마운 분들이었는데 이 세상에 안 계시니 찾아뵐 수도 없구나. 똥구녕 찢어지게 가난헌 집에 와서 사는 나를 보고 동네사람들은 어린 새댁은 여기서 견디지 뭇허구 얼마 뭇 가서 나갈 것이라고 허드라. 그래두 에미는 못들은 척 참고 살았다. 나물을 뜯어서 구럭에 얼마나 꾹꾹 눌러서 담었든지 집에 와서 풀어놓으면 지게로 한 짐은 되었지. 봄이 되면 나물 뜯는 것이 일이었어. 너그 막내 작은아버지는 코 흘리고 다닐 때었고, 셋째 작은아버지는 형수님! 형수님 하면서 어찌나 좋아라 따라다니든지 밥하면 불도 때주고 무슨 일이 있으면 잘 도와주더구나. 그 작은아버지는 부지런혀서 집에 있어두 놀지 않었어. 언젠가는 나무를 해서 지게에 지고 장에 내다 팔아서는 박가분하고 구리무를 사왔지 뭐니. 어떻게 그런 생각을 했는지 형수라면 끔찍하게 여겼지."

"어머닌 아버지한테는 연지 하나라도 받아 봤슈?"

"에이구 니 아부지는 사 주기는커녕 아무것도 안 발라도 이쁘니께 화장 허지 말라는 소리만 허드라."

"그래두 아버지는 엄마를 사랑하기는 했나보네, 이쁘다구 혔으니."

"너그 아버지는 성질은 급혀두 부지런허구, 신용 하나는 참 잘 지키고 살았었지….”

산소에서 제사를 지내고 돌아오는 길, 어머니는 묻지도 않았는데 이곳으로 와서 살았던 이야기를 주욱 꺼내어 차안에 가득 채우셨다. 외할아버지가 금광사업을 하여 어머니는 시집오기 전까지 어려움을 모르고 살았다고 한다. 한국전쟁 이후 외할머니는 생사조차 알 수 없는 외할아버지를 이제나 저제나 애타게 기다리며 어린 딸 다섯을 키우느라 손끝에 물이 마를 새가 없었다고 했다.

예전엔 말띠 여자는 팔자가 드세다하는 근거 없는 말 때문에 혼기가 된 딸을 둔 부모들은 혹시 시집가서 못 살기라도 하면 어쩌나 하는 걱정을 미리부터 했던 것 같다. 더구나 백말 띠는 말할 것도 없었다고 한다. 말띠인 어머니도 예외는 아니었던가 보다. 나이가 많은 사람에게 시집을 보내거나 후처로 보내야 괜찮다는 말을 믿은 외할머니는 어머니보다 열한 살이나 많은 아버지에게 어머니 나이 열네 살 때에 시집을 보냈다 한다. 외할머니가 시키는 대로 어머니는 따를 수밖에 없었고 너무 어려서 아무것도 모르던 어머니는 몇 년 동안 아버지와 합방도 안 하고 지냈다고 했다. 아버지를 처음 만났을 때에는 대구에서 살았는데, 전쟁이 일어나는 바람에 피난을 다니다가 서산시 성연면 명천리, 그 아홉 모랭이라는 곳에 터를 잡게 되었다. 전쟁만 일어나지 않았어도 그런 고생은 안하고 살았을 것이라고 하셨다.

전쟁으로 인해 분단의 아픔을 안고 사는 너나없이 겪은 참혹한 세월인데 참으로 안타까운 일이다. 외할아버지의 생사를 모르고 사는 어머니는 가끔 긴 한숨을 내쉬곤 하셨다. 어린 나이에 시집가서 숱한 고생을 하신 어머니. 여자는 약해도 어머니는 강하다고 하듯이, 어머니는 오르지 자식들을 어떻게 해서라도 배불리 먹이고 키우려고 온갖 고생 마다않고 살아오신 것이다. 왜 그리 가난한 곳으로 시집와서 고생을 하고 살았느냐고, 그렇게 살지 말고 도망이라도 가지 그랬느냐고 마음이 아파 어머니께 퉁명스럽게 내뱉곤 했다. 그게 말과 같이 쉬운 일이 아니라는 것을 알면서도 그렇게 말을 했다. 어머니는 외할머니가 떠밀다시피 해서 결혼을 했다지만, 세월이 한 세대가 흘러간 나는 내가 선택한 사람과 결혼을 했는데도 이런저런 일로 훌쩍 어디론가 떠나고 싶을 때가 있다. 그럴 때마다 아이들이 눈앞에 어른거려 차마 발길을 돌리지 못했던 게 한두 번이었던가.

외할머니는 혼자 딸 다섯을 키우느라 고생하셨고, 어머니는 어려서 시집 와서 없는 살림에 자식들을 키우느라 편안할 날이 없었다. 세대가 바뀌고 사는 방식만 조금 다를 뿐, 대를 건너도 여자들은 어려운 살림에 자식을 위해 희생해온 것은 예나 지금이나 변함없이 이어지는 유전 같다.

산소에서 조상들에게 제사를 지내고 먼저 가신 아버님이나 작은아버지의 묘를 둘러보면서 어머니는 살아생전 어려운 살림 속에서도 정을 나누었던 기억들을 더듬어 내셨다. 어머니를 닮아 내 피부가 곱다고 생각했는데 그 곱던 어머니 얼굴은 검버섯으로 가득하다. 고달프기만 했던 지난 시간들, 가슴 깊이 숨어 있는 것들을 이제 하나씩 꺼내어 삭이려는 듯, 얼굴에는 검은 꽃이 시커멓게 피어 있다. 딸띠로 태어난 죄밖에 없는 어머니는 말띠라는 것 때문에 톡톡히 피해를 본 당사자가 아닌가 싶다. 모퉁이를 돌아 산속에 집을 짓고 살았다던 그 아홉 모랭이라는 곳을 어머니는 잊을 수 없는 것 같다. 그곳은 어머니의 청춘이 고스란히 묻힌 장소이기 때문이다.

내 방

이곳으로 이전하기 전, 사무실과 공장에서 얼마 떨어지지 않은 거리에 '○병원'이라는 큰 병원이 있었는데 친지의 병문안을 가면 다리가 아프다 싶을 정도로 계단을 한참 올라가야 환자를 만날 수 있는 그런 건물이었다.

앞에서 볼 때는 위층에 살림집이 있을 것이라는 생각은 들지 않는데, 뒤쪽에서 보면 사람이 거주하는 곳이라는 것을 금방 알아차릴 수 있었다. 그곳 뒷면과 우리 정비공장은 마주보는 곳이었다. 어느 날 정비공장에 들렀다가 무엇 때문인지 그 건물 꼭대기를 쳐다보게 되었다.

병원건물은 크고 웅장하고 우뚝 솟은 반면에 내가 서있는 곳은 작고 초라해서 몸속의 힘이 쭉 빠져나가는 듯한 느낌이 들었다. 먼저 거주하던 공장이 낮은 지대여서 병원 건물이 더 높게 보였을지도 모른다. 지금 사무실과 정비공장은 그때의 좁은 공간과는 비교도 안 되는데, 그런 좁은 공간에서도 북적대며 열심히 살았다.

병원 건물 내부는 들어가 보지 않고 베란다 샤시 문만 보아도 호화

스러울 것이라는 짐작을 하며 가끔 올려다보곤 하였다. 잘 꾸민 거실, 안락한 소파에 앉아 그윽한 커피 향을 음미하는 저 안주인은 얼마나 행복할까? 저런 곳에 사는 사람은 날마다 웃을 일만 있을 것 같은 부러움의 대상이었다. 내 공간은 언제쯤 주어질는지 멀게만 느껴지던 시절이었다.

그러던 어느 날, 교통사고 후유증으로 그 병원에 입원하였다. 갑자기 다리에서 열이 나고 시뻘겋게 퉁퉁 붓는데, 골수염 시초라는 의사의 진단이 내려졌다. 제대로 걸을 수가 없어 목발을 의지하여야 하는 불편은 그만두고라도 가벼운 상처도 아닌 골수염이라니, 시커먼 먹구름이 내게로 몰려오는 듯했다. 부러움으로 올려다보던 그 곳, 내실이 아닌 병실에서 아픔을 맞아야 했다. 밥도 먹기 싫고 말도 하기 싫고 삶에 대한 의욕이 없어지는 지루한 시간이 이어졌다.

그런 날들이 하루하루 지나면서 같은 병실에 있는 환자들의 속사정을 알려고 들지 않아도 하나씩 알게 되었다. 날품팔이를 해서 간신히 먹고 살았는데 이젠 몸이 아파 일을 할 수 없게 됐으니 어찌해야 좋을지 막막하다는 중년여인, 결혼 적령기가 지났어도 노모가 보살펴야 하는 정신지체아를 둔 안타까운 노인, 어떤 60대는 정부에서 나오는 지원금으로 간신히 생계를 유지하며 살아가는 사람, 그마저 못타는 사람도 있었다. 다인실에 모인 환자 중 어느 누구도 제대로 된 삶을 사는 사람이 없다는 것은 무엇을 의미하는 것일까?

사람들의 이런저런 사연을 듣고 있노라니 삶이란 고달픔으로 뭉쳐있는 것이 아닌가 하는 생각이 들었다. 진정 행복이 무엇인지, 안일의 늪에 빠져 허우적대고 있는 나에게 아픔으로 반성의 기회가 되었다.

그렇게 부러워하던 병원 주인은 죄를 지어 읍내에 파다하게 소문난 주인공이 되었고, 덩달아 그 부인도 바르지 못한 행실로 주위사람들의 따가운 눈총을 받게 되었다. 그 부부 사이는 그저 그렇고, 게다가 의료사고까지 겹쳐 병원 문을 닫아야 할 처지에 놓이게 되었다. 겉에서 볼 때 부러움의 대상이던 사람도 별수 없다는 생각이 들었다. 그렇다면 그동안 내가 부러워했던 것은 무엇이었을까?

다리는 어느 정도 완쾌되어 퇴원하는 날이 되었다. 내 마음의 병도 완쾌시켜 버리기로 했다. 사람살이란 겉포장은 그럴 듯해도 속은 도토리 키 재기란 것을 알았다. 다시 일상으로 돌아와서 생각하니 건강을 되찾은 것만으로도 감사하며 살아야겠다는 마음이 든다. 그러면서도 언젠가는 나만의 공간을 만들어야겠다는 마음도 여전했다.

그후 사무실과 정비공장을 짓게 되었다. 사무실과 정비공장을 짓고 나서 맨 위층에 살림집을 올리기로 했다. 살림집이 아무래도 좁게 설계된 것 같아 남편한테 좀 늘리면 어떻겠느냐고 하니 그것도 크다고 말문을 막았다. 그러나 기회는 노리는 사람에게 온다. 그렇게도 누리고 싶었던 작은 욕망도 내 맘대로 못하랴 싶어 남편이 출장간 사이 10평정도 늘려 설계변경을 했다.

출장 갔던 남편이 돌아왔다. 주거 공간 넓힌 것이 못마땅한 듯 "집 넓으면 청소하기만 어렵지, 잠만 자는 건데…."라며 남편은 가끔 한마디 내뱉는다. 청소는 하지도 않으면서 웬 청소 타령인지 모르겠다. 다 지어진 집을 남편이 그런다고 다시 줄일 수도 없는 일이라 귀담아 두지 않았다. 대부분 남자들은 서재가 필요하다면서 여자들이 독립된 공간을 갖고자 하면 왜 편견을 내세우는지 참 마음에 안 드는 부분이다.

어릴 적 담임선생님이 '참 잘했어요.'라는 도장을 공책에 찍어 주었을 때 흐뭇하던 기억이 되살아나며 설계변경을 한 것은 지금도 잘한 일이라는 생각이 든다.

일을 마치고 방에 들어가면 마음부터 푸근해지는데 누가 뭐랄 것 없는 자유로운 곳, 조용히 정신을 가다듬을 수 있는 곳, 마음의 양식을 얻을 수 있는 곳, 다리 뻗고 누워 편히 쉴 수 있는 곳, 내가 힘들어할 때 넌 해낼 수 있다고 힘을 실어 주는 곳, 지난날의 추억을 아련히 떠오르게 하여 웃음 지을 수 있는 곳, 추운 겨울 얼었던 몸과 마음을 따뜻하게 녹여주는 곳, 내일의 꿈을 꿀 수 있는 바로 그곳, 내 방이다.

방은 안식처다. 가난하다고 해서 불행한 것도 아니고, 재물이 많다해서 행복한 것도 아니다. 내 소유의 방이 있어 그걸로 족하다. 크고 작은 방에는 나름대로 소망이 담겨 있다. 내게 주어진 공간에서의 삶은 내가 만들어가는 거다. 내 삶을 만들기 위해 정신을 키우는 곳, 아이들이 다 장성하고 나니 혼자 남는 듯 허전함이 주위를 맴도는데, 그 외로움을 달랠 수 있는 유일한 친구, 글을 써야 한다는 생각이 들어 다행스럽다.

'등 따습고 배부르면 왜 힘든 글을 쓰느냐'라고 누군가 말했다고 한다. 머리가 아프더라도 써야할 것이 있다는 것이 얼마나 다행스런 일일까? 무엇인가 꼿꼿하게 세워줄 수 있는 버팀목이 되는 유일한 힘은 단어 한 자 한 자를 엮어서 작품으로 탄생되었을 때다. 그런 자기만족도 내 방에서 나오는 것이다.

얼굴

사업을 하는 관계로 나는 사람을 많이 만난다. '사업이란 사람을 만나는 일이다.'라고 정의를 내려도 괜찮을 것 같다.

사업뿐 아니라 어느 직업이든지 마찬가지일 것인데, 대기업은 많은 사람이 필요하고 상업은 소비자가 있어야 상거래가 이루어진다. 교사는 학생이 있을 때 지식을 전달할 수 있는 통로가 생기듯, 세상사는 서로의 얼굴을 마주보아야 무슨 일이든 이루어지는 것이다.

소비자가 필요한 물품을 구입하려고 대리점에 찾아오기도 하지만 때로는 내가 소비자를 찾아가기도 한다. 그러자니 수요자뿐 아니라 일상생활에서 만나는 사람도 많은 편이다. 그렇게 만나는 사람들의 얼굴 모습은 고만고만한 것 같은데, 자세히 보면 생김새는 모두 다르다. 눈이 작으면 단추 구멍 같다하고 콧구멍이 위로 뚫렸으면 돼지코 닮았다 한다. 빨간 입술을 보면 앵두에 비교하기도 하는데, 사람마다 다른 생김새를 쳐다보노라면 신기하여 웃음이 나온다.

대리점을 수십 년 경영해오면서 직원들 얼굴도 수없이 바뀌었다. 한집에서 같이 일을 한다는 것은 업주나 고용인이나 힘 드는 점은 마찬가지일 것 같다. 업주라고 해서 마음이 마냥 편안하고 좋은 것만도 아니다. 사업체를 운영하다보면 물품구입비며 직원들 급료와 후생비, 세금 등등 충당하려면 흑자를 내야 한다. 그러나 흑자만 있으란 법이 없다. 어느 땐 적자도 나게 마련이고, 부품재고 중 신제품이 나오면 구형 부품은 쓸모가 없게 된다. 그럴 땐 어쩔 수 없이 고물처리를 하게 되고, 어느 땐 농기계를 사간 사람이 사망하여 자금 회수를 못하게 되는 경우도 있고, 갚을 능력이 없게 되는 경우 결손처리할 때도 있다. 겉으로 알 수 없는 심적 고통이 첩첩이 뒤따르는 것이 사업인 것 같다.

요즘같은 불경기에는 직원들 급료를 밀리지 않는 것만도 다행이라는 생각인데, 고용인들은 더 나은 대우만 받으려 하는 것을 보면 업주와 고용인과의 마음은 닿을 수 없는 평행선인 것 같다는 생각이 든다.

매일 보는 직원들인데도 출근하면 얼굴표정부터 살피게 된다. 밤사이 별일은 없었는지, 얼굴 표정이 밝으면 오늘 하루도 무탈하게 넘어 가겠구나 하고 안도한다. 반면에 얼굴이 밝지 않으면 십중팔구 고객들에게 불친절하리라는 예감에 불안하다.

올 봄부터 막내아들 은기가 대리점 일을 도와주고 있다. 은기는 그동안 집에서 학교를 다녔고 군복무도 마쳤다. 울안에서 이렇다 할 아쉬운 것을 모르고 자라왔다. 졸업을 하고 서울에 있는 회사에 취직하여 6개월정도 일을 하였다. 그러던 어느 날 자기 적성에 맞지 않는다면서 퇴사를 했다. 세상물정을 모르던 아이, 그곳에서 일하면서 사회생활은 이런 것이구나 체험을 할 수 있었다는 것이 산교육이었을 것 같다.

은기는 아직 일은 서툴지만 직원들과 어울리면서 사무실과 정비공장을 오가며 중간 역할을 잘해주었다. 직원들의 불편한 점을 귀 담아들으면서 중간자 입장에서 처리를 해준다. 은기가 내 짐을 덜어주니 어깨가 한결 가볍고 아들과 함께 일을 한다는 것만으로도 마음이 든든하여 힘이 저절로 생기는 것 같다. 그래서 자식이 있으면 든든하다고 하나보다.

어느 날, 아이 얼굴빛이 평소 같지 않은 어두운 표정이다. 피곤해서 그런가 싶어 어디 아프냐고 해도 대답을 않는다. 내가 뭔가 저에게 서운하게 했나 생각해 봐도 집히는 게 없다. 갑자기 왜 그러는지 정비공장 직원한테 물어봐도 잘 모른다고 한다. '요즈음처럼 바쁠 땐 아들 얼굴도 무섭다'고 했더니 직원들이 웃는다. 알고 보니 아들은 피곤이 겹쳐 몸살이 난 것이다.

농번기에는 직원과 농민들 얼굴을 보노라면 무어랄까, 눈을 마주쳐다보는 것이 꺼려진다고나 할까? 모내기철은 일요일도 없이 야간작업까지 해야 하기 때문에 피로가 쌓인다. 논에서 일하는 농민이나 우리 직원들 모두가 신경이 예민해진 상태라서 얼굴을 마주칠 때면 긴장을 하게 된다.

농번기에는 논밭에서 일하는 사람들이나 대리점 식구들이 힘이 드는 건 한가지이다. 하루쯤 늦어도 큰 지장은 없을 듯 싶은데 모두들 빨리빨리 서두르기만 한다. 어느 땐 순서도 없이 자기부터 먼저 해주기를 바라는 수요자들 요구 때문에 정비공장 직원들의 마음을 더 지치게 한다. 어느 땐 짜증스런 표정을 짓다가도 재빠르게 일처리를 해주는 직원들이 있어 감사하다.

슬프면 눈물이 저절로 나오고, 거짓말을 하면 떳떳하지 못하여 불안한 마음이 뒤따르게 마련, 괴로울 땐 제아무리 표정관리를 잘한다고 하여도 다른 사람 눈에 들키게 된다. 야심찬 마음을 가지게 되면 그에 따른 그림자가 생긴다. 희망의 얼굴빛에는 아름다움이 있듯 얼굴엔 마음이 그대로 담겨 있다. 얼굴이 잘생겨서 외모에서 풍기는 모습만 가지고 살아가기는 어려운 게 세상이치다. 가장 아름다운 것은 자기 일에 정신없이 몰두하는 모습으로 그런 사람을 보고 있으면 그게 누구든 존경하는 마음이 생기고 멋지게 느껴진다.

관상은 곧 심상이라 했던가? 다른 사람들한테 잘 보이기 위해서 얼굴 치장을 많이 하는 사람들이 있다. 겉으로는 아무리 화려하게 보일지 모르지만 심성이 곱지 않으면 누구나 금방 싫증을 느끼게 된다. 사람은 외모보다는 내면으로 풍기는 멋이 있어야 한다.

된장은 해가 묵을수록 속은 노랗게 되고 맛은 더 담백해진다. 어딘지 모르게 투박해 보이는 된장 같은 그런 얼굴이 오래 기억되고 싫증이 나지 않을 것이다.

가을

가을, 대부분 사람들은 결실의 계절이라 하고 누렇게 여물어가는 벼논을 황금들녘이라고 부른다. 그 풍경을 바라보는 사람들은 너나 할 것 없이 넉넉한 마음을 갖는다.

마당에 널려 있는 빨간 고추며 주렁주렁 매달려 붉게 익어가는 감, 알알이 여물어 툭툭 떨어지는 뒷산의 밤톨, 고구마 두둑을 호미로 파헤치면 흙에 벗겨져 알몸을 드러내는 고구마의 실팍한 느낌도 가을에 맛볼 수 있는 풍경이다.

농사를 어떻게 짓는지도 모르는 어떤 이는 콩 한 포기에 많은 콩꼬투리가 달려 있는 것을 보고는 콩 농사를 지으면 괜찮겠다싶어 밭에 콩을 심었는데, 생각했던 것과는 달리 소득은 고사하고 수고비도 건지지 못하여 그만 두었다고 한다. 한 개를 심어 몇 십 배가 나온다는 수량만 계산하여 고소득을 올릴 것이라고 생각했던 이론은 맞지 않았던 거다. 수확을 얻기까지는 육체적 노동과 참고 기다리는 인내가 필요한 것으로, 콩꼬투리 하나 거저 얻어지는 게 아닌 것이 농사다. 농작물은 심기만 하면 스스로 자라는 것처럼 보이지만 그 속에는 수

많은 땀과 노력이 담겨 있다는 것을 알아볼 수 있는 사람만이 제대로 된 농부다.

사람의 삶에도 사계절이 있다고 치면, 내 삶은 어디쯤 서 있을까? 어느 사이 봄과 여름이 지나고 가을이란 문턱으로 성큼 다가섰다. 매일 바쁘다는 토를 달면서 엄살을 섞으며 살아온 내게 튼실하게 여물어갈 곡식은 얼마나 있을까? 왜 그리 주변에서 종종거리며 살아야 했는지, 시간이 있었던들 글 쓰는 데 심혈을 기울였을까. 습작을 게을리한 덕에 물 흐르듯 유유히 써내려가지 못하고 중간 중간 문맥이 막혀 매끄럽지 않음을 느끼는 게 한두 번이던가. 일찍이 한 줄이라도 더 쓰려고 마음먹었다면 황금물결이 넘실대는 그 곳에 나도 함께 어우러져 있지 않았을까.

누구에게나 시간은 공평하게 주어지는데 사람들은 이래서 안 되고 저래서 안 된다는 핑계를 앞세운다. 주위 환경에 따라 처지가 달라지는 것도 사실이지만, 자신이 제대로 활용하지 못해서 하고자 하는 일을 이루지 못하고 다른 핑계만 대는 것이다.

예전엔 젊음이 긴 줄 알았다. 지금에 와서 생각해보니 그 좋은 시간, 많은 순간들을 왜 그리 멋모르고 살아왔는가 싶고 그 젊은 시절은 두 번 다시 오지 않는다는 것을 느낀 순간 나는 가을이라는 계절로 접어들었다. 늦었다고 할 때가 가장 빠르다고 한 말이 생각난다. 지나고 보면 늘 아쉬움은 되풀이되고 세월은 속절없이 저만치 가버릴 것이다.

말이 되든 안 되든 살아오면서 허전할 때나 외로울 때면 글 쓰는 일이라도 놓지 말아야 한다고 써놓았던 글을 묶어 세상에 내놓은 것도 하나의 열매를 맺은 것이라면 지금부터라도 좀 더 나은 결실을 맺기 위한 노력을 할 때다. 글 쓰는 일에 게을리 하지 말아야 된다고 자신에게 다짐하며 비바람에도 쓰러지지 않고 무리지어 있는 저 넓은 들판의 벼이삭처럼 알알이 여물어가는 넉넉한 가을을 만들었으면 싶다. 다른 사람들이 저서를 출판했다고 보내올 때면 나는 언제 저런 책을 펴낼 수 있을까 부러웠다. 그동안 여기저기 써놓았던 글을 모았다. 글을 제대로 알고 쓴 것이 아니고 생활하면서 내 감정을 옮겨놓은 것이라 자서전에 가깝다고 해야 맞을 것 같다.

책이 출판되어 내 손에 쥐어졌을 때, 귀중한 보물이라도 얻은 듯 설렜다. 그러나 세상은 냉정했다. 나만의 만족을 얻는 것은 잠깐이고, 부끄러움에 얼굴을 가리고 싶었다. 그것도 글이라고 썼느냐는 사람이 있는가 하면 어려운 일을 해냈다고 격려의 전화를 받기도 했다. 리모컨 한번 누르면 쉽게 접할 수 있는 영상매체가 지천으로 흔한 세상이다 보니 책을 접하는 것은 시간 낭비라는 표정도 읽을 수 있었다. 그런 반면에 어떤 분은 꼼꼼히 읽고 잘못된 단어를 찾아 지적해주는 자상함도 보였다. 그런 속에서도 내 글을 읽어주는 독자가 있어 힘을 얻기도 했다.

아직도 멀게만 느껴지는 문학의 문턱, 한 걸음 한 걸음 가까이 다가서기 위해서는 차근차근 메모하고 한 줄의 글이라도 더 읽는 습관을 들여야 할 텐데, 잘 안 되는 것은 내가 지고 있는 짐을 내려놓지 못해서일 게다. 언젠가는 빈손이 될 것을 아등바등 움켜쥐고 있다. 내 마음에 따서 담을 알갱이가 무엇이 있을지 찾아봐야 될 것 같다.

길 찾기

남편의 직장 동료였던 그 사람은 가끔 우리 집에 놀러왔다. 그는 회갑 때 친분이 두터운 몇몇과 함께 식사를 해야겠다는 말을 자주 했다. 그 사람은 정년퇴임을 하였고, 평소에 고스톱을 매우 좋아했다. 조상이 고스톱 때문에 한이 맺히기라도 한 듯 시간이 좀 있다 싶으면 고스톱에 몰두한다.

그들은 만나기만 하면 동양화를 펼칠 궁리부터 한다. 고스톱은 보통 네 명으로 구성하는데, 처음엔 사람 수대로 화투장을 주었다. 그 중에서 패잡은 사람이 위력이 있단다. 패가 잘못 들어왔어도 끝 순위는 마음대로 접지 못하고 선하는 사람이 광을 팔라고 하든지 치라고 하든지, 그들이 정해 놓은 법칙을 따라야 한다. 네 명중 한 사람은 들어가고 남은 셋이서 시작한다.

방석 위에 펼쳐 놓은 동양화를 들여다보면서 어떻게 하면 상대를 단 한 패에 기죽여 놓을 수 있을까? 그 순간만큼은 잠시도 한눈을 팔지 않고 예리한 눈동자를 이리저리 굴리며 승부를 위해 집중한다. 동양화를 많이 다룬 사람은 상대방 손에 어떤 화투장을 가지고 있는지 짐작만으로도 어느 정도는 알고 있는 듯했다.

고스톱을 그냥하면 재미가 없다면서 승부욕을 일으키기 위해 기본 얼마에다 1점씩 추가해서 돈으로 계산을 했다. 먹기 내기라도 아무튼 무엇이라도 걸어야 재미가 있단다.

동양화가 한창 무르익었을 때 혹 집에서 전화가 걸려오면 대부분 사람들은 마누라 전화 받고나서 끗발이 떨어졌다고 괜한 핑계를 대며 투덜거린다. 그들은 고스톱을 치면서 돈을 잃으면 본전 생각나서 못 일어나고, 따면 따서 그렇고, 또 그만두고 싶어도 판이 깨질까봐 쉽게 일어날 수가 없다고들 한다. 부모가 죽어도 한판 더 치고 가야 한다는 말이 있을 정도라니, 그 놀이를 하는 중에는 다른 생각할 여유가 없다는 의미일 게다. 해서 동양화를 좋아하는 사람 치고 가족들에게 대우받는 사람은 별로 없는 것 같다.

그들은 방석 위에 늘어놓은 화투장을 들여다보며 웃고 떠들며 즐거워한다. 어느 땐 네가 잘못 빼는 바람에 독박을 썼다면서 상대방에게 얼굴 찌푸리고 다시는 안 볼 것처럼 화를 내면서도 언제 그랬나 싶을 정도로 금방 희희낙락한다. 무슨 큰일을 하는 것도 아닌데 먹고 싶은 것을 사다 먹으면서 시간 가는 줄 모르고 오락에 푹 빠진다. 신선놀음에 도끼자루 썩는 줄 모른다더니, 그런 사람들을 보고 한 말인 것 같다. 그들의 만남은 네모나고 얇은 동양화를 손에 들고 던졌다가 다시 가져오는 오락을 하기 위함이다. 그 중 한 사람은 생일이 되면 절친한 몇몇과 꼭 식사를 같이 해야겠다며 잊어버릴 만하면 그 말을 하곤 했다. 내가 들은 것만도 여러 번인데, 같이 어울린 사람들은 더 많이 들었을 게다.

어느 날 그 사람이 왔다. "글쎄 말유, 다른 날도 아닌 환갑날 손수 라면 끓여 먹은 사람은 이 세상에서 나밖에 없을 거유. 마누라가 친구들과 술 마시고 놀다가 아침에 못 일어나는 바람에 아침밥도 못 얻어먹었지 뭐유. 그래서 내가 하도 어이가 없어 밥을 산다고 해놓고 그냥 넘어 갔슈."라며 초대하지 못한 변명을 구구하게 늘어놓았다. 그는 지난 일이니까 웃으면서 말했지만, 그 말을 듣고 있던 사람들은 세상에서 그런 일도 다 있구나, 이해가 잘 안 된다는 표정이었다.

그는 유흥업소 여자와 눈이 맞아 조강지처와 이혼을 하였다고 한다. 그래서 고향에서 근무하지 못하고 이곳으로 왔다했다. 조강지처 버린 남자치고 잘 사는 사람 별로 없다는데, 사랑이란 쉽게 변하는 일시적인 것이련만 대부분 사람들은 영원히 지속될 것처럼 착각 속에 사는 것 같다. 젊어서 마누라에게 잘못하면 늙어서 밥도 제대로 얻어먹지 못한다고 하는 말은 그냥 흘려들을 일이 아닌데, 얼마나 잘못을 했으면 환갑날 밥도 해주지 않았을까 싶다. 해마다 오는 생일이 아닌 61번째 맞는 날임에도 아침밥도 못 얻어먹고 손수 라면을 끓여먹었다는 것이 누구를 탓할 일일까.

농부가 봄부터 부지런히 흙을 일구고 씨를 뿌려 땀 흘려 가꾸어 가을에 풍성한 수확을 얻을 수 있는 것은 그만큼 공들이고 제때 거름 주고 잡초를 뽑고 비가 많이 와도 걱정, 바람이 불어도 걱정, 애지중지하면서 견디고 기다린 끝에 맛보는 보람이리라.

생일, 이 세상에 태어난 것을 축복 받는 게 당연한 일일진대 가장 가까운 배우자에게도 축하를 받지 못하고 산다는 것은 삶을 제대로 살지 못한 것 같은 그가 서글퍼 보였다. 모든 일은 상대적인 게 아닐까? 왜 대우를 받지 못하고 사는지 그는 자기 자신을 뒤돌아보아야 할 것 같다. 내가 만약 그 사람의 입장이 되었다면 마음이 어떨까?

누가 밥을 사라고 한 것도 아니고 생일상을 얻어먹지 못해 안달한 사람도 없건만 환갑타령을 하던 그를 신뢰할 수가 없었다. 나로 인해 누군가가 마음의 상처를 입는 것은 아무렇지도 않게 생각하고 살아온 삶, 결국은 자신에게 돌아오는 것을 보면서 세상사는 한쪽으로만 기울지 않고 공평하다는 생각을 한다.

서로 공존하며 같이 가야할 길이라면 가족과 함께 웃을 수 있는 길도 있었을 텐데, 그런 길을 찾아보았다면 어땠을까.

그곳

친정집에는 텃논이 있었습니다. 그 땅은 아버지의 고모부 것이었습니다.

그 당시 아버지의 고모부는 지곡면 면장이었고 아버지가 그 논을 맡아 농사를 지으셨습니다. 그때는 지금처럼 농기계를 사용하여 농사를 짓던 시절이 아니었습니다. 논갈이와 써레질은 소로 하였고 모내기를 하려면 못줄을 띄웠습니다. 못줄은 사이사이 짙은 색깔의 실로 묶어 표를 해놓고 그곳에 맞추어 손으로 모를 떼서 심는 것이었습니다. 김매기도 지금처럼 제초제를 살포하는 것이 아니고 손으로 맸는데 처음을 '아시 맨다'하고 두 번째를 '두벌 맨다'고 했습니다.

모를 심거나 김매기 할 때는 지주를 보지 못하는데, 벼를 베는 날과 추수할 때는 수확이 얼마나 나올 것인지 감독하러 오던 기억이 납니다. 벼를 베는 날이면 아버지의 고모부는 중절모자를 쓰고 두루마기를 입고 왔습니다. 뙤약볕에서 일을 하지 않아 얼굴도 그을리지 않고 풍채도 좋았고 허옇게 기른 수염은 지주로서 근엄하게 보였습니다. 그런 모습으로 논둑에 서서 일꾼들을 지켜보았습니다. 벼를 베는 날이면 아버지는 잘 여문 벼 이삭을 낫으로 잘라 볏단이 어느 정도 나올 것인지 어림잡아 한 움큼을 만들어 지주에게 주었습니다.

일꾼들이 벼를 다 베고 나면 논바닥에 널려 있는 벼를 논둑으로 옮겨놓고 나서 벼 토매를 둑에 세웠습니다. 볏가리를 세우면서 "하나유, 둘이유, 셋이유, 넷이유, 그 다음엔 다섯이라~." 하고 세다가 "열이유!" 하고 '열'이라는 말을 큰 소리로 지르면 지주는 벼이삭을 하나씩 옮기곤 했습니다. 볏가리를 세우는데도 사람들은 장단을 맞추면서 일을 했습니다. 그렇게 해야 힘이 덜 든다는 것을 나는 뒤늦게 알았습니다. 그 소리는 어린 내가 들어봐도 구수하게 들렸던 것 같습니다. 그렇게 볏가리를 다 세워놓고 나서 지주가 들고 있는 벼이삭 수를 셉니다. 그러면 그 해의 농사가 풍작인지 흉작인지 가늠할 수가 있었고, 또 그것으로 쌀이 몇 섬 정도 나올 것인지 짐작을 했습니다. 볏가리를 셈한 튼실하고 누런 벼이삭은 지주가 가지고 갔습니다.

아버지는 논둑에 세워 논 볏가리를 몇 번이고 뒤집어 햇볕과 바람에 말렸습니다.

탈곡하는 날 어머니는 음식을 푸짐하게 장만하셨습니다. 술은 미리 담가놓고 콩을 맷돌에 갈아 두부를 만들었습니다. 싱싱한 은갈치를 사서 늙은 호박을 넣어 조림을 하고, 참게를 잡아다가 간장에 담가 간이 잘 들면 양념에 버무려 놓았습니다. 무우는 큼직하게 썰어 나박김치를 담그고, 밭에서 금방 뽑아온 싱싱한 배추로 겉절이를 하고, 바지락에 아욱국을 끓이고, 두렁콩을 까서 햅쌀과 같이 밥을 했습니다. 먹을거리가 흔하지 않던 때라서 벼를 베는 날이나 추수할 때엔 일하는 사람들은 물론 동네 사람들까지 배불리 먹는 잔칫날이었습니다. 그런 날은 강아지도 좋아서 이리 뛰고 저리 뛰었습니다. 어머니는 지주이면서 시고모부였던 그분에게 더 극진하게 대접하였습니다.

탈곡기, 벼를 터는 기계인데 그때는 발로 밟아서 원동기를 움직일 때라 몇 사람씩 조를 짜서 힘껏 밟아야 기계가 작동을 했으니 열 마지기 벼를 탈곡하는데도 하루 종일 걸렸습니다. 늦게까지 힘들여 벼 타작이 끝나면 지주의 몫은 그날 바로 벼 섬을 지게에 져서 갖다 주었습니다. 그때 내 기억으로는 반타작한 것 같습니다. 어렵게 농사를 지은 아버지도 반, 지주도 반을 가져가는 것이 어린마음인데도 싫었습니다. 당시 고모부는 나라에서 주는 녹을 먹고 있었으니 농사가 아니어도 잘 지낼 수 있는데, 어렵게 일한 사람과 똑같이 나눈다는 것은 공평하지 않다는 생각이 들었습니다.

지주는 큰 부인과 작은 부인을 두었는데, 아버지와 큰 부인이 혈육이었습니다. 언젠가 소작료를 좀 내려달라고 했는데, 큰고모는 긍정적인 반면 후처인 작은 고모는 그게 아니어서 타협을 보지 못했다는 말을 들었습니다.

그 지주는 본처와 후처에서 낳은 자식들이 많고 그들로 인하여 아버지가 경작하던 땅이 팔리게 되었습니다. 아버지는 그 땅에서 계속 농사를 지어왔고 또 바로 집 앞이라서 빚을 얻어서 그 논을 장만하였습니다. 아버지는 우리 칠남매를 키우시느라고 무던히도 고생을 많이 하고 사셨습니다.

예전이나 지금이나 살아가는 데 있어서 기본자금이 있어야 고생을 덜하는 것 같습니다. 지금보다는 옛날에 가진 자들이 욕심이 더 심했던 것 같습니다. 농사를 지어도 지금은 보통 쌀 한 짝이나 반 짝을 더 주는데 전에는 무조건 반을 주었으니 말입니다. 그러니 농사를 짓는 사람들은 애써 일만 했지 사실 수입은 많지 않았던 것입니다. 형평성에 어긋났으니 농민들이 삽과 곡괭이를 들고 못살겠다고 농민운동을 벌였을 것입니다.

긴 수염을 쓰다듬으며 뒷짐 쥐고 근엄하게 감독을 하던 지주도 이 세상을 떠났고, 그토록 고생해서 얻은 소중한 땅을 두고 아버지가 가신 지도 벌써 삼십여 년이 넘었습니다.

지금 친정집은 현대개발이란 이름아래 집과 텃논은 흔적도 없습니다. 논 밖으로는 바다였습니다. 밀물 때는 어디서 그렇게 많은 물이 숨어 있다가 밀려오는지, 시간만 되면 어김없이 들어오고 나가는 자연의 신비스러움은 아무리 생각해봐도 모르겠습니다. 들물에는 망둥이와 잡어들이 뛰놀고, 썰물에는 그 아래 배 터 근처로 내려가서 능쟁이와 바지락을 캐오던 동네 아주머니들이 있었습니다. 지금은 그 갯고랑이 대호지 간척지로 인하여 넓은 농토로 변했고, 가을에는 황금들판을 이루어 후손들의 삶을 윤택하게 만들어 주는 땅으로 변모되었습니다.

틈만 있으면 친구들과 고무줄놀이 하고 술래잡기를 하면서 뛰놀던 마당도, 바닷바람을 안고 학교에서 돌아 올 때면 매섭기만 했던 추위도, 근엄하던 지주의 모습도, 아버지의 고생스런 삶도 머릿속에 가물가물 떠올랐다가는 사라집니다.

밀물이 들어왔을 땐 둑이 넘칠 듯 물이 찰랑찰랑거렸습니다. 머리가 복잡하고 풀리지 않을 때엔 어스름한 달빛을 받으며 원둑을 마냥

거닐었습니다. 그렇게 걷다보면 답답하던 마음이 가라앉던 곳, 친구들과 함께 웃고 재잘거리며 걷던 그 길을 다시 한 번 걸어보고 싶습니다.

마당가에 서있던 커다란 감나무 아래는 여름엔 동네사람들의 땀을 식혀주는 휴식처였고 동네 대소사를 알 수 있는 마을 방송국이었습니다. 또 바다에서 게나 망둥어를 잡아오던 사람들도 쉬어가는 쉼터였습니다. 집과 텃논이 흔적도 없이 사라진 지금, 마음속에만 남아있는 고향입니다. 아련한 추억을 하나씩 더듬어 떠올려 보는 그곳은 이제 그리움으로만 남아있습니다. 밀물이 밀려오고 썰물에 밀려나가듯, 가슴속에서만 그려질 뿐입니다.

그때 그 사람

결혼하기 전, 나를 무척이나 아끼던 분이 있었다.

그분은 내게 "미스 리한테 잘 어울리는 신랑감을 골라서 소개 시킬 것이니 기다리라."는 말을 자주하곤 했다. 혼기를 앞둔 처녀에게 흔히 하는 말이려니 그냥 흘려버리곤 했는데, 어느 날 그 선생님은 나한테 소개시키고 싶은 사람이 있다고 했다. 장교 출신이고, 성격도 활달하여 남자답고, 무엇보다 사람 됨됨이가 마음에 들 거라 했다. 학벌이며 집안이며 어디에다 내놔도 손색이 없을 것 같고, 부친은 교육자이고 경제사정도 윤택하여 그 사람과 결혼한다면 살아가는데 별 어려움은 없을 것이라는 말이었다.

결혼은 배우자 선택이 우선이다. 성격이 원만해야 의사소통이 잘 되는데 그렇지 않을 경우 살면서 삐걱거리기 마련이며 또한 경제력이 없으면 생활하면서 불편한 점이 한두 가지가 아니라 했다. 애들이 있으면 셋방도 내주지 않으려는 세상인데, 집 없는 설움을 겪어보지 않은 사람은 그 심정을 모른다는 것이었다.

그 말은 맞다. 결혼해서 살림을 하다보면 경제력이 얼마나 큰 비중을 차지하는가 절실하게 느끼게 된다. 그런 일로 말다툼을 하게 되고, 부부간에 금이 가기도 해서 집안 환경과 재력을 보지 않을 수가 없으니 결혼할 때는 신중하게 결정해야 된다는 것이 인생 선배인 선생님의 조언이었다.

선생님은 주위에 알 만한 사람과 부하직원들을 유심히 지켜보면서 이리저리 재보고 난 후 이런 사람이면 내게 소개시켜 주어도 괜찮을 것이라 여겼다 한다. 나를 생각해주시는 선생님의 마음은 고마운 일이지만, 나와 그 사람과 비교해 볼 때 자라온 생활환경이 맞지 않을 것 같았다. 아직 누구를 만나야 한다는 마음의 준비가 되지 않았다는 핑계를 대며 거절했다. 선생님은 그렇게 가벼운 사람이면 처음부터 미스 리한테 말도 꺼내지 않았을 것이니 마음 편하게 먹고 한 번 만나 보라셨다. 너무 뿌리치는 것도 결례인 것 같아 그냥 한번 만나 보기로 했다.

그 당시 만남의 장소는 대부분 다방이었다. 약속장소인 차부 2층에 있는 다방으로 갔다. 어떻게 생긴 사람이기에 선생님이 그리 좋아하실까? 설렘을 안고 다방 문을 살며시 열고 들어갔다. 나를 보신 선생님은 손을 번쩍 들며 웃으면서 손짓을 하셨다. 상상으로 그려오던 그 사람이 선생님 옆자리에 앉아 있는 모습이 눈에 들어왔다. 그를 보는 순간, 도로 나가고 싶다는 생각이 앞섰다. 마음 설레며 그려오던 모습이 아닌 전혀 다른 얼굴이었다. 키도 작고, 머리는 좀 벗겨진 대머리고, 이마에는 내 천 자가 선명하게 그려진, 한마디로 호감이 가지 않는 생김새였다. 선생님보다도 나이가 훨씬 더 들어 보였다. 선생님만 아니면 그냥 밖으로 나갔을지도 모른다. 그러나 나를 위해 마련한 자리인데 그럴 수도 없고 애써 미소를 지으며 천천히 발걸음을 옮겼다.

선생님은 차를 마시고는 좋은 얘기 많이 나누라며 자리를 비켜주셨다. 마음 같아서는 따라 일어나고 싶었지만 나를 위해 마음 써준 사람의 성의를 생각해서 참기로 했다. 선생님을 실망시키지 않아야겠다는 마음으로 상대방에게 최소한 나쁜 인상은 주지 말자 생각했다. 장교 출신이라서인지 시원스런 목소리와 조리 있게 하는 말은 괜찮았다. 처음 볼 때 인상과는 달리 봄에 잡은 주꾸미 머리를 삶아놓은 것처럼 알이 꽉 차고 실해 보였다.

다음날 선생님한테 연락이 왔다. 그 사람 만난 소감이 어떠했냐고 물으셨다. 난 고민 끝에 좋은 사람인데 저한테는 과분하여 맞지 않을 것 같다고 만나지 않겠노라고 했다. 그랬더니 선생님은 사람 겉모습만 보지 말라며, 얼굴은 처음뿐이지 결혼해서 살다보면 거기서 거기라고 하신다. 생김새가 어떠하든 마음고생 시키지 않고 가정적인 사람이 낫다며 놓치기 아까운 사람이니 다시 잘 생각해보라는 당부를 하셨다.

만나다 보면 정이 드는 사람도 있으니 숙고해보라고 하셔서 두 번째로 그 남자를 만났는데, 얼굴에 내 천 자가 보이지 않았다. 선생님 말씀대로 겉모습은 별로 중요한 것이 아닌 게 사실일까? 그날은 첫인상보다는 나아서 세 번째 데이트 장소에 나갔다. 그날은 만나자마자 이마에 주름진 모습이 먼저 눈에 띄었다. 그것을 보는 순간 아니라는 생각이 들었다. 남녀 사이는 설렘과 기다림이 있어야 되는데 아무리 겉모습을 보지 않으려 해도 정이 들기는커녕 마음은 멀어져만 갔다.

좋은 분인데 저와 인연이 아닌 것 같아 마음을 접어야겠다는, 그리고 죄송하다고 솔직하게 선생님께 말씀드렸다.

그 후 얼마가 지났을까? 선생님을 뵙게 되었다. 그 사람은 나와 헤어지고 얼마 되지 않아 교통사고가 나서 병원생활을 오래 해야 될 것이라 했다. 그 말을 듣고 나니 나 때문에 상처를 받아서 그랬나 싶은 괜한 죄책감이 들기도 했다.

선생님이 병문안을 가셨을 때 그 사람의 어머니를 만났는데, 얼마나 참한 아가씨이기에 내 아들이 못 잊어 하는지 마음이 아프다며 한번 얼굴이나 봤으면 좋겠다고 했단다. 나를 지금까지 잊지 않고 있었다니, 선생님 말씀을 듣고 그 사람이 좀 안됐다는 마음은 들었다. 그러나 마음에 두지 않는 사람에게 문병을 간다는 것이 찜찜해 그만 두기로 하였다. 여러 가지로 조건이 좋다 해도 끌리지 않는 사람과 평생을 같이 할 수는 없는 일, 그렇게 살려면 차라리 결혼하지 않을 것이라 생각했다.

'재산은 없어도 마음고생은 시키지 않을 것이다'라는 말은 대부분 남자들이 흔히 하는 말이었다는 것을 왜 진작 몰랐는지, 살면서 경제적인 어려움이 따를 때마다 남편과 잦은 말다툼이 이어져서 마음고생을 더 많이 하고 살아 온 것 같다.

겉모습을 보고 결혼하면 후회를 한다고 하시던 선생님 말씀이 생각난다. 그렇다고 그 사람과 헤어진 것을 후회하지 않는다. 만약 그 사람과 결혼하였더라도 마음 한구석엔 외모에 대한 불만을 가졌을 것이다. 사람은 늘 또 다른 이유를 들어 후회를 한다는 것을 뒤늦게 알았기 때문이다. 선생님은 인물도 호남이고 키도 크고 언제 뵈어도 인자하고 마음을 편안하게 해주던 신사이셨다. 내 앞날까지도 꼼꼼하게 챙겨주던 선생님이 내 이상형이었는데.

세상 일이란 뜻대로 되는 게 아닌가보다. 한 가지가 괜찮다싶으면 다른 한쪽은 걸리고, 한쪽이 채워지는가 하면 한쪽은 비게 되는, 내가 무엇인가를 얻으면 다른 사람은 잃게 된다는 이치를 깨닫게 된 것은 내 삶도 적지 않게 흘러왔음을 의미하는 것일까.

내 이름은 이형순

결혼하고 살면서 얻은 것보다는 잃은 것이 더 많다는 것을 느낄 때가 더러 있다. 첫 번째는 내 이름이 남편의 그늘 밑으로 감추어졌다는 것과 자유가 없어진 생활, 그리고 금전적인 궁핍문제였다.

결혼하기 전, 나는 글을 썼다. 글이 뭔지 제대로 알고 쓴 것이 아니라 글 쓰는 것이 좋아서 내키는 대로 시도 써 보고 수필도 썼다. 습작을 하다보면 좀 더 판판하게 되지 않을까? 나름대로 손에서 익혀 보려고 했던 것 같다.

작품이라고 써놓고는 신문사나 잡지사 또는 방송국 독자투고란에 보내서 가끔 내 글이 어떤지 평을 받아보기도 했다. 그 당시만 해도 시골에서는 글 쓰는 사람이 드물었고, 문인들도 어디에 사는지 잘 알지 못할 때였다. 그럼에도 글 쓰는 것만은 놓지 말아야겠다는 생각으로 말도 안 되는 것을 썼던 기억이 난다. 그런 와중에도 농번기엔 마을회관에 나가 탁아소를 운영했다. 어린아이들을 돌보는 일부터 사회활동을 했던 터라 처녀시절에는 면 단위만 적혀 있어도 우편물이 배달되었다. 그 정도로 내 이름을 알아보는 사람이 많았다.

그러나 결혼한 후부터 내 이름이 쓰이는 일은 서서히 줄었다. 누구의 아내, 누구 엄마로 통할 뿐, 어디를 가나 '이형순'이라고 불리는 일은 드물었다. 사회 구조상 여자들은 대부분 그렇게 살아가는구나 하면서도 내 이름을 되찾아야겠다는 생각을 많이 했다.

여자들이 궁색하게 생활하는 것을 볼 때면 나는 저렇게 살지 않을 것이라고 말하곤 했다. 결혼생활의 실상을 알지 못하고 행복으로 이어지는 걸로 착각했던 것 같다.

결혼 후 경제적으로 뒷받침이 되지 않았다. 취미생활이란 나한테는 사치에 불과할 뿐, 하고 싶은 것이 있어도 할 수 없고 죽이 되든지 밥이 되든지 스스로 해결하는 방법 말고는 별 도리가 없었다. 그리고는 봉사활동도 중단하고 글 쓰는 것도 접어야 했다.

남편은 공직 생활을 그만두고 사업을 시작했지만 사업은 예상대로 되지 않고, 그것 또한 만만히 볼 일이 아니었다. 대리점을 하면서 집안 살림이며 내부관리 등 남편보다 내가 일하는 시간이 더 많았다. 거기까지는 참을 수 있었는데 남편과 말다툼을 할 때면 잘못한 사람이 먼저 인정하고 사과하는 것이 아니라 남자는 하늘이고 여자는 땅이란다. 나를 기죽이려고 하는 속셈인진 몰라도 툭하면 하늘 같은 남편이라고 했다. 그 말을 들을 때마다 귀에 거슬리고 부아가 치밀어 어느 날 안 되겠다싶어 땅 값은 올라도 하늘 값은 오르지 않는다고 큰소리 쳤다. 남편은 내 말을 듣고는 더 이상 해봐야 먹히지 않을 것 같았는지 그 후부터는 그 얘기는 하지 않았다.

태안이 서산군에 포함되었던 때가 있었다. 태안군으로 분군되기 전까지 서산에서 태안까지 농기계 시장을 관리했다. 분군 이후 다른 사람이 대리점을 개설하였는데, 운영 도중에 부도가 나서 문을 닫게 되었다.

회사는 대리점 적임자를 물색하는 중이었는데, 전부터 우리가 관리하던 곳이고 내 이름으로 사업자등록을 내면 괜찮겠다는 생각이 들었다. 여자라고 해서 못할 일도 아니고, 남편의 편파적인 마음을 바꿀 수 있는 기회도 되고, 그늘 속에 묻혀 있는 내 이름도 한 몫을 할 것 같아서 내가 한번 해보겠노라고 의지를 보였다.

태안대리점을 개설하고 나서 영업소 직원들과 식사를 한 적이 있다. 평소에 술을 좋아하지 않고 잘 마시지 않는데 그날은 소주 한 병은 마신 것 같다. 그동안 내 이름을 잊고 살아온 것이 서러웠다고나 할까? 그렇게 마셨는데도 발걸음이 흐트러지거나 말 한마디 실수하는 일 없이 정신은 더 맑아지기만 했다.

사업자등록이 있으면 국민연금이나 건강보험에서는 한집에 사는 부부라도 각각 따로 세금을 납부해야 된다. 그럼에도 우편물에는 ○○댁(방)이라는 문구 뒤에 내 이름이 적혀 왔다. 고지서엔 각자 세금을 내라고 하면서 우편물은 누구의 방이라고 하는 것은 여자를 깔보는 것이 아니냐고 항의를 했더니, 그 다음부터는 시정해서 내 이름만 써서 보내왔다.

당연히 불러야 할 이름이 있어도 있으나마나한 여자의 이름, 지금도 결혼과 동시에 여자들의 이름은 그늘 속에 가려진다. 특별하게 출세를 했다거나 성공한 사람, 자기 입지를 굳힌 사람을 제외하고는 보통 여자 이름은 쉽게 불리지 않고 있다.

그동안 남편과 같은 일을 하면서 가슴속에 응어리진 것을 대리점을 내면서 좀 오려 냈다고 할까? 나도 이젠 내 이름을 걸고 뭔가를 당당하게 할 수 있다는 자부심, 그것은 겪어본 자만이 알 수 있는 기쁨이었다.

또 다른 도전, 진취적이면서 삶의 무게를 실어주는 힘, 나를 바로 세우는 일인 것 같다.

그 말 한마디

학력 때문에 생을 포기하고 싶을 정도로 심한 충격을 받은 적이 있다.

내가 결혼하기 전까지만 해도 농촌에서는 어린이집이나 유치원은 이름조차도 생소하게 느껴졌다. 농사일이 시작되면 대개 사람들은 논밭에 나가 일을 하였는데, 아이들을 맡겨놓을 만한 곳은 별로 없었다. 애들을 집에 놔두거나 일하는 곳으로 데리고 갔다가 일이 끝나면 부모와 같이 돌아오곤 했다. 그런데 저희들끼리 집에 두거나 부모가 일하는 곳으로 데리고 가는 것은 굉장히 위험한 일이다. 안전사고에 노출되어 있으니 어른들은 애들 걱정 때문에 마음 놓고 일을 할 수가 없었다. 부유한 집 아이들은 좋은 여건에서 자라는 데 비해 농촌의 어린아이들은 거의 방치되다시피 열악한 환경에서 자란다.

농촌의 안타까운 실정을 보아온지라 농번기만이라도 부모들이 안심하고 일할 수 있도록 하면 좋을 것이라고 시작한 것이 바로 농번기 탁아소 운영이었다. 나는 마을회관에서 미취학 어린이들을 모아 놓고 돌봐주었다. 동네사람들은 마음 놓고 일할 수 있어 좋아했고, 아이들도 회관에서 함께 모여 노래 부르고 놀이를 하며 지내는 것을 즐거워했다. 무슨 대가를 바라고 한 것이 아니고 순수한 봉사활동이었기에 일을 끝내고 나면 금액으로 계산할 수 없는 마음의 보람을 얻을 수 있었다.

그런 일이 입소문으로 퍼지면서 근처 학교에서는 어린이집을 신설하는데 같이 일해 줄 수 있느냐는 제의가 들어왔다. 내가 정규학교 교육을 받은 것이 아니라 거절을 했는데, 다른 곳에서도 일을 해주면 좋겠다는 문의가 있어 한 번 해보겠다고 승낙했다. 학력증명서를 제출하라 했다. 중등과정을 거치지 않은 내게 그런 증빙서가 있을 리 없었다. 사람들은 나를 신임하면서도 졸업증명서가 걸림돌이 되었다.

처음에는 내 소신만 확고하다면 그런 것은 별 문제 없을 줄 알았는데 그런 것이 없으면 안 된다는 말을 듣고 나는 깊은 상처를 받았다. 그 날 집에 들어가지 않고 혼자 바닷가로 갔다. 바닷물은 마침 밀물 때여서 끝도 없이 꽉 차 있었다. 이 세상에서 버림받은 그런 느낌이 들었다. 세상에 태어난 것도 싫고 남보란 듯 가르쳐 주지 못한 부모의 무능을 한없이 원망했다. 방향감각도 잃고, 먹구름이 앞을 가로막은 듯하고 바닷물은 나를 금방이라도 삼켜버릴 것처럼 사납게 출렁거렸다. 오직 죽고 싶다는 생각뿐, 혼자 앉아서 울고 또 울었다. 얼마나 많은 눈물을 흘렸는지 그 날 흘린 눈물은 내 생에 어떤 작용을 하는 것일까. 그 뒤로는 그런 눈물을 터트려 본 적이 별로 없다.

앞으로 어떻게 살아가야 될지 까마득했다. 둑 위에 앉아서 생각해 봐도 앞은 캄캄했고 머릿속엔 분노와 절망으로 내 앞에 보이는 푸른 바닷물이 온몸에 스며들고 넘실거리는 듯했다. 그만 죽어버릴까? 희망도 없는데 차라리 죽는 것이 낫겠다 싶었다. 눈 한번 딱 감고 그냥 물 속에 뛰어들면 끝일 텐데. 몇 번이고 바닷물 속에 몸을 던지고 싶었다. 그 날은 정말 죽고 싶은 마음뿐이었다. 그런데 마음 한구석에는 '아니야, 죽지 말고 살아야 해! 네가 죽으면 너는 지는 거야. 졸업장이 없어도 학력 있는 사람보다 더 잘 살아야 돼. 기죽지 말고 다시 일어서야 돼.'라고 자신에게 모진 채찍질을 하고 또 했다. 이 순간을 잘 넘겨야 되겠다고 집으로 터벅터벅 발길을 돌렸다.

내가 겪은 이 수모를 어떻게 잊을 것인가, 자신과의 싸움이 시작되었다. 틈나는 대로 책을 읽고 잡지사 지방모니터도 하면서 배운다는 것에서 손을 떼지 않으려고 했는데, 결혼은 배움을 이어주는 끈이 되어 주지 않았다. 경제적인 것도 배운다는 것도 마음만 있다고 해서 되는 것은 아니고, 그건 오히려 때때로 내게 짐이었다.

못다한 공부를 해야겠다는 마음은 늘 그림자처럼 따라다녔다. 꿈은 이루고자 하는 자만이 얻는다고 늦게나마 중등과정을 거쳐 고등과정 졸업장을 받아 놓았고, 앞으로도 계속 도전해 볼 예정이다. 문학성이 뛰어나진 않아도 한 권의 수필집도 묶어 세상에 내놓았다. 그동안 자신과의 싸움에서 얻은 결과라고 해도 괜찮을 것 같다. 다른 사람이 볼 때는 하찮은 일일지 모르지만 나에게는 무엇과도 바꿀 수 없는 소중한 재산목록이다. 내가 겪은 일중에 이 세상에서 가장 무서운 것은 학력이 없다는 것이었다.

졸업증명서가 있어야 된다고 할 때, 죽고 싶을 정도로 자존심이 상했다. 지금도 그 말은 잘 지워지지 않는 매직펜으로 내 마음에 새겨놓은 것 같아 가슴속에 상처가 아직도 아물지 않았음을 알려주고 있다. 내 생에서 가장 큰 비중을 차지할 정도로 한구석에 자리 잡고 있던 배움의 길, 그러나 쉽게 다가갈 수 없는 높고 어려운 문이었다. 아무리 높고 어려운 문이더라도 배워야 되겠다고 하는 그 마음은 접을 수가 없었다. 주위에서 누가 알아주는 이 없는 험하고 외로운 길을 나는 왜 걸으려고 하는지, 어느 땐 나도 잘 모르겠다.

내가 가야할 길이라면 외로워도 그냥 걷고 싶다. 지금부터 시작이라고 생각하면서 자신과의 싸움을 한다. 누군가가 내게 또 그런 말을 한다 해도 이젠 상처받는 일은 없다. 외로움을 가슴에 껴안으면서 나는 나를 다독이고 사랑하련다. 그리고 천천히 걸을 것이다.

한국의 아들들

작은아들 은기가 군 입대를 하던 날, 경기도 의정부에 있는 집결장소로 갔다. 아침 일찍 서둘러 은기 친구들과 같이 집을 나서니 이젠 정말 아들이 군대를 가는구나 생각되었다.

도착지가 가까워지자 주변의 식당 주차장은 군입대하는 아들과 그 가족들이 점심을 먹기 위해 주차된 자동차들로 빈자리가 없다. 어디 복잡하지 않은 곳이 없을까 이리저리 둘러봐도 시간만 낭비할 뿐이었다. 간신히 빈자리를 찾아 차를 세워놓고 식당 안으로 들어갔다. 홀 안에도 이미 몰려든 사람들로 아우성이고, 한 끼라도 아들에게 따듯하게 먹이고픈 것이 부모의 마음이나 주위 상황을 보아 입영시간에 늦지 않게 음식이 나오면 다행이라는 생각이 들었다.

입영 장정들은 집결장소로 들어오라는 안내방송이 넓은 운동장에 울려 퍼진다. 군 입대를 시키기 위해 같이 온 많은 아이들의 부모, 형제, 친구들이 집결장소로 모이기 시작했다.

엄마, 아빠 군 복무 충실히 잘할 테니 제 걱정은 마시고 몸 건강하시라며 은기는 주저함 없이 큰절을 하였다. 그리고는 뒤도 돌아보지 않고 집결장소로 뛰어갔다. 아이한테 뜻밖의 큰절을 받고 나니 눈물이 쏟아진다. 건강하고 바르게 잘 커주어 고맙고, 나라를 지키려고 입대하는 아들이 장하고 대견스럽다. 추운 겨울 호된 훈련을 받을 생각을 하면 안쓰러운 마음이 들어 또 눈물이 나온다. 낯선 곳에 아이를 떼어놓고 오려니 좀처럼 발길이 떨어지지 않았다.

같이 온 아들 친구들이 저희들이 자주 찾아뵐 테니 그만 우시라며 나를 위로해준다. 아이들 말에 억지로 웃음지어 보지만 그래도 눈물은 계속 흐른다. 엄마 앞에서는 아무렇지도 않은 척하던 아이, 울적한 모습을 끝까지 보이지 않으려고 뒤도 돌아보지 않고 뛰어가던 아들의 모습이 자꾸 눈에 밟힌다.

은기가 군 입대를 하기 전, 아들을 군대 보내놓고는 먼 하늘을 쳐다보며 눈시울을 적시는 사람들을 주위에서 자주 보았다. 그럴 때마다 남들도 다 가는 군대인데 울기는 왜 우느냐며, 나는 다음에 아들을 군대 보내도 울지 않을 것이라고 했다. 막상 자식을 군에 보내고 나니 그들의 마음을 이제야 알겠다.

어릴 적 오빠들이 군 입대를 하면 어머니께서 한숨을 지으시며 눈물을 흘리셨다. 집배원 아저씨가 옷과 소지품을 가지고 오던 날은 오빠의 옷을 안고 하염없이 우시던 친정어머니의 모습이 지금도 생생하게 기억이 난다. 오랜 세월이 지나도 변하지 않는 것은 바로 모정이다.

훈련소에서 은기가 편지를 보내 왔다. 아직은 군 생활이 익숙하지 않아 집과 부모님, 그리고 친구들이 많이 그립단다. 엇그제 체력 단련을 했는데 일등해서 분대장과 동료들이 많이 예뻐해 주었고 군 복무도 잘하고 있으니 걱정하지 말라는 내용이었다.

이번 설에는 작은아들과 같이 보내지 못할 것 같아 미리 신정을 쇠었기에 구정은 간단하게 넘어가기로 했다. 그런데 설날 은기 친구들이 세배를 드린다고 찾아왔다. 군 입대하기 전 은기는 명절이나 어버이날이 되면 외지에 나가 있거나 군대에 가 있는 친구들의 부모를 찾아 인사를 다니곤 했다. 어느 날인가 네가 벌어서 인사를 다녀야지 엄마 돈으로 무슨 선심을 쓰고 다니느냐며 농담을 던진 적도 있다. 그러면서도 한편 어린 나이에 다른 사람의 허전함을 대신 채워주는 아이의 마음이 기특했다.

어버이날, 또 은기의 친구들이 카네이션을 사들고 와서 달아주었다. 생각지도 않은 꽃을 받아들고는 마치 우리 아들이 온 것처럼 반가웠다. 은기는 엄마, 아빠가 쓸쓸하게 지낼까봐 이런 날을 대비하여 미리 친구들의 부모를 꼬박꼬박 찾아다닌 것 같다. 그런 아들이 고맙다.

군대 가기 전, 평소 방 정리를 잘 하지 않았던 아이였다. 군대에 가면 정리정돈하는 것을 배워오라는 말을 자주 하였다. 백일 휴가를 나왔는데 전 같으면 어지럽게 늘어놓았을 방을 깨끗이 치우고 반듯하게 정리해놓고 복귀하였다.

군대를 갔다 와야 철이 든다는 말을 흔히 한다. 그곳에서 생활하면서 집보다 더 좋은 곳이 없다는 것과 부모에 대한 고마움, 형제간의 돈독한 우애, 친구에 대한 우정, 사회에서의 자유라든지 예전에 미처 몰랐던 부분을 터득했을 것이다. 군 생활을 하면서 강인한 정신력을 키워 앞으로 살아가는데 든든한 버팀목이 되기를 바래본다.

가끔 뉴스에서 탈영이라든지 총기사건, 자살 등 크고 작은 사건들을 접할 때면 가슴이 철렁 하고 걱정이 앞선다. 혹시 우리 아이는 괜찮은지 잠을 제대로 이룰 수가 없다. 국방의무라는 법 제도하에 어쩔 수 없이 군대에 가는 것이지 군에 가고 싶어서 가는 사람이 과연 얼마나 되겠는가. 나라를 위해 그 숱한 고생을 무릅쓰고 참고 견디고 있는 이 땅의 꽃다운 대한의 아들들, 하나같이 예쁘고 귀한 몸이다. 이제 좀 더 한 차원 높은 대우를 해주었으면 싶다.

오늘도 나라를 위해 고생하고 있는 수많은 아들들, 지금은 군 생활이 힘들고 고달프겠지만 그것이 앞으로의 삶에 도움이 될 것이라 믿는다. 무더운 날도 쉬지 못하고 얼굴이 시커멓게 그을린 채 훈련에 여념이 없을 아들을 생각하면서 나는 오늘도 내게 주어진 일에 열중하기로 한다.

푸른 꿈

심양에서부터 백두산까지 둘러보았는데 주변에는 옥수수가 심어져 있었다. 우리 일행은 하루에 열 시간 이상, 4박 5일 동안 버스를 타고 다녔다. 가도 가도 끝이 없는 넓은 땅, 차창 밖으로 보이는 것은 거의 다 옥수수 밭이었고 지역적으로 토질에 맞는 작물을 선정하여 정책적으로 옥수수를 권장한다는 것이었다.

그곳에서는 농기계를 이용하지 않고 사람의 손으로 심는다고 하니 저 많은 것을 어떻게 다 인력으로 심었을까 의아심이 들었다. 우리나라처럼 작은 농토도 농기계를 사용하지 않고 농사를 짓지 못한다고 하는데, 저 넓은 면적을 인력으로 수확을 한다니 사람의 손은 참으로 대단하다는 생각이 들었다. 중국에는 많은 인구가 있어 어느 나라와 견주어도 숫자로는 이길 수 없다고 한다. 인력은 곧 국력이란 뜻일 게다. 우리 정부에서는 인구를 늘리기 위한 대책으로 여러 방안을 내놓고 있지만, 그런 정도로 요즘 젊은이들의 마음을 돌려놓기엔 역부족이다.

공항으로 이동하는 동안 어젯밤 꿈이 자꾸 머릿속에서 맴돈다. 어느 물체인지는 몰라도 쇠파이프 비슷한 것이 몇 개 부러져 있고 아직 불씨의 잔재가 남아 있어 주변엔 희뿌연 연기가 솟아오르는 그런 꿈이었다. 나는 화들짝 놀라 잠자리에서 벌떡 일어났다. 내일이면 일정을 마치고 집으로 돌아가는 날인데, 혹시 비행기 사고라도 나면 어쩌나 하는 불안에 싸여 잠을 이룰 수 없었다. 꿈을 꾸면 잘 맞는 편이라서 좋지 않은 예감이 들면 불안하고 신경이 예민해진다.

심양공항에 도착하였다. 짐을 부치기 위해 차례를 기다리고 있는데 5시 반 비행기가 연착되어 8시 반에 탑승할 수 있다는 안내방송이 흘러나왔다. 어젯밤에 꾼 꿈이 시간 연착으로 대신된다면 공항에서 몇 시간 기다리는 것쯤은 참을 수 있겠다고 나름대로 위안을 삼기로 한다. 몇 년 전에도 비행기 고장으로 장가계는 구경도 못하고 되돌아온 경험이 있다. 그 후부터 중국 비행기를 이용하려면 순간순간 섬뜩함이 느껴지는데, 그것은 잦은 기체 고장으로 오는 불신감 때문일 게다.

3시간 정도 공항에서 지체하다가 인천공항을 향해 이륙하였다. 탑승을 하고서도 아무 일 없이 도착하기를 마음속으로 빌고 또 빌었다. 드디어 인천공항에 도착했다는 반가운 안내방송이다. 어휴 이제 살았구나! 그때서야 안도의 숨을 쉴 수가 있었다. 어떻든 비행기 연착으로 엊저녁의 꿈땜을 해준 것도 다행스런 일이라 생각되었다.

어느 해 섣달 그믐날 돼지꿈을 꿨다. 시꺼멓고 커다란 돼지는 마치 기름을 발라놓은 듯 윤기가 자르르 흐르고, 한 마리도 아닌 다섯 마리가 갑자기 나를 밀치고 방으로 들어왔다. 나는 겁에 질려 들어오지 못하게 두 손으로 있는 힘을 다하여 막았지만 돼지들은 막무가내로 머리를 들이밀고 들어왔다. 그 꿈을 꾸어서인지 그 해엔 어떤 일이든 잘 풀리고 사업도 막힘이 없었다. 사람은 생전에 네 번의 행운이 주어진다는데, 나에게 행운은 그 해였던 것 같다. 그 뒤로는 그렇게 반들거리고 잘생긴 돼지는 꿈속에서도 생시에서도 본 적이 없다.

어느 날인가 또 꿈을 꾸었는데, 팔인지 다리인지는 몰라도 내 육신 중 한쪽이 떨어져 하늘 위로 올라가는 것을 보았다. 분명 내 몸에 무슨 일이 생길 것 같은 예감이 들어 하루 종일 조심했지만 비켜가지는 않았다. 그 날 저녁 교통사고가 나서 다리가 골절되었다. 전날 꿈속에서 미리 알려주었음에도 불구하고 그것이 어떤 뜻이 담긴 것인지 파악을 못해 그 재앙을 피하지 못하고 사고를 당한 것을 보면 사람의 운명이란 피할 수 없는 그런 무엇이 존재하는 것 같다.

좋은 꿈은 사고팔기도 한다. 언제가 나도 꿈을 산 적이 있다. 태몽이라며 혹시 며느리가 임신을 한 것 같지 않느냐고 귀한 꿈이라 했고, 그런 꿈은 돈 주고 사야 효험이 있다는 거다.

꿈은 잠자는 동안 생시처럼 보고 듣고 느끼는 여러 가지 현상을 마음속의 바램이나 현실을 떠난 듯한 상태라 하고, 꿈 때움은 꿈자리가 사나웠던 것을 현실에서 불행한 일을 당하게 되는 경우 작은 일로 살짝 대신 겪게 한다는 말이다. 꿈꾸는 동안 귀신을 보았다든지 지옥과 천당을 가보았다는 말을 하는 이들도 있는 것을 보면 사람은 생시에 할 수 없는 일도 해볼 수 있는 영혼의 상상으로 표현되는 무엇인 것 같다. 또 개꿈이라고도 말하는 이도 있고, 꿈보다 해몽이 좋다는 등 여러 가지 꿈의 이야기는 우리가 모르는 신비함이 많이 담겨 있다.

꿈 때문에 기분 나쁜 일이라도 생길까봐 전전긍긍하는가 하면, 뭔지 모를 좋은 일이 생길 것 같은 설렘도 있다. 꿈에서나 현실에서나 한 번은 즐거운 마음이 되어 웃고, 한 번은 괴로움에 가슴 조이는 일도 공평하게 주어진다. 초승달은 날이 지나면서 보름달이 되고 보름달은 다시 초생달이 되어가듯 삶의 이치도 지나고 보면 꿈과 같다는 말을 하게 된다. 지난 일을 돌아보면 그만하면 다행이라고 느끼면서도 무슨 일이 생기면 신경을 쓰게 된다. 걱정한다고 될 일도 아니고, 꿈속에서도 미리 알려주어도 결국은 사고를 당하는 것을 보면 피할 수 없는 운명이라고 맡기면 될 터인데, 도움이 되지 않는 그런 것은 가슴에 담아두지 말고 내려놓는 연습을 해봐야겠다. 불길한 꿈은 꿀 때마다 개꿈이야 하고 무시한다면 걱정을 안 해도 되리라.

꿈은 소망 충족이라는 말을 누가 했던가? 현실에서 이룰 수 없는 것을 꿈속에서나마 이루어 보고자 하는 인간 욕망이 그렇게 나타날 수 있다는 것이다. 심양에서 본 옥수수 밭의 파란 이파리가 꿈속에서 아른거린다. 그런 파란 꿈을 꾸려고 노력한다면 그런 꿈이 꾸어질까.

또 다른 정

우리 사회에는 아직도 남아선호 사상이 남아있다. 내가 결혼할 당시엔 아들을 더 귀히 여기던 때였기에 먼저 아들을 낳고 그 다음에 딸을 낳는 것이 좋겠다는 생각을 했으니 말이다.

큰아이를 너무 심한 진통 끝에 출산을 해서인지 다시 이런 일은 되풀이하지 말아야겠다는 마음이 들었다. 그때 갓 태어난 여자아이만 보아도 이 다음에 저 아이가 겪어야 할 고통을 어쩌나싶어 측은하고 불쌍해 보였다.

그 후 더 이상 아이를 낳지 말아야지 했는데, 어쩌다 둘째를 가졌다. 남편은 이번에는 딸이었으면 좋겠다고 했지만 난 아들이길 바랬다. 그렇다고 마음대로 되는 것은 아니지만 어떻든 내가 바라던 대로 둘째도 아들이었다.

남자아이만 키우는 나를 보는 주위 사람들은 가끔 한 마디씩 던지곤 했다. 딸은 엄마 마음을 헤아려 주기도 하고 허물없이 이야기를 터놓을 수 있는데 사내아이들은 무뚝뚝하고 밖으로만 돌아서 엄마 속마음을 몰라준단다. 아이들이 성장하면 딸은 비행기를 태워준다는

데 아들은 그게 아니라는 둥, 딸을 하나 더 낳아 키우는 것이 좋을 것이라고 하였다.

그런 소리를 들을 때마다 두 아들을 앞세우고 밖에 나가면 세상 부러울 것 없고 얼마나 마음이 든든한지, 그 기분은 아무도 모를 것이라고 생각했다. 아들이 둘이니 딸도 둘 생길 텐데 무슨 걱정을 하느냐고, 딸 하나 더 낳아 키우려면 교육비 들어가는 것도 만만찮을 텐데 그 돈으로 내가 비행기표 사서 해외여행 다니면 되지 않느냐고 그냥 웃어넘겼다.

어느덧 아이들이 성장하여 결혼을 시켰다. 며느리는 내가 골랐으니 마음에 들지 않는 일은 처음부터 없었으므로 그 자체만으로도 축복이었다.

처음에는 아들 녀석이 직장문제로 갈등을 하였다. 아들은 직장이 서울이고 며느리는 지방이다 보니 주말부부로 살게 되면 서로 불편할 것이라는 이유로 달갑게 여기지 않았는데 다행히도 결혼성사가 된 것이다.

아들은 서울로 회사를 다녀야 되고 며느리는 직장이 지방이라서 며느리가 살림하면서 다니는 것이 더 낫겠다싶어 신접살림은 천안에다 차려주었다. 그렇게 하여 딸 같은 며느리를 하나 얻었다. 며느리는 해맑고 명랑하고 살가웠다. 우리 집은 딸이 없으니 네가 딸처럼 해야 된다며 며느리에게 당부하였다.

결혼하기 전에는 딸이 하나 생긴 것 같은 뿌듯함과 또 며느리가 딸처럼 느껴지는 것이 그저 좋기만 하였다. 목욕탕에도 같이 가서 서로 등도 밀어주고 스스럼없이 속마음도 터놓으면서 딸처럼 해야겠다고 생각하였다. 그러나 막상 며느리를 들이고 보니 그게 마음과 같지는 않았다.

며느리가 집에 온다는 연락을 받으면 마음부터 바빠지는 것이다. 애들이 오면 무엇을 해서 먹여야 되나, 미리 시장을 봐야 되고 음식을 만들어 놓아야 하는 번거로움과 주방에서 쓰던 행주는 치우고 새것으로 다시 꺼내놓는가 하면, 냉장고에 들어있는 음식 중에 버릴 것은 없는지 살펴보게 된다. 내 속으로 낳은 딸이라면 그러지 않았을지 모른다. 혹 지저분하다고 하지는 않을까, 시어머니라는 권위를 내세우는 것도 아닌데 아무튼 딸이려니 하고 격식 없이 가깝게 한다 해도 속마음까지 다 내보일 수는 없었다.

며느리 앞에서는 할 수 있으면 듣기 좋은 말을 골라서 하게 된다. 혹 말을 잘못하여 상처받지는 않을지 챙기게 되는 것이다. 언짢은 말로 기분 상하게 하고 싶지 않은 배려인데 그러다보니 서로 어려워하는 부분이 남게 되었다.

고부간에 갈등 없이 잘 지낸다는 것은 좋은 일이지만 며느리는 딸처럼 그렇게 흉허물 없이 지낼 수 있는 상대는 아닌 것 같다. 그러나 딸과는 또 다른 정을 느낄 수 있는 대상, 며느리 역시 시어머니는 친정어머니처럼 푸근하지는 않을 것이라는 생각이다.

현대 문명의 혜택을 받으면서 살아간다 해도 그런 어떤 미묘한 감정의 선이 밑바닥에 깔려 있는 것을 보면 시어머니와 며느리는 아무도 알 수 없는 특수한 관계인 것 같다. 그렇다고 며느리도 자식이라 역시 예쁘다.

딸과 똑같은 관계는 아니라 해도 며느리도 자기 자식인데 정이 안

갈 수가 있겠는가. 생각만 해도 마음 한구석이 환해지는 기분, 며느리는 아들과 또 다른 부분이 있는 것이다.

아직은 괜찮은 사람

어느 암자에는 코가 없는 돌부처가 있다. 아들을 낳기를 원하는 사람들이 부처의 코를 만지면 아들을 낳는다는 전설이 있어서 부처의 코가 형체도 없게 된 것이라고 한다. 내겐 그 돌부처의 코를 닮은 그런 계산기가 있다.

전자계산기를 사용한 지도 벌써 삼십여 년이 됐다. 처음엔 주판으로 셈을 했는데 계산기를 사용한 후부터는 주판보다 더 신속하다는 생각이 들어서였다. 암산으로 해야 머리회전이 잘되고 기억력도 오래 지속되는데, 세월 따라 계산하는 방법도 변하는 것 같다.

처음에는 포켓용 계산기로 물품대금이며 업무를 정리했고, 출장 갈 때엔 가방 속에 넣어 다니기도 했다. 전자계산기가 흔하지 않던 그 당시 책상 위에 놓고 자리를 비우게 되면 슬그머니 주머니에 넣고 가는 사람들 때문에 수도 없이 잃어버렸다. 어떻게 하면 도난방지를 할 수 있을까 생각하다가 포켓용이 아닌 묵직하고 큰 것으로 사다 놓았다. 그 뒤로는 잃어버리지 않아 지금까지 사용하고 있다.

자판에 있는 기호를 날마다 눌러댔으니 글자가 지워져 잘 보이지 않았다. 그래도 나는 불편할 줄 모르고 할일을 다하는데, 옆에서 보는 이들은 답답한 모양인지 계산기 좀 바꾸라고 한다.

어느 날 영업직원이 선물이라며 자청해서 계산기를 사들고 와서는 고생하지 말고 잘 보이는 것으로 쓰라고 했다. 모양도 좋고 산뜻했지만 수십 년 동안 사용해 오던 것이 익숙한 탓인지 신품보다는 쓰던 것으로 자꾸 손이 간다. 오래 되어 투박하긴 해도 업무 보는데 지장이 없는지라 새것은 책상서랍에 넣어 두었다.

어느 날 서랍 속을 정리하는데 쿡 처박혀 있는 새 계산기가 눈에 띈다. 그냥 놔두면 무용지물이 될 것 같고, 선물해준 사람 성의를 생각해서라도 꺼내 사용해야겠다고 쓰던 것은 책상 서랍 속에 넣어 두고 새것으로 교체했다.

선물 받은 것으로 2년 정도 사용하였을까? 셈을 하려면 갑자기 숫자가 흐려졌다가는 진해지고, 어느 땐 잘 보이지 않아 이리저리 흔들어 보고 자세하게 들여다 봐야하는 번거로움이 생겼다. 많이 사용한 것도 아닌데 전원을 켰다가 끄고 다시 켜보아도 희미하기는 마찬가지고, 액정이 잘못되었는지 아무튼 고장이 난 것이다. 몇 번 만지작거리다가 먼저 사용하던 것을 다시 꺼냈다. 오랜 시간 방치해 두어 작동되지 않을 것이라는 의심을 가지면서도 전원을 켜고 숫자를 눌러봤다. 손가락이 가는대로 1.2.3.4.5……. 글자가 선명하게 나타났고 곱셈도 척척, 나눗셈도 척척, 무엇이든 거침없이 해냈다. 몇 년 동안 사용하지 않고 두었는데도 기능이 멀쩡하다니, 내심 반가웠다. 무심코 뒷면을 들여다보았다. 25년이 된 것은 MADE IN JAPAN이었고 얼마 안 된 것은 CHINA였다. 그것을 보는 순간 대대로 장인정신으로 이어져오는 나라에서 만든 것을 겉모양은 비슷하게 만들 수는 있어도 쉽게 모방할 수 없다는 점을 느낄 수 있었다.

버리지 않고 그냥 놔둔 것이 얼마나 다행인지, 값으로 따지면 얼마 되지 않는 금액이지만 25년이란 삶의 손때가 묻어 있어 선뜻 버리지를 못했던 것이 고마웠다. 사업 초기에는 수입은 없고 지출만 눈덩이처럼 늘어났다. 기반 닦을 때까지 아무리 계산해 봐도 답은 나오지 않고 앞이 보이지 않던 암흑의 시간들, 동녘이 훤하게 밝아오는 것조차 두려웠던 삶, 내 가슴 한편에 응어리진 것들을 어찌 쉽게 털어낼 수 있으랴. 글씨가 다 지워지도록 매일 쿡쿡 눌러댔으니 말 못하는 계산기가 얼마나 고달팠을까? 그래도 변함없이 묵묵히 나를 지켜준 것이 오늘따라 더 고맙고 정겹다.

여러 가지 의미가 담겨있는 것을 그냥 놔두기엔 아쉬움이 들어 궁리 끝에 지워진 글자를 컴퓨터로 인쇄하여 오려 붙여 또렷한 글자로 리모델링을 했다. 부실하던 자리가 채워지면서 산뜻해져 이젠 누가 사용한다 해도 불편하거나 답답할 일은 없어졌다. 이렇게 하면 간단하게 해결될 일을 왜 진작 그 생각을 못했는지, 책상 위에 놓인 계산기가 새 옷으로 갈아입었다고 나를 보고 미소 짓는 듯하여 나도 웃었다.

형태가 망가지도록 부려먹고도 모자라 숫자를 만들어 붙여서까지 곁에 두고 싶은 것은 오랜 시간이 지났다 해도 변함없는 기능에 대한 믿음 때문이다. 겉모습이 번듯하다고 다 좋은 것은 아니리라. 순간의 선택이 십 년을 좌우한다는 어느 기업의 광고 문구가 머릿속을 스친다.

사람들은 겉모습을 우선시하는 경향이 있는데, 이런 말이 생각난다. 예쁜 여자와 살면 삼 년이 행복하고, 건강한 여자와 살면 평생이 행복하고, 지혜로운 여자와 살면 삼 대가 행복하다고 하듯 겉으로 보이는 아름다움보다는 내면이 더 중요하다는 뜻일 게다.

내 주위에는 많은 사람이 있는데 그중에서 내가 좋아하는 사람은 높은 지위를 가진 자도, 재산을 많이 가진 자도 아니다. 없어도 사람의 도리를 알고 성실하게 사는 사람이면 누구나 마음에 끌리고 그런 사람은 도와주고 싶은 생각이 든다. 우리 대리점에 입사해서 일하던 직원 중에도 할 일을 남에게 미루지 않고 하는 사람이 있다. 그에게는 무엇이라도 득이 가게 해주고 싶다.

나는 무슨 일이든 쉽게 포기하지 않는다. 또한 무엇인가 결정할 때는 몇 번이고 분석하고 결론을 내린다. 내가 뱉은 말은 책임을 지려고 하는 성격이라서 좀처럼 실언은 하지 않는다. 어려운 일이 있어도 이성을 잃지 않고 나를 바로 세우는 일을 게을리하지 않아 지금까지 삶을 유지해오지 않았나 싶다.

이제 젊음은 멀어져가고 연륜이 쌓여가고 있지만 주위에서 아직은 괜찮은 사람이라고 나를 그리 봐주는 이 어디 없을까. 기억력은 점점 쇠퇴해져 날이 갈수록 부실해지는 내게 전자계산기처럼 전원을 켜고 누르면 톡톡 튀어나오는 튼실한 기능이 생성되는 삶이 되었으면 좋겠다.

4부

자전거와 각서

추억 속의 아궁이

명절 때 큰댁에 가면 우리 애들은 부엌 아궁이 앞에 앉아 불 때는 걸 좋아했다.

어설프게 부지깽이를 들고 아궁이 깊숙이 넣었다가 어느 때는 아궁이 밖으로 불이 활활 타오르도록 하면서 나무의 양도 조절할 줄 모르고 한 아궁이씩 집어넣어 불도 꺼뜨리고, 매운 연기만 부엌 안에 가득하게 하여 음식을 만들던 큰어머니가 소리를 지른다.

"이 녀석들 매워 죽겠다. 어서들 나가거라."

호통을 쳐도 애들은 불을 때는 것이 재미있고 신기하여 큰댁에 가기만 하면 으레 아궁이 앞에 앉았다.

어느 땐 부지갱이에 불을 붙이고 들고 앉아 "형 불보다 내 불이 더 크다. 대보자!"며 서로 견주어보기도 했다. 좋아하는 모습을 보며 어릴 적 추억이 하나씩 되살아났다.

내가 어릴 적엔 겨울에 눈이 많이 내렸다. 눈이 많이 내릴 때는 무릎까지, 아니 허리 이상도 내려 길이 뚫리기 전엔 꼼짝 할 수가 없었다. 아버지는 식구들을 춥지 않게 하기 위하여 뒷산에 올라가서 생솔가지를 한 짐씩 베어다가 아궁이가 터져라 집어넣고는 불쏘시개로 잘 마른 솔잎이나 가랑잎으로 불을 붙여 한동안 생솔가지를 말리면서 불을 붙이면 나중에는 얼마나 불이 괄괄한지 그 앞에 앉아있지 못할 정도로 뜨거워지곤 했다. 굴뚝에선 시커먼 연기가 온 마을을 뒤덮을 것처럼 기승을 부리며 하늘높이 올라가곤 했다.

생솔가지의 시뻘건 불이 아궁이 속에서 이글거릴 때 커다랗고 시커먼 가마솥에는 물이 펄펄 끓고, 생솔가지의 연기 때문에 부뚜막 위는 시커멓고 허연 재티로 뒤범벅이 되었고 아궁이 바로 위는 시커멓다 못해 먹물을 엎어 놓은 듯 그을려 있었다. 군불을 땔 때는 부엌에선 일을 할 수가 없었다. 얼마나 연기가 매운지 눈물 콧물 재채기가 저절로 나올 정도로 그렇게 매섭게 매웠다.

군불을 다 때고 난 다음에는 아직도 빨건 솔가지 불을 화로에 하나 가득 담고 화로 맨 위에는 고운 재를 올려놓고 꾹꾹 눌러 담아 방안에 들여 놓았다. 화로만 있으면 아무리 추운 날에도 방안은 훈훈했고 꽁꽁 얼었던 손을 녹이기도 하는 무공해의 난로였다. 화로 속에 고구마를 구워 먹기도 하고 밤을 구워 먹다가 밤이 펑하고 터지는 바람에 밤과 재티가 방바닥으로 흩어져 깜짝 놀라는 일도 있었다. 화로 속에다 구워 먹는 고구마와 밤은 얼마나 맛이 있었던지 생각만 해도 군침이 돈다.

썰매를 타다가 돌아온 오빠들은 양말을 말리기 위해 화로 밑에 젖은 양말을 깔아놓았다가 눌어붙어 못 신게 되곤 해서 아버지한테 혼이 나면서도 이튿날 또 썰매를 타다 빠져오곤 했다.

어머니는 밤늦도록 등불 밑에서 우리들의 옷가지며 양말을 꿰매느라 잠을 못 주무시곤 했다. 새벽 군불을 다 때고 큰 가마솥 물이 뜨겁게 데워졌다. 밤새 사그라든 화로 속의 재는 버리고 다시 새 불로 하나 가득 꾹꾹 눌러 담아 방에다 놓으면 어머닌 그때 일어나서 밥을 지으셨다.

아침 설거지가 끝나면 어머닌 노오란 매흙으로 부뚜막에 맥질을 하셨다. 아버지가 생솔가지로 군불 땐 덕분에 온갖 재티와 연기로 그을려 더러워진 부뚜막을 어머니 손끝으로 매만져 언제 더러워졌느냐는 듯 보얗게 해놓으시곤 했다. 잘 길들여 반질거리는 까만 가마솥과 노오란 매흙이 조화라도 되는 듯, 깨끗하게 되는 것이 신기할 정도였다.

옛날에는 안주인이 깔끔한 것을 보려면 먼저 부엌을 보았다고 한다. 반질거리는 솥과 매흙으로 뽀얗게 부뚜막이 단장되었을 때 비로소 안주인이 정갈하다는 말을 했다고 한다.

그러던 아궁이가 지금은 전자레인지와 가스레인지로 대신하고, 화로불로 훈훈하게 하던 것이 전기난로와 가스, 석유난로로 변신했다. 아침저녁 군불이 아닌 보일러 시설로 24시간 훈훈한 집안, 겨울에도 뜨거운 물은 아무 때나 쓸 수 있는 곳에서 생활하고 있는 지금 아궁이 앞에서 앉아있는 저 애들이 생솔가지가 아닌 저 불도 신기하다고 하고 있으니 그럴 만도 하리라. 매흙이 아닌 시멘트 아궁이라도 보고 있는 저애들은 그나마 다행이라는 생각이 들었다. 앞으로 얼마쯤 세월이 지나면 아궁이라는 낱말을 모르는 아이들도 많을 것 같다.

아침저녁으로 군불을 때주시던 아버지는 저 세상으로 가신 지 오래고, 매흙이 무엇인지 화로가 무엇인지 모르는 저 애들, 그래도 불

때는 아궁이라도 기억하며 살길 바라며, 다음에도 큰댁에 가서 불 땔 기회가 있으면 불을 때려무나. 이다음 너희도 커서 어른이 되어 내 나이쯤 되면 아궁이에 대한 추억을 더듬으며 세상문명이 많이 변했음을 느낄 것이며, 그래도 어린 시절이 가장 좋았노라고 생각이 들 것이 아니겠는가.

오빠 생각

"이랴! 이랴, 빨리 가지 뭐혀 이놈의 소야."

소가 천천히 걸어간다 싶으면 오빠는 회초리로 궁둥이를 찰싹찰싹 후려쳤다. 매를 맞은 소는 커다란 눈을 껌벅이며 속력을 냈다. 우리는 소가 끌고 가는 끄세에 앉아 떨어지지 않으려고 솔가지를 꼭 붙잡고 울퉁불퉁한 길인데도 오르락내리락 신나게 타고 다녔다.

유년 시절, 큰오빠는 심심하면 외양간에 있는 소를 길들이기 한다며 끌고 나왔다. 아버지가 안 계신 틈을 이용하여 뒷산에 올라가 생솔가지를 한 짐 베어다가 솔가지를 몇 겹 두툼하게 얼기설기 새끼줄로 묶었다. 소 주둥이엔 망을 씌우고 소 등어리에 멍에를 벗겨지지 않도록 단단히 매고 솔가지로 만든 끄세와 연결했다. 모든 준비가 끝나면 나와 둘째오빠는 큰오빠가 시키는 대로 나뭇가지로 만들어 판판하지 않은 끄세에 앉았다.

우리를 태운 소는 슬슬 걸어갔다. 처음에는 소가 걷는 대로 그냥 놔두다가 큰오빠는 소고삐를 바짝 잡고 "이랴! 이랴." 하고 소 궁둥이를 회초리로 냅다 내리친다. 소는 말귀를 알아들었는지 재빨리 걸었다. 큰오빠는 신이 나서 더 큰소리로 "이랴! 이랴, 빨리 가, 더 빨리."하면서 매질을 하면 소는 겅충겅충 달렸다. 소가 빨리 달릴 땐 우리는 끄세에서 떨어지기도 하고 잡았던 끈이 끊어져 나뒹굴어도 아프다는 말도 못하고 재빨리 일어나 다시 끄세에 올라앉곤 했다. 포장도로가 아닌 돌멩이가 깔려 있는 울퉁불퉁한 길을 끌고 달렸으니 솔가지는 부러져나가고 흙과 돌멩이에 긁혀 나뭇가지만 앙상하게 남았다. 그러면 큰오빠는 그 위에 솔가지를 몇 개비 더 올려놓았다. 그렇게 동네 몇 바퀴를 돌다보면 궁둥이가 얼얼했다. 그래도 우린 좋아라 소리치며 깔깔대고 웃었다. 소가 천천히 가면 우리도 천천히, 소가 뛰면 우리도 덩달아 온몸이 들썩들썩하면서 언덕길을 지날 때는 저절로 점프가 되었고 소가 가는 대로 끌려 다녔다. 우리가 재미있게 끄세를 타는 것을 보는 동네아이들은 부러워하며 우리 뒤를 덩달아 따라 다녔다. 큰오빠는 그애들도 가끔 한 번씩 태워 주었다.

큰오빠는 키도 크고, 노래도 잘 부르고, 기타도 잘 쳤다. 다른 동네에서 노래자랑이 있다고 하면 먼 거리도 마다하지 않고 걸어가서 기타를 치며 노래를 불렀다. 가끔 상을 타오기도 했다. 큰오빠는 인기가 많았던 것 같다. 처녀들이 우리 집까지 찾아온 것을 보면 말이다. 큰오빠는 술도 잘 마시고 여하튼 노는 곳에는 빠지지 않았다. 그런 큰오빠가 소를 길들이기 한다는 것은 핑계에 불과했고, 오직 소를 몰고 달리는 스릴과 시골에서 변변한 놀이가 없던 때에 동생들을 즐겁게 해주려고 그랬던 거다.

밭갈이나 무거운 짐을 운반할 때 소는 힘든 일도 마다 않고 시키는 대로 거뜬히 하는 짐승이다. 농촌에서는 없어서는 안 될 큰 일꾼인 것이다. 소 먹이는 여물을 끓일 때엔 구수한 냄새가 났다. 아침저녁으로 큰 가마솥에 짚과 겨, 그리고 콩깍지를 넣고 푹 끓여서 군불 때는 아래채 옆에 외양간을 만들어 놓고 겨울이면 소를 춥지 않게 애지중지했다.

봄에 논갈이를 할 때면 아버지는 소가 힘들 것이라며 콩과 보리쌀을 함께 넣고 죽을 끓여 주었다. 소는 사람이 하는 일을 도와주었고 사람은 그런 일소를 잘 보살폈다. 비록 말은 통하지 않는 짐승이지만 사람에게 이로움을 주는 동물이라 집에 가까이 두고 한 식구나 마찬가지로 여기고 거둔 것 같다.

걸음걸이가 느린 사람을 보면 소걸음 같다 하고, 눈이 크고 동그란 사람을 보면 소눈 같다 하고, 말을 잘 안하는 사람을 보면 쇠귀신 같다 하고, 힘이 센 사람을 보면 힘이 황소 같다 하고, 묵묵히 일을 하는 사람을 보면 소처럼 일만 한다 하고, 슬픔에 눈물을 줄줄 흘리는 사람을 보면 소 눈물을 흘린다 하며 사람의 행동을 소에다가 비겼다.

큰오빠는 어려서부터 놀기를 좋아했다. 노는 것을 싫어하는 사람이 어디 있으랴마는 나이를 먹어도 그 습관은 버리지 못하였다. 논다고 해서 빈둥거리고 일을 안 한다는 말이 아니라 친구들과 모여 화끈하게 잘 논다는 얘기다. 남들에게는 화통한 성격으로 잘하면서 식구들에게는 무뚝뚝해서 후한 점수를 얻지 못하고 살았다. 그렇게 사는 큰오빠를 보면 어느 땐 딱하다는 생각이 들었다. 다른 사람들에게 하는 반에서 반만 가족에게 해도 괜찮으련만, 이제 나이가 70이 가까워진다. 남달리 손재주가 있어 한참 잘 나갈 때는 돈도 많이 벌었다고 한다. 풍족할 때 절약하면서 살았더라면 좋았을 것을, 소 길들이기를 했던 기억을 되찾아 소처럼 성실하게 자신이나 길들여 노년에 좀 편안하게 살지 하는 생각이 든다.

어렸을 적 큰오빠는 우리에게 즐거운 추억거리를 많이 만들어 준 다정한 사람이다. 그러나 남들한테 있는 것 다 퍼주는 좋은 심성 때문에 큰오빠 자신은 아직도 삶에 안정을 찾지 못하고 있다. 그런 삶을 본인 스스로 만들었는데 그 누구를 탓하랴. 지금이라도 자신을 위한 길들이기를 한번 해보면 어떨까 말하고 싶은데 차마 입이 떨어지지 않는다. 글쎄, 그런다 해서 효과가 있을까 모르겠다.

으스스한 밖에는 눈이 하염없이 쏟아지고 있다. 눈을 퍼다 다져서 눈언덕을 만들어 썰매를 잘 태워주던 우리 오빠, 눈 오는 창밖을 보면 그날이 자꾸만 생각이 난다.

아주머니의 달걀

운동회나 소풍날은 언제나 바쁜 농번기와 겹친다. 춥지도 덥지도 않은 봄, 가을이 그런 행사를 치르기에 제격이라는 것을 알면서도 바쁘다는 이유로 좀 한가할 때 한다면 좋으련만, 아이들의 운동회나 소풍 때가 되면 늘 그런 생각을 갖곤 했다.

큰아이 초등학교 일 학년 때 소풍을 한 번 따라 간 적이 있고 운동회 날은 점심시간을 맞춰 가서 밥을 먹이고는 되돌아오곤 했다.

작은애의 가을 운동회 날이었다. 시장에 나갈 시간도 여의치 않아 도우미 아주머니께 김밥 쌀 수 있는 재료를 준비해 놓으라고 부탁을 했다. 퇴근길에 아이가 좋아하는 과일과 음료수를 사가지고 돌아와 보니 식탁 위에는 삶은 달걀이 20여 개나 놓여 있었다. 싸늘하게 느껴지는 가을 운동장에서 팍팍하고 차디찬 달걀을 맛있게 먹을 것 같지 않아 이 많은 것을 다 어쩌나 싶었다. 그냥 놔두고 가자니 삶아 논 사람 성의를 무시하는 것 같아 반 정도는 사무실에 남겨놓고 나머지는 봉지에 넣어 가지고 갔다.

운동장에서 몇몇 자모들과 자리를 펴고 앉았다. 아이들이 오기도 전에 엄마들은 가지고 온 음식을 나누어 먹으며 이야기꽃을 피웠다. 운동장에까지 가지고 온 것을 그냥 싸들고 되돌아 갈 수 없지 싶어 달걀을 슬그머니 내놓아 보았지만, 누구 하나 먹으려들지 않았다. 요즈음은 먹을 것이 흔해서 그러려니 하면서도 그냥 담아 가지고 오는 마음 한쪽에는 무엇인가 잃어버린 듯하였다.

얼마 후 큰애가 수학여행을 간다고 하였다. 달걀 얘기는 꺼내지도 않았는데 아주머니는 또 달걀을 잔뜩 삶아 놓았다. 큰애와 이것저것 가방에 챙겨 넣다가 달걀을 봉지에 넣어 주었다. 큰애는 질색을 하며 도로 꺼내 놓았다. 그 모습을 보니 좀 난감했다.

"그래도 가지고 가서 저녁에 친구들하고 한 개씩 나누어 먹어. 엄마도 수학여행 갔을 때 얼마나 맛있게 먹었는데, 그리고 널 생각해서 아주머니가 달걀을 삶아 놨는데 그냥 가면 서운하다고 하지 않겠니."

억지로 몇 개를 봉지에 담아 주었다.

내가 어렸을 적에는 달걀이 여러모로 쓰였다. 소풍 갈 때나 운동회 날은 말할 나위도 없고, 장거리 여행을 할 때도 달걀은 맛있는 간식으로 늘 따라 다녔다. 생일날도 달걀은 밥상에 올랐고, 딱딱한 음식을 제대로 잡수시지 못하는 할머니의 찬거리가 마땅치 않을 때도 제일 손쉬운 것이 달걀이었다.

봄이 되어 암탉이 알을 품을 기색을 보이면 엄마는 짚으로 만든 둥우리에 달걀을 넣어주고 어미닭이 품게 하였다. 어미닭은 꼼짝도 하지 않고 적당한 체온으로 부화를 시켰다. 날짜를 어떻게 아는지 3주일이 지나면 알 껍질을 부리로 쪼아 그 속에서 귀엽고 예쁜 병아리를 나오게 하였다. 그 광경이 참으로 신기하였다. 상한 달걀은 깨뜨리지 않고 가려내는 어미닭의 슬기로운 지혜는 지금 생각 해봐도 감탄사를 연속 보내고 싶어진다.

아버지는 싸리나무로 바지게를 만들어 양지 바른 안마당에 펴고는 어미닭과 병아리를 그 속에 가두었다. 물과 먹이를 넣어주면 병아리들은 먹이를 쪼아 먹느라 정신이 없었고, 물을 먹을 때면 '물 한 모금 입에 물고 하늘 한 번 쳐다 보고'라는 동시를 연상케 하는 정말 귀여운 모습이었다. 하는 짓이 하도 귀엽고 예뻐서 한번 만져보고 싶은 욕심으로 어미 닭 몰래 살짝 바지게 살을 쳐들고 병아리를 꺼내려고 손을 넣으면 어미닭은 어느새 알아차리고 목에 있는 깃털은 있는 대로 추켜세우고 어느새 달려와서 손등을 콕콕 찍어 기겁을 했다. 병아리들이 잠을 잘 때나 추울 때면 어미닭은 날개를 최대한 벌려 그 속에 새끼들을 감싸 주곤 하였다. 언제 보아도 아름답고 푸근한 것은 사람이나 가축이나 자식에 대한 어미의 사랑이리라.

병아리가 어느 정도 크면 어미닭과 새끼들을 밖으로 내놓았다. 어미닭은 새끼를 데리고 먹이 사냥을 나간다. 벌레도 잡아주고 기다란 지렁이를 잡으면 발로 밟고 부리로 꼭꼭 쪼아 새끼들 입에 넣어준다. 풀도 뜯기면서 새끼들이 스스로 먹을거리를 얻는 방법을 터득하게 했다.

병아리가 커서 어미닭이 되면 알을 며칠만 낳아도 제법 많아졌다. 엄마는 검불을 추려낸 짚을 한 줌 묶어서 그 안에 달걀을 한 개씩 넣어 중간 중간 짚으로 띠를 둘러 달걀이 빠지지 않게끔 했다. 그리고는 마지막으로 달걀이 보이도록 짚을 약간씩 벌려 놓으면 허옇고 누런 것이 열 개씩 나란히 짚 속에 누워 있었다. 지금은 볏짚이 아닌

기계로 만든 용기를 사용하기 때문에 짚으로 묶은 달걀 꾸러미는 박물관에서나 볼 수 있을 것 같다.

달걀은 여러모로 요긴하게 쓰였다. 동네 애경사가 생기면 몇 꾸러미 보내졌고, 우리들 학용품 사는데도 한 몫을 했다. 학년 초에는 달걀 한 꾸러미로 공책과 크레파스를 바꾸기도 하였고, 간단한 준비물은 달걀 한 개만 있어도 해결되었던 시절이었다. 오빠는 엄마 몰래 달걀을 감추어 두었다가 상점에 갖다 주고 군것질을 했다. 학용품을 사려고 주머니에 넣고 가다가 잘못하여 넘어지는 날이면 달걀이 깨져서 옷을 버리는 것은 뒷전이고, 준비물 안 가지고 왔다고 꾸중할 선생님의 얼굴이 무서워 울고 싶도록 원망스럽기까지 했다.

엄마가 달걀을 삶아 줄 때엔 서로 한 개라도 더 먹으려고 욕심 부렸는데 지금은 먹을 것이 너무 흔하다보니 입맛에 맞는 것만 가려 먹어도 맛이 없다고들 한다. 내가 먹어봐도 예전의 맛이 아닌데 요즈음 아이들이 달걀을 좋아하지 않는 것은 어쩜 당연한 일인지도 모른다. 지금 풍요로운 생활을 하고 있다는 증표이다.

집에서 몇 마리씩 닭을 키워서 낳는 달걀이 아니고 양계장에서 대량으로 생산하는 흔한 것이기에 언제라도 구애받지 않고 먹을 수 있는 달걀, 전쟁의 쓰라림을 맛보지 못하고는 그 절박함을 모르듯이 아이들이 달걀을 맛있게 먹지 않는 것과 별 차이가 없음을 인식하면서 먹을거리의 중요성을 깨닫게 해주어야 되리라는 것을 스스로 느낀다.

나보다도 십오 년이나 연상인 아주머니는 먹을 것이 더 귀했던 시절에 달걀이 제일 맛있는 것이었기에 기억을 더듬으며 요즈음 아이들도 잘 먹으리라고 생각했던 것 같다. 먹고 싶어도 없어서 먹지 못했던 시절, 자식을 낳아 키우면서 운동회나 소풍날엔 단골메뉴로 빠지지 않고 달걀을 삶아주었던 기억으로 아이들 행사 때마다 달걀을 푸짐하게 삶아 놓는 아주머니의 마음을 알 듯하여 아이들이 맛있게 잘 먹은 것처럼 집에는 한 개도 남겨두지 않고 사무실로 가지고 나왔다.

세상 사는 이야기

집안이 화목해지려면 남의 자식이 잘 들어와야 된다는 말이 예사롭지 않게 들린다.

우리 집에 자주 오는 고객이 있다. 그녀는 답답한 일이 있으면 내게로 와서 털어 놓는데, 이번에는 자식에 대한 얘기였다. 김장을 할 땐 서울에 사는 큰며느리가 내려와서 시어머니와 같이 담근다고 했다. 올해도 김장하러 온다고 했는데 내려오지 않아 바빠서 그런가 보다라고 생각했단다.

그녀는 추운 날씨도 아랑곳하지 않고 몇 날을 두고 밭에서 배추를 따고, 무우를 뽑아 다듬고, 소금에 절여 양념을 만들어 여러 집 나누어 먹을 것이라서 몇 백 포기를 담갔다고 했다. 김치를 담그면 늘 며느리 집에 배달까지 해주었기에 이번에도 그녀는 남편에게 며느리가 사는 곳까지 갖다 주라고 했다.

그러나 며느리는 시아버지가 가지고 온 것을 고맙다고 반기기는커녕, 이젠 김장이고 무엇이고 시댁에서 주는 것은 아무것도 받아먹지 않을 것이니 도로 가져가라며 시아버지를 문전박대하더란다. 일 년 내내 땀 흘려 농사지어 쌀이며 김장을 자동차에 가득 싣고 아파트까지 힘겹게 들고 갔는데 수고했다는 인사는 고사하고 집안에 들어가지도 못하였다는 것이다. 그 먼 길도 마다 않고 손주들 재롱떠는 모습을 보면 삶의 생기가 돋아 바리바리 싸들고 갔는데 천덕꾸러기가 되다니, 세상에 이럴 수가! 잘못한 것도 없는 것 같은데 너무 기가 막히고 황당해서 그녀의 남편은 좀처럼 발길이 떨어지지 않더라고 했다. 혹 서운한 것이 있다고 하더라도 부모가 가지고 왔으면 받아야지, 사람의 탈을 쓰고 어찌 그렇게 할 수 있는지 다른 사람도 아니고 믿었던 며느리가 그랬으니 남편은 속상한 마음을 추스를 길이 없어 간신히 후들거리는 발길을 되돌려 집으로 왔다고 했다.

먼 거리도 마다하지 않고 자식들의 웃는 모습을 상상하며 갔는데 그냥 싣고 내려오는 그 심정은 어땠을까. 상상조차 하기 싫은 대목이었다.

며칠이 지난 후 며느리는 애들을 보여주지 않은 것이 마음에 걸렸던지 애들을 데리고 와서는 시댁엔 들르지도 않고 전화로 시아버지를 불러내어 애들만 맡기고 그 길로 서울로 갔다고 한다.

세상에 원 별일도 다 있다고 하더니만 그 얘기를 듣고 나니 그런 못된 것이 다 있나 싶고, 내가 당한 일처럼 부아가 치밀고 가슴이 답답해졌다. 그녀는 그동안 농사를 지어 먹을거리를 자식에게 계속 갖다 주었다. 그것도 모자라 날일을 다니면서 번 돈으로 며느리 몸조리 하라고 몇 백만 원 주고, 무슨 일이 생기면 또 보태주고 손자 학원비라고 주고, 내가 봐도 자식한테 너무 지나치다 싶을 정도로 몸 망가지는 줄은 모르고 아낌없이 주는 것이었다.

그런 공도 모르고 어쩌면 그리 못돼먹은 행동을 하는지, 내가 생각해도 괘씸하기 그지없는데 당사자인 그녀의 마음은 얼마나 속이 상하고 울분이 끓었을까. 그녀는 다른 사람들이 뉘 집 며느리가 못됐다는 말을 할 땐 설마 그랬을까 하는 의심을 가졌는데, 자신이 그런 일을 겪고 보니 남의 일이 아니었음을 느꼈다고 했다.

그 댁에는 아들 둘을 두었는데, 큰아들은 몇 년 전에 결혼을 시켰다. 자식이 뭔지, 자식을 위한 일이라면 애지중지하던 땅도 선뜻 팔아 정성을 다하는 게 부모다. 그 댁도 땅을 처분하여 아들 신혼집을 장만해 주었다.

작은아들은 아직 결혼도 하지 않았는데 속도위반하는 바람에 아이부터 낳았다. 아식 결혼시킬 준비가 되지 않은 상태라서 분가시킬 때까지는 어쩔 수 없이 작은아들 부부와 한집에서 살기로 했다고 한다.

큰며느리는 작은아들 내외가 시부모와 같이 살고 있는 것을 보고 못마땅한지, 재산을 시동생한테 더 빼앗기는 느낌이 든 것 같다고 했다. 그런 마음이 들어 하나라도 더 자기 몫으로 챙기려는 욕심에서 그들을 시기하고, 시부모에게 해서는 안 될 그런 행동을 하는 것이었다.

부모의 입장에서는 같은 자식인데 누구는 더 주고 적게 주려고 하지는 않을 게다. 큰자식 해준 만큼 작은자식도 똑같이 해주어야 나중에 말썽이 나지 않을 것을 염두에 두고 있을 텐데, 어찌 내 욕심만 챙기겠다는 것인지 모를 일이다.

그녀의 큰아들은 부모 속상할까봐 말을 안 해서 그렇지 그동안 아들 내외가 수없이 싸우며 지냈다고 했다. 며칠 전 그녀의 생일이었는데 며느린 말도 없이 내려오지도 않고 아예 전화기까지 꺼놓았더란다. 작은며느리는 아직은 착한 것 같은데 앞으로 두고 볼 일이라며, 남의 자식 속마음은 알 수가 없다고 했다.

사람들은 며느리나 사위를 얻을 땐 누구나 내가 제일 잘 얻는 것 같은 마음이 든다. 그러나 얼마 가지 않아서 이런저런 단점이 마음에 걸리게 마련인데, 그래도 부모는 자식에 대한 흉허물은 웬만한 것은 못 본 체 덮어주려고 한다. 무어라도 있으면 주고 또 준다. 자식한테 기대려고 한다거나 어떠한 대가도 바라지 않는다. 오직 저희들이나 잘살면 되지 하는 바램뿐이다.

며느리 때문에 가슴앓이를 하는 그녀를 보면서 세상은 많이 변했다는 것을 알 수 있었다. 전에는 부모 모시는 일을 게을리하지 않았는데, 지금은 거꾸로 며느리를 위해 김치며 밑반찬을 만들어 보내는 일은 기본이고, 그것도 직접 가지고 가는 것보다 택배로 보내는 것을 더 좋아한다고 한다. 그것도 모자라 품팔이를 해서라도 금전적으로 도와주어야 좋아하는 그런 세상이란다. 그것이 어찌 그녀의 일이라고만 할 수 있을까, 현재 우리가 겪는 고충 중에 하나일 것이다.

아직은 나의 자식들은 이렇다 할 일 없어 다행이지만 앞으로 작은며느리를 얻어야 하는 숙제가 남아 있다. 심성이 얼마나 고운 사람이 들어올지, 내가 복이 있으면 어른 아이는 알아보는 그런 며느리가 들어오겠지 하는 생각을 해본다.

그녀는 그런 일을 겪으면서 며느리가 제 욕심만 챙기려 하고 싹수가 노란 며느리한테 무턱대고 퍼주는 일은 이제 그만 해야겠다고 했다. 며느리가 그런 마음을 갖고 있다는 것을 알게 되어 천만다행이라고 하면서 남의 자식은 다 소용 없다더니 그 말이 맞는 것 같다고 한다. 자식 일이라서 남들 알까봐 전전긍긍하며 혼자 가슴속에 묻어두었던 말을 꺼내고는 쉬지도 못하고 고생하는 아들만 불쌍하다며 눈시울을 적신다.

자식 때문에 속상해하는 사람이 어디 그녀뿐이겠는가. 싸우면서도 그냥 살아주면 그나마 다행인데, 애를 낳아 놓고는 살기 싫다고 훌쩍 떠나 버려 상처를 받고 자라나는 어린아이들이 한둘이 아니다. 할아버지 할머닌 그래도 내 핏줄인데 거두지 않을 수 없다면서 늘그막에 손주들을 맡아 키우느라 고생이 말이 아닌 모습을 보노라면 안쓰럽기 그지없다. 주위에는 그런 일이 많아 사회적으로도 문제다.

며느리 때문에 마음 고생하는 그녀를 보면서 점점 삭막해져가는 우리 주변, 나만 배부르고 나만 즐거우면 된다는 그런 것에 너무 치우치는 것 같아 사람 사는 따스한 온기가 그리워지는 시간이다. 남의 자식이 잘 들어와야 형제간에 우애가 돈독하고 집안이 화목하다고 하는 말은 두고두고 새겨들어야할 것 같다.

숫자 7에 거는 기대

내가 좋아하는 숫자가 있다. 언제부터인지 많은 숫자 중에 1자도, 10자도 아닌 7자를 좋아하게 되었다. 사람들이 7은 행운의 숫자라고도 하는데 그런 요행을 바램은 결코 아니다.

우리 세대는 남녀 차별대우를 받으면서 자랐다. 결혼 후, 남편과 같은 일을 하며 사는데도 툭하면 여자와 남자가 어떻게 같으냐는 말을 자주하였다. 그것은 자기 자신이 무언가 잘못하고 상대방의 말문을 막으려는 방패막이로 써먹었던 것 같다. 그런 술수를 쓴다고 후한 대우를 해주는 것은 아닌데도 말이다.

남자와 여자, 성별만 다를 뿐인데 그런 편견은 맘에 들지 않았다. 그럴 때마다 나만 손해보고 사는 것 같아 은근히 화가 났다. 틀에 박힌 생활도 싫고, 매일 끼니 챙기는 일도 짜증났다. 나를 잃어버린 것 같은 헛헛함이 자신을 더 외롭게 만들고, 나이 한 살 보태질 때마다 부아가 치밀기도 했다.

가난한 집에서 태어난 것도 불행이라 여겨졌다. 가진 것 없는 사람을 선택하여 고달픈 삶이 이어져도 누구한테 원망도 하지 못하고 속으로만 때늦은 후회를 했다. 결혼 생활은 경제적인 여력이 중요하다는 말을 그냥 흘려보내지 말고 귀담아 들었더라면 좀 더 나은 생활이 되지 않았을까 생각했다. 무엇 하나 넉넉지 못한 생활은 고달프기만 하였다.

몸과 마음이 지칠 때는 부유한 부모를 만났더라면 어땠을까? 부질없는 생각도 들었다. 남들에게 내보일 것이라곤 아무것도 없었던 어린 소녀의 가슴에는 늘 외로움과 목마름이 가득하여 무엇으로도 채워지지가 않았다. 소도 언덕이 있어야 비빈다고, 어디 기댈만한 것이라고는 없었으니 그 무엇을 하더라도 하나서부터 시작해야만 되었다.

나이 한 살씩 더 보태지면서 젊음을 잃어가는 것이 서글퍼 혼자 속앓이를 많이 한 적도 있다. 꿈을 이뤄보기도 전에 나이만 먹어가는 것이 못내 아쉽기만 했다. 함께 살아가는 가족이 있어도 덩그마니 혼자 외톨이가 된 기분이랄까, 그런 마음의 갈등은 쉽게 가라앉지 않았다. 젊음을 허무하게 보내는 아쉬움이 너무 커서 혼자 감당하기도 버거웠다.

이젠 아이들이 다 장성했다. 큰아들은 결혼하여 아들, 딸을 낳아 키우면서 잘 살아가고 있다. 작은 아들도 저 할일을 알아서 해주어 지금은 일일이 간섭하지 않아도 된다. 가끔 손자, 손녀의 재롱떠는 모습을 보고 있노라면 나도 모르게 같이 장난치며 웃는다. 어린 애들과 함께 있으면 동심으로 되돌아간 듯 마음이 맑아진다.

아이들이 장성하면 난 힘없이 늙어 있을 텐데, 할머니가 되면 어떻게 하나, 아이들이 커가는 것도 마음 한구석 쓸쓸한 마음까지 들었던 것도 사실이다.

마흔 살이 될 때도, 쉰 살이 될 때도 나는 여전히 늙어간다는 것에 대한 불안이 뒤 따랐는데 그것도 모자라 이젠 육십이 되었다. 그러나 비록 젊음은 지나갔지만 젊음만이 전부가 아니라는 것을 지금에 와서 알 것 같다. '할머니'라고 부르면 어색하고 듣기 거북할 것 같았는데 손주녀석들이 할머니라고 불러도 아무렇지도 않고 오히려 더 정겹게 들린다.

그동안 여유 있게 주위를 둘러볼 새도 없이 동동거리며 살아왔다. 이젠 자식들 걱정은 내려놔도 괜찮을 것 같고, 내 시간이 필요하다싶으면 다른 것 잠시 접어두고 나누어 써도 누가 뭐랄 사람이 없다는 것도 이 나이가 되었기에 가능한 일이지 싶다.

숫자 7은 넘치지도 모자라지도 않은 적당한 위치에 있는 것 같아 7자를 좋아하게 되었다. 1은 처음부터 시작해야 되니 경험도 없을뿐더러 모든 게 생소하고 허허벌판에 내놓은 것 같은 불안과 춥고 배고픈 기분이 들어 그리 달갑지 않은 숫자다. 어찌 보면 1이라는 숫자를 바꾸어보면 항상 상위에 있어 좋다고 할지 모르지만 나는 그 반대라는 생각이 들어서다. 10은 너무 꽉 찬 느낌이 든다. 무엇이든 가득하면 좋겠지만 너무 많이 채우면 줄어드는 게 세상 이치리라. 달도 차면 기운다고, 항상 채워있는 게 아니고 줄게 마련이다. 1도 10도 아닌 7정도라면 여러 가지 면에서 괜찮을 것 같은 생각이 들었다. 넘치는 것보다는 좀 모자라면 그것을 얻으려고 노력하는 자세도 필요할 것이고, 뒤처지는 생활이 아닌 품위유지도 할 수 있는 정도는 되지 싶어서다.

음식을 먹는 것도 위 용량이 칠 부쯤 적당히 먹는 것이 가장 좋다고 한다. 요즈음 다이어트니 장수니 비법으로도 가득한 것에서 덜어내고 7할 정도 먹어주는 것이 좋다고들 한다.

어느 숫자건 그걸 바라보는 생각의 차이로 장단점이 있기 마련이다. 내가 점찍은 칠이 내 삶을 빛내 주리라는 은근한 믿음을 실어 나는 그 7자에 주문을 걸고 있는지도 모르겠다.

사는데 재물이 우선순위는 아니지만 경제력 없이 살아가는 것은 여러 가지로 불편함을 갖게 한다. 때론 사람 노릇을 제대로 못할 경우도 생기고 자신을 돌볼 수 없는 최악이라는 생각도 든다. 7자를 놓고 그런 비유를 하는 것은 모순된 일일지는 모르겠지만, 내 삶도 7자처럼 너무 모자라지도 넘치지도 않는, 그런 위치에 놓여있기를 바라는 마음이 그 속에 담겨 있어서다.

자전거와 각서

어저께부터 싱크대의 물이 잘 빠지지 않아 막힌 데를 뚫는다는 약을 구입하려고 자리에서 일어나자마자 슈퍼마켓으로 갔다. 그런 물건은 약국에서 판매한다는 슈퍼마켓 주인의 말에 이른 아침 시간에 약국 문이 열려 있을 리가 없어 그냥 집으로 돌아오는데, 아파트 통로 옆에 있어야 할 자전거가 보이지 않았다. 혹시 계단에 들여 놓았나 싶어 이곳저곳 기웃거려 봤지만 은기의 자전거는 행방이 묘연했다.

현관문을 열고 들어와서 "은기야, 자전거를 어디에다 놓았기에 보이지 않는 거니?" 하고 물어보니 창문을 열고 밖을 내다본다. 있어야 할 자전거가 없으니 아이는 눈이 휘둥그레지며 밖으로 뛰어 나갔다. 세워 놓았던 곳이며 아파트 주변을 한 바퀴 둘러 봤지만 자전거는 보이지 않았다.

자물쇠로 잠가 놓았는데도 쇠 자르는 가위로 싹둑 끊고 자전거를 가지고 간 것이다. 은기는 힘이 죽 빠진 채 쓰지도 못할 자물쇠만 손에 들고 만지작거리며 속이 상해 어쩔 줄 몰라 했다.

"은기야 괜찮아, 남의 물건 가져간 사람이 잘못한 것이지 기죽지 말고 힘을 내." 시무룩해 있는 아이에게 잘못 챙겼다고 야단 칠 수도 없어 자전거 얘기는 꺼내지 않기로 하였다.

자동차가 많다보니 사고도 잦아 자전거를 타고 다니는 것이 위험했기에 아이들이 자전거 사달라고 졸라도 사주지 않았었다. 지난 해 큰아이가 고등학교 입시 준비를 하느라 학원과 독서실을 다니며 밤늦도록 공부할 때 사주었던 것이다.

은기는 새록새록 자전거 생각이 나는지 아침에 일어나면 인사가 자전거 얘기다. 밤마다 자전거 타고 신나게 다니는 꿈을 매일 꾼다나. 자전거를 타고 다니다가 그냥 걸어 다니자니 불편한가보다. 은기가 자전거 얘기를 꺼낼 때마다 남편과 나는 웃기만 하고 모른 척했다. 그러던 어느 날 은기는 갑자기 쪽지를 내밀었다. 받아 읽어보니 각서였고, 다음과 같은 내용이 쓰여 있었다.

각서

1. 공부는 매일 두 시간 이상씩 한다.
2. 시험 볼 때마다 5등 안에 들도록 노력한다.
3. 용돈을 아껴 쓴다.
4. 방 청소를 한다.
5. 부모님 말씀을 잘 듣는다.
6. 선생님 말씀도 잘 따른다.
7. 친구들과 사이좋게 지낸다.
8. 하루에 세 자씩 한자 공부를 한다.

9. 뜻 있는 6학년을 보내고 중학교에 들어가기 위한 준비를 한다.

10. 열심히 살겠습니다.

위 사항을 꼭 지키겠습니다. 이를 어길 때는 어떠한 벌이라도 달게 받겠습니다. 자전거 사주셔요. ―홍은기

다 읽고 난 남편과 나는 한바탕 소리 내어 웃었다. 자전거를 가지고 싶어 이런 각서까지 쓰는 은기의 기발한 생각에 웃지 않을 수가 없었다.

남편은 우리 은기가 이렇게 잘하겠다는 각서까지 썼는데 다시 자전거를 사 주어야겠다며 그 자리서 승낙을 하였다. 하지만 내 생각은 좀 달랐다. 각서를 썼다가도 사주고 나서 지키지 않으면 소용없는 일이니 앞으로 열흘 동안 네가 어떻게 하는가를 지켜보면서 결정을 하겠고, 또 사준 이후에도 약속을 어길 때는 자전거는 반납하는 것으로 한다하니 아이도 찬성을 하였다. 열흘 뒤 각서대로 저 할 일을 하였기에 약속한 자전거를 사 주었다.

각서의 내용은 자전거를 얻기 위한 것이 아니라도 당연히 지켜야 할 일이지만, 그 내용대로라면 어느 부모가 자식교육에 걱정을 하겠는가. 그 중에서도 열심히 살겠다는 글귀는 철이 든 사람도 하기 힘든 말인데 이제 초등학생이 어찌 그런 생각까지 할 수 있었는지, 그래 열심히 잘 살아야지, 혼자 웃었다.

삶에 있어 자기 성찰을 한다는 것은 중요한 일이다. 비록 자전거를 잃어 금전적으로 손해는 봤지만 한층 더 성숙해진 은기를 보며 몇 배의 값진 소득을 얻었으니 이보다 더 좋은 일이 또 어디 있겠는가.

언젠가 스님 한 분이 찾아온 적이 있었다. 그 스님은 묻지도 않은 얘기를 했다. 우리 애들이 앞으로 잘될 것이니 잘 키우라며, 혹시 무엇인가 삶에 궁금한 것이 있으면 연락을 하라면서 연락처를 남기고 갔다.

다음에 아이들이 장성해서 두고 볼 일이지만, 그 스님의 말은 내겐 큰 힘이 되었다. 농사 중에 자식 농사가 제일이라는 말도 있듯 자식들이 잘된다는데 어느 부모가 신바람이 안 날 수가 있겠는가. 나는 그 스님의 말을 누가 뭐라고 한다 해도 믿고 싶었다. 일 속에 파묻혀 아이들하고 충분한 시간을 가지지 못하여 항상 미안하다. 그러나 아이들이 저 할 일을 누구한테 미루지 않고 잘해주니 그저 고맙고 대견하다.

힘들어도 보람을 느낄 수 있는 것은 아이들이 성장하면서 그들이 주는 기쁨일 것이다.

있을 때 잘해

농기계는 주로 남자들이 사용하는 것이다 보니 대리점을 방문하는 고객 중엔 남자가 많다. 오늘도 여러 명의 단골손님이 찾아왔다. 그들과 이런저런 얘기를 나누다보면 집안일에서부터 각 지역의 크고 작은 소식을 전해들을 수가 있는데, 사람 사는 얘기는 어디서 무엇을 하고 살든 고만고만하다는 것을 알 수 있다.

정 씨는 어저께 부부싸움을 하였는지 마누라한테 계속 못마땅한 듯 잔뜩 부어있다. 하늘같은 남편한테 무어라고 앙앙거리며 덤비는지 가만히 좀 있으면 좋으련만, 그래 봤자 제까짓 게 여자지, 여자가 무얼 안다고, 남자는 예전부터 집안에 있지 말고 밖에 나가 돌아다니라고 했지 않느냐, 그래야 두량을 대서 집안을 잘 돌보는 것이지. 그런 것도 모르면서 잔소리를 혀여, 남들이 볼 때는 할 일 없이 그냥 돌아다니는 것 같아도 그게 다 식구들 먹여 살리느라고 고생하는 줄도 모르고, 엊그제 좀 놀다 밤늦게 들어왔다고 입은 열댓 발 나오고 야단치니 살맛이 나야지, 전에는 안 그러더니 나이를 먹으면서 더 잔소리가 늘었다고, 그래서 여자는 옛날처럼 집안에서 살림만 해야 된다고 계속 투덜대고 있다.

마주보고 있던 김 씨도 이에 질세라 맞장구를 치며 한 마디 거든다. 요즈음 여자들은 억세서 그려, 옛날엔 감히 어디라고 여자가 큰소리를 쳐 어림도 없었지, 세상이 너무 많이 변해서 그려, 앞으로는 정말이지 남자들은 설 자리가 더 없을 것이고, 아무튼 불쌍하게 됐다면서 점점 힘이 약해졌다는 것을 그들도 인정하는 것 같다.

옆에서 듣고 있던 한 씨는 “어이고 형님들, 형수한테 잘들 하슈. 여자가 무슨 죄가 있습니까. 여자가 없어 보슈, 집안 꼴도 안 되고 불편한 것이 얼마나 많은지, 지금 복이 많아서 그런 말을 하는 것이지, 있을 때 잘하라는 말도 있지 않은가요.” 마나님들한테 잘하라는 충고를 한다.

그들의 말을 들으면서 근황을 살펴보니 여자한테 잘하라고 하는 한 씨는 부인과 이혼하고 혼자 살고 있다. 있을 때 좀 더 잘해 주었더라면 하는 아쉬움에 뒤늦게 잘못한 것을 후회하는 마음으로 그런 말을 하는 것이었고, 정 씨는 남자로 태어난 것이 무슨 특권이라는 생각을 하는지, 요즈음도 마누라 말은 귀담아 듣지 않으려 하면서 자기 고집만 내세우는 사람이라는 것을 알 수 있었다. 또한 김 씨는 남자들이 기선을 잡고 살았던 시절은 이미 끝났음을 아쉬워하면서 정 씨의 말에 동감하였다.

세상이 많이 변하였는데 아직도 여자를 얕보는 사람을 보니 참으로 딱하다는 생각이 들었다. 마누라 기 죽여 놓고 득 되는 것도 없을 텐데, 그 남자는 왜 아내를 깔아뭉개는지 모를 일이다. 그는 하늘같은 남편한테 어디라고 잔소리를 하느냐는 등 계속 자신의 생각이 옳다고 열변을 토한다.

알아듣도록 얘기를 하여도 소용이 없었다. 서서 볼일을 보는 남자하고 앉아서 볼일을 보는 여자하고 어떻게 같으냐며, 오히려 더 흥분하면서 따져든다. 물론 여자와 남자의 성은 다르다. 그러나 남녀 가리기 전에 똑 같은 사람인데, 누가 불공평하게 살려고 하겠는가. 예전에는 남자 위주로 법을 만들어 놓고 그 특권을 쥐고 여자를 무시하며 기를 세우며 지내던 때가 있었다. 그로 인하여 여자들은 제대로 배우지도 못하고 할 말도 못한 채 그늘진 곳에서 한 많은 세월을 보내며 살지 아니하였던가. 요즈음 여성 상위 시대, 여자 위상이 높아져서 큰소리를 치고 사는 세상이 됐다고들 한다. 그러나 여성 상위 시대가 아니고 이제 제 자리를 찾아간다는 것이 맞는 말일 게다.

부부가 함께 생활하면서 어느 한 쪽만을 위해서 살아야 한다면 어느 누가 불편한 삶을 살려고 할지 생각해볼 일이다.

하늘 같은 남편, 남자는 하늘, 여자는 땅이라고 누가 지어냈는지 모르지만 아무리 생각해봐도 이해가 되지 않는 웃기는 말인 것 같다. 그 단어를 빌려서 쓸 때면 대부분 말문이 막혔을 때 그냥 얼버무려 넘어가기 위한 방편으로나 써먹었을 것 같다. 하늘 값은 오르지 않아도 땅값은 하루가 멀다고 치솟는데 아직도 모르느냐, 오르지도 않는 하늘 얘기는 예전이나 통했을 뿐, 요즈음 그런 말은 자기 위신을 더 떨어뜨리는 격이 된다고 하니, 그제서 할 말을 잃었는지 거기에 있던 사람들이 모두 웃는다.

부부가 같이 살아가면서 여자 남자 따질 일이 무엇인가. 살다보면 잘못하는 일도 생기기 마련인데 그럴 때엔 잘못한 사람이 먼저 내

실수였다고 인정하면서 사과하면 될 일이다. 내 잘못을 남의 탓으로 돌리려다 보니 그로 인하여 말다툼이 이어지는 것이고, 서로 거리감만 생기게 되는 거다. 남자라고 특별한 대우를 받으려고 하기 전에 자신부터 사고방식을 고쳐야 될 일이다. 평소에 말 한마디라도 곱게 하고 아내에게 넓은 아량을 베풀어 준다면 그 아내는 누가 시키지 않아도 남편의 권위를 추켜세워 줄 것이라는 생각이 든다.

지금이라도 알량한 자존심을 버리고 내가 잘못했노라고 아내에게 다가가 웃으며 한마디 건네다 보면 먹구름이 걷히지 않을까.

멋지고 아름다운 그녀

내겐 어릴 적부터 가까이 지내던 친구가 있다.

초등학교 다닐 때 공부를 지지리도 못하던 친구였는데, 만학의 열의를 안고 중고등 과정을 거쳐 내년에 대학교 졸업을 앞두고 있다. 어렸을 때부터 공부를 잘했다면 결국 하고 싶은 공부를 다시 시작했구나 하는 생각이 빨리 들었을 텐데, 처음엔 어떻게 그 어려운 학문에 길에 들어섰을까 의아심이 들어 믿기 어려웠다. 늦은 나이에 학교를 다닌다는 것은 보통 일이 아니다. 험난한 길을 택하기까지 얼마나 많은 망설임과 용기가 필요했을지 짐작이 간다. 세상에 재미있는 일이 얼마든지 많은데 그런 유혹을 다 뿌리치고 힘들고 외로운 길을 선택하였을까? 그가 장하고 대견스러워 못 다한 꿈을 힘껏 이루어 보라는 찬사를 보냈다.

어렸을 적부터 그애와 남달리 친하게 지냈다. 내가 그애 집에 놀러 가기도 하고 그 애가 우리 집에도 자주 왔다. 그앤 막내딸이고 올케가 있어 집안일은 거들지 않아도 되는 반면, 나는 집에 있을 땐 가사와 동생들을 돌봐야 했다. 태어난 순서 때문인지 맏이는 버거운 짐을 어릴 적부터 지는 것 같다. 하기 싫어도 일을 해야 하는 어린 소녀의 가슴 한편에는 불만이 쌓였다. 친구들과 아무런 부담 없이 놀아도 되는 그애가 부러웠다.

초등학교 졸업 후 그애는 재봉 기술을 배워 봉제공장에 다녔다. 그때는 그런 기술을 익히면 취직도 잘되었고 결혼 후에도 계속 일을 할 수 있었다. 그애는 나이를 먹으면서 눈이 어두워져 바늘귀가 잘 보이지 않아 일하는데 걸림돌이 되었고, 또 기성복이 맞춤 이상으로 잘나오는 요즘엔 별 인기가 없어 그만 접었다고 했다.

아이들이 장성하여 결혼을 시켰고 자기 인생을 되돌아보면서 무엇인가 해야겠다고 생각한 것이 바로 배움의 문을 두드리는 일이었단다. 사람이 살아가면서 의식주가 해결되었어도 자기 자신에게 채워지지 않는 헛헛함, 그런 무엇 때문이었을 게다. 지식을 모르고 살아간다는 것은 불편한 일임에 틀림없다.

사회생활을 하다보면 몰라서 답답하고 때론 상식이 짧아 막히는 일이 한두 가지였을까? 아는 것이 힘이라고 물질적으로 풍부할지라도 마음이 가난하다면 그 또한 불행한 일일 게다.

자신의 내면세계를 위해 학문을 닦는 일, 그가 선택한 길이 현명하다는 생각이 들었다. 자식 같은 애들 틈에서 읽고 쓰고 또 읽어도 잃어버리는 쇠퇴한 두뇌를 가지고 지식을 얻으려면 그들 몇 배의 노력을 해야 따라갈 수 있을 텐데, 마음고생이 얼마나 클지. 자신과의 싸움에서 이겨야 하는 외로운 길을 걷고 있는 그녀를 생각하면 마음이 아려온다.

낚시 바늘에 물고기를 낚아 올리듯 모르던 것을 머릿속에 하나씩 집어넣을 땐 그 누구도 느낄 수 없는 희열과 행복이 가슴을 울렁이게 했으리라. 머리 싸매고 침이 마르도록 노력하는 그애가 더 멋지게 보인다. 늦게 공부를 할 수 있는 것도 평소 가정에서 아이들 잘 키우고 남편 뒷바라지며 모든 일을 잘 해왔기에 식구들의 배려가 있어 그런 도전이 가능하지 않았을까 싶다.

어렸을 적, 시골에서는 여자는 초등학교 졸업이 대부분이었고 중학교에 진학하는 애들은 드물었다. 진학을 못하는 애들은 경제적 여건이 허락되지 않아 학교에 보내주지 않는 부모를 원망할 뿐 벙어리 냉가슴 앓듯 말도 못하고 그냥 주저앉을 수밖에 없었다. 그런 와중에도 늘 허기진 빈 가슴을 부여안고 무엇인가 채워야겠다는 열망 속에 책도 뒤적이고 뭔가를 끼적거려야 마음이 편했다. 그때는 경제적인 것도 문제였지만 부모들이 여자라서 가르치는 데 더 신경 쓰지 않았다고 해야 맞는 말일 것 같다. 이런 시대적 환경에서 태어난 여자들은 잠재적인 끼를 한껏 발산시키지 못하고 차별대우를 받으며 무의식적인 피해를 보고 살아온 것이다.

여러 가지 여건으로 배움의 문이 닫혔다 해도 자신을 그냥 내버려두기에는 억울하여 밤잠을 설칠 때가 한두 번이던가? 이 세상에는 공짜로 얻어지는 것은 아무 것도 없고, 모른다고 누가 대신 갖다 주지 않는다. 개미는 저보다 큰 먹이도 쉴 새 없이 물어 나르며 많은 양식을 쌓아 놓는다. 누구나 개미처럼 실행에 옮긴다면 마음의 양식을 쌓을 수 있을 것이다. 할머니가 되어 늦게나마 학문을 닦고 있는 친구, 이젠 자신감을 가지고 남은 삶을 당당하게 살아갔으면 싶다. 어쩌면 만학의 열의에서 얻는 수확은 더 크고, 그 무엇과 비교할 수 없는 기쁨 그 자체일 것이다.

공부를 못하던 사람도 하면 된다는 것을 친구를 통해서 알았다. 하겠다는 의지가 있으면 못할 것도 없고 노력하는 자만이 얻을 수 있는 자신감, 평생을 가슴 안에 묻어놓고 못 다한 배움의 길을 택하여 꿈을 이룬 그녀, 무엇인가 목적을 위해 집중하고 터득하려는 사람은 언제 보아도 멋지고 아름답다.

당당하게 사는 여자

"나 혼자서도 밥 먹고 살 수 있어요."라고 당당하게 인터뷰하는 어느 중년 여인의 말이 귓가에 머문다.

내일 아들네 가기로 했는데 그냥 빈손으로 가기도 그렇고 어떻게 할까? 생각하다가 마트에 들렀다. 싱싱한 해물을 사서 같이 먹으면 괜찮겠다싶어 꽃게와 쭈꾸미 등을 사서 트렁크에 싣고 집으로 돌아오는 길, 자동차 안에 설치된 TV에서 흘러나온 말이다. 자동차 운행 도중에는 TV를 보지 않는 편인데, 오늘은 자꾸 화면으로 눈이 간다.

그 여인은 노래를 잘 부르지 못해 방송국으로 노래 교습을 받으러 왔다고 한다. 그동안 열심히 일한 결과 지금은 모 은행지점장이라 했다. 회식 자리나 친목회 모임 후 뒤풀이는 으레 노래 부르는 자리로 이어지기 마련인데, 음치라서 노래 한 곡 부르고 나면 남들 분위기만 망쳐놓는 것이 일쑤고 뒤로 물러나 있으면 같이 간 동행들이 끌어내어 서먹하기 그지없다는 자리, 아무튼 '노래'라는 그 말만 나오면 기가 팍 죽는다고 했다. 요즘 세상에 나 같은 사람이 또 있구나 싶어 피식 웃음이 나왔다.

사회자는 그 여인에게 노래를 한 곡 불러보라고 한다. 지정곡도 아닌 자유곡으로 본인이 가장 자신 있는 곡으로 하란다. 그녀는 마이크를 잡고 노래를 부르기 시작했다. 그러나 처음부터 음정이 매끄럽게 넘어가지 못하고 계속 박자 놓치고 내가 들어도 영 아니라는 생각이 들었다. 방청석에서는 여기저기 킬킬거리느라 정신없었다.

지도교수인지 심사위원인지 모를 그곳에 있던 남자가 지금 부른 곡이 본인과 맞지 않아 그럴 수도 있으니 다른 곡으로 다시 해보라고 했다. 다른 노래를 불렀는데도 마찬가지였다. 노래를 하는 입장에서는 잘해 보려고 애를 썼지만 듣는 사람은 그게 아니었으니 사회자가 또 질문을 한다.

"혹시 남편이나 애들 앞에서 노래를 불러 본 적이 있습니까?"

"아니오, 노래를 한 번도 한 적이 없습니다. 저는 아직 미혼이라 남편이 없습니다."

사회자가 "왜 여태 결혼을 하지 않았습니까?" 하고 물으니

"내가 밥을 많이 먹을 것 같았는지 그동안 나한테 밥 먹여 주겠다는 사람이 없었습니다."

"그럼 지금이라도 밥 먹여 줄 사람 구한다고 이 자리에서 청혼 한마디 해보십시오."라고 하니

"아닙니다. 전엔 혹시나 밥 먹여 줄 사람 어디 없을까 하고 찾아보기도 했는데 지금은 나 혼자서도 밥 먹고 살 수 있어 결혼 같은 것은 포기했습니다. 이젠 노래만 잘하면 기죽을 일은 없을 것 같아 이곳에 왔습니다."라고 말하는 그녀를 보면서 웃음이 나왔다.

사람은 누구나 한 가지씩은 못하는 것이 있게 마련인데, 그 여인은

노래를 잘 부르지 못하는 것이 단점이라 생각되어 어떻게 하면 음치를 면할 수 있을지 궁리 끝에 용기를 내었다고 했다.

좋은 날엔 흥을 돋우는 노래 가락이 늘 따라다니는 걸 보면 노래란 잘하고 못하고를 떠나서 흥얼거리기만 해도 정신건강에 좋은 삶의 활력소가 되는 것 같다. 노래가 그렇게 좋은 줄 알면서도 그 흔한 유행가 한 곡 제대로 외우는 게 없으니 나도 참 딱하다는 생각이 든다.

노래 잘하는 것도 천성으로 타고 나야 되는 것 같다. 허긴 모두 다 잘하면 가수가 무슨 필요가 있으랴만 노래 못하는 사람이 있어야 잘하는 사람이 돋보이는 것, 그래야 음양의 이치가 맞지 않을까. 아무리 노래를 못한다 해도 보통 사람들은 방송국에 간다는 생각은 꿈도 꾸지 못하는데, 그 여인은 부끄럽다는 생각은 전혀 없었다.

혼자서도 밥 먹고 살 수 있으니 결혼은 할 필요 없다고 하는 그 여인, 그런 말은 아무나 쉽게 할 수 없는데 그는 스스럼없이 했다. 결혼을 했다 해서 남편이 밥 먹여 주는 것은 아닌데, 사회에 나가 일을 안 할 뿐 가사일도 노동이다. 대부분 사람들은 가사 일을 대수롭지 않게 생각하고 지나치려 한다. 가사일이든 사회적인 일이든 그냥 앉아서 밥 먹고 사는 여자는 별로 없을 것이다. 모두가 제 능력껏 일하고 사는데도 결혼을 하면 남편 그늘 밑에서 밥이나 얻어먹고 사는 존재라고 생각하기 쉽다.

결혼을 해서 얻는 것도 있는 반면 잃는 부분도 있다. 결혼생활을 유지한다는 것은 많은 인내가 필요하고, 더구나 여자는 가정을 위해 하루 종일 종종걸음을 치다보면 자기 자신을 잊어버릴 때도 있다.

그런 것을 볼 때 결혼하면 지금도 여자들이 손해를 보고 산다는 느낌이 든다. 가정이란 테두리 안에서 살아가지만 각기 다른 일을 하고 사는 것을 보면 "나 혼자서도 밥 먹고 살 수 있다."는 말은 많은 사람들에게 해당되는 말일 것 같은데, 그 여인의 말이 가슴에 와 닿는 이유는 왜일까? 결혼하지 않고 자기 능력을 키워 사회에서 남자들과 동등하게 서서 하기 싫은 일은 하지 않아도 되는 그런 무엇 때문일까.

노래 소리만 들어도 자신도 모르게 움츠러든다는 그녀, 이젠 어떻게 해서라도 음치를 면해보겠다는 도전 정신을 높이 사고 싶었다. 무엇이든지 자신감을 가지고 당당하게 사는 그녀가 괜찮아 보이고 마음에 끌린다.

50대가 되는 길목에 서서

남편은 손님접대한다고 나갔고 직원들은 퇴근한 지 한참 됐는데 오늘따라 퇴근하기가 싫다.

며칠 안 남은 2001년도의 12월 달력 때문일까! 여자 나이 50이 넘으면 무엇을 해야 하나, 항상 입버릇처럼 뇌까리던 50대가 바로 코앞에 다가와 그 주인공이 되기 때문일 것이다.

아직 군살은 안 쪘지만 눈가에 주름이 잡히고 더 이상 주름이 안 지기를 바라는 착각이라니, 큰애가 내년에 대학교에 간다는 것도 실감이 나지 않고, 졸업 앨범 값을 가지고 담임선생님하고 몇몇 자모들과 저녁식사를 했는데도 난 왜 큰애가 고3이라는 것을 인정하기 싫은 것일까. 허세일까, 억지일까, 그렇게까지 늙는다는 게 싫은 이유는 뭘까.

50대라는 나이를 거부하고 스스로 잘라버리려고 하는 것일까! 흐르는 세월은 그 누구도 막을 길 없는 노릇이고, 그것을 자신이 모르고 넘어 갈만큼 어리석지는 않은데 왜 자꾸 허탈한 감정에서 헤어나지 못하고 있는지 모르겠다.

이 나이 먹도록 무엇을 했는가, 나는 어디에 서 있는가! 꿈도 많고 하고 싶은 일도 많았던 나는 나중에 결혼해서도 시간 나는 대로 여행도 자주 다니며 정서적인 생활을 하리라는 기대를 하며 살았다. 모든 꿈은 생존경쟁에서 살아남기 위해 짓밟히고, 빠듯한 월급에 부모 재산조차 물려받을 것 없으니 삶이란 고달프기만 했다.

허우적거리는 시간 앞에서 봉사활동은 고사하고 정서생활마저 메말라져가고 있음을 서글프게 느끼면서도 어쩔 수 없는 현실이었다.

말단공무원을 그만둔 남편은 농기계 판매 사업을 시작했다. 처음부터 여유자금 없이 시작했기에 경리와 총무를 두지 않고 내가 직접 처리하기로 했다. 그러자니 집에선 엄마노릇 아내노릇, 사무실에선 경리, 남편 출장 시엔 사장 역할까지 일인 몇 역을 해내자니 반복되는 일과 속에 지칠 대로 지쳐서 여유 시간이라곤 없었다. 그러면서도 '내 궁색함을 남에게 보여주지 말자, 하루아침에 일확천금을 노리지 말자, 열심히 일하여 땀 흘린 대가만 받자.'라는 신념이 지금껏 나를 쓰러지지 않고 견디게 했을지도 모른다.

우린 결혼 20여 년이 지나면서 얼마 안 되는 땅도 장만할 수가 있었고, 네 식구가 편안한 휴식을 취할 수 있는 집도 마련할 수가 있었다. 제일 잊혀지지 않는 것은 집 없는 설움이었다. 아이를 업고 이 집 저 집 기웃거리며 방 한 칸 구하려고 며칠을 걸었던 그 날들, 빈 방이 있다기에 희망을 안고 겨우 찾아간 집, 그러나 중년부인의 곱지 않은 눈초리며 차가운 목소리는 오래도록 잊히지 않는다. 신혼부부를 구하고 있다고 했다. 뜰안 한번 들여다 볼 새도 없이 대문을 확 닫고 들어가는 주인여자 뒷모습을 멍하니 바라보며 신혼부부는 애를 안 낳는가. 혼자 중얼거리며 치밀어 오르는 화를 꾹꾹 참았다. 집 없는 설움이 이런 것이구나, 집 장만도 안하고 애부터 낳은 것이 잘못된 것이려니 생각도 해보며 등에 업힌 애는 왜 그리도 무겁던지 한 걸음 한 걸음 옮겨지는 발길은 천근만근, 씁쓸한 기분으로 길거리를 헤매던 시간들을 평생 잊을 수가 없다.

그러나 집, 돈, 자동차 이런 것들은 일상생활에서 잠시 편리함만이 있을 뿐 빈자리를 채워주기엔 너무도 빈약하기만 하였다.

지금 이 자리에 서 있는 나는 누구일까! 애들 엄마, 남편의 아내, 남들이 흔히 부르는 사모님, 그래 아이들은 제 것 챙길 줄 알고, 남편은 밖에 나가면 예쁘고 싱싱한 여자들이 많을 것이고, 이 세상에서 나 하나쯤 없다고 어찌 되는 것도 아니고 모두가 잘 살아갈 수 있을 텐데…….

이런저런 생각을 하니 점점 자신이 없어지고 삶의 의미가 사라지는 것 같았다. '이형순'이란 이름 석 자도 결혼과 동시에 잃고 사는 나, 좋은 시상이 떠올라도 마음만 앞서고 바쁠 뿐, 열심히 살았다는 것이 허탈감만 남는 것 같고, 나는 진정 어디서 찾는단 말인가! 귀를 뚫어 귀걸이도 해보고 계절이 바뀔 때마다 양품점에 들러 옷 한 벌 구입해서 입고 나오며 씩 한번 웃어보지만 잠시 걸치레일 뿐이었다.

세월은 속일 수 없고, 거울 속에 비친 내 모습에서 활짝 피었던 꽃이 한 잎 두 잎 떨어져 나가고 있다는 것을 느꼈을 때 내 마음은 밀려오는 파도처럼 심한 해일로 뒤엎는 듯 가슴앓이가 시작되고 있었다. 이미 늦어버린 것 같은 지금, 혼자 감당하기엔 너무 큰 쓸쓸함이었다.

"아니야, 인생은 60부터라고 누군가가 말했어, 난 이제 49세를 살았는데 늦지 않은 거야. 용기를 내야 돼, 지금부터라도 궁상맞은 생각은 버려, 언제나 삶에 자신이 있었잖아."

가까스로 자신을 달래며 오웅진 신부님을 생각한다. 오갈 데 없는 사람들을 위해 평생을 살아가고 있지 않는가. 내일은 꽃동네 회비를 내자. 그리고 50대면 어떠랴. 내 마음이 부자면 되지. 집에선 우리 엄마가 최고라고 두 녀석들이 기다리고 있잖아. 내가 최고라는 자만심과 욕심을 버리고 마음을 비워보자. 그때 비로소 아름다운 생이 펼쳐지지 않을까! 몇 시간 혼자 중얼거리다가 사무실에서 나왔다.

차가워야 할 밤바람이 오히려 시원하게 느껴지는 순간 착잡했던 마음들을 하나하나 꺼내 바람결에 날려 보내니 한결 마음이 홀가분해진 것 같았다.

흐르는 세월이야 잡을 수 없는 일이고, 나이 한 살 더해진다 해서 마음까지 초라해질 수는 없다고 생각하면서 새해엔 좀 더 자기 발전을 위해 생동감 있는 시간을 가져 보리라고 다짐한다. 오늘은 유난히도 밤하늘의 별이 반짝인다.

똥 밟은 듯

태안대리점을 정리했다.

태안은 분군되기 전까지는 서산시에 포함되었다. 행정구역이 분리되면서부터 서산시와 태안군으로 되었다. 서산에서 태안까지 농기계 시장을 관리했는데 분군이 되고난 후 태안에 신규대리점이 개설되었다. 그런데 그곳은 불과 몇 년 못가서 부도가 났다.

회사에서는 또 다른 후임자를 물색하고 있었다. 그때 여자라고 해서 못할 일도 아니고 그동안 경험을 발판삼아 내가 한번 해보고 싶어 대리점을 냈다. 사업을 시작하면서 십년만 해야 되겠다는 생각을 염두에 두었는데, 어느 사이 십년이 훌쩍 지나갔다. 서산대리점은 1983년도에 개설했다. 이 사업에 손댄 지도 어언 삼십여 년이 되어간다. 삼십대 초반부터 지금까지 어쩌면 내 젊은 열정을 이 농기계 사업에 다 쏟았지 않았나 싶다.

시장 관리와 직원들 급료와 세금, 여러 가지 사무실 운영비를 감당하려면 그만큼 판매를 해야 되고, 늘 시간에 허덕이며 살 수밖에 없었다. 조금만 게을리해도 설자리를 잃게 되는 치열한 경쟁 속에서 살아남기 위해서는 남보다 더 많은 노력을 해야만 했다.

일 년 전부터 태안대리점을 정리하기로 마음먹고 서서히 준비를 하였다. 미수금은 하루아침에 해결되는 것이 아닌지라 우선 그쪽에 깔린 외상대금을 회수하는 것이 시급한 문제였다. 양쪽으로 벌여놓고 관리하다보니 여가 시간도 주어지지 않았다. 대리점을 개설하면서 태안은 십 년만 운영한다는 것은 나 자신과의 약속 사항이기도 하다.

내가 좋아서 시작한 일이었기에 끝마무리도 멋지게 하고 싶었다. 대리점을 개설할 때는 회사에서 여러 가지 조건을 내세우지만 운영 도중 실적이 없다든가 부채가 많다든가 회사 방침에 좀 어긋나는 일이라도 있으면 그것을 빌미로 정리대상이 되곤 한다. 오 년을 운영한 사람이나 이십 년을 운영한 사람이라도 그만둘 때는 대리점은 회사와 웃으면서 정리하는 것이 아니라 대부분 좋지 않게 끝을 맺었다.

회사에서 생산한 물건을 일선에 있는 대리점들이 고생을 무릅쓰고 판매를 했기 때문에 회사가 살아남을 수 있는 것이고 대리점들의 노력이 많은 부분을 차지하고 있을 텐데, 그 중요한 역할에 대해서는 누구도 무시할 수 없는 일이다. 회사 직원이 근무하다 그만둔다거나 다른 부서로 옮길 때 대리점에서는 송별회는 물론 전별금까지 꼬박꼬박 챙겨주는데 비해 대리점이 그만 둘 때는 너무하다 싶을 정도로 냉정하다. 그런 것을 볼 때마다 저건 아닌데 싶고 술이라도 한잔 나누면서 위로의 말을 건네는 아량을 베푼다면 얼마나 좋을까 하는 아쉬움이 따르곤 했다. 그동안 많은 대리점이 신설되고 문을 닫는 것을 보면서 이런 점을 개선했으면 하고 건의도 해봤지만, 잘 시정되지 않는 부분이다.

사업을 접을 때는 회사와 서로 웃으면서 떠나리라고 했던 것은 나 혼자만의 생각이었을까? 내가 하고 싶을 때까지 하고, 이 업을 정리할 땐 좋은 감정을 가슴속에 남기고 싶었다. 일 년 전부터 내 계획이 이러이러하니 서로 기분 좋게 마무리할 수 있도록 해달라고 영업소장에게 얘기를 했는데도 끝내 그렇게 되지 않았다.

고객들의 미수금은 내가 알아서 회수해야 할 문제지만 후임자까지 만들어 놓은 상태였다. 서로 정리할 것은 끝내놓고 해도 늦지 않을 일인데 나한테는 전화 한 통화 없이 신규대리점을 개설한 것이다. 내가 사업을 더하려고 붙잡고 사정하는 것도 아니고, 일 년 전부터 수차례 얘기를 했으면 한 마디 말은 하고 신규대리점 계약하는 것이 순서이련만 그게 아니었던 거다. 그동안 내가 했던 말은 건성으로 들었는지 영 기분이 좋지 않아 영업담당자와 영업소 소장한테 그렇게 한 저의가 무엇이냐고, 그렇게 상대방을 무시하는 법이 어디 있느냐며 따져 물었다.

담당자는 영업소장이 한 일이라 자기는 모른다며 책임을 회피했고, 영업소장은 연말까지 근무하다가 해가 바뀌면 다른 지역으로 갈 것을 예상하여 일부러 그런 것 같았다. 대리점을 하나 더 개설하면 근무하는데 본인한테는 도움이 되는지라 그렇게 해놓고 떠났다. 그런 식으로 얄팍한 수를 써서 자기한테 돌아오는 득이 얼마나 되는지는 몰라도 비정하다는 생각이 들었다.

좋아서 시작한 일이라 끝맺음도 기분 좋게 하려고 했다. 홀가분하게 접을 수 있어 좋다는 인사라도 나누고 싶었는데, 그런 기회도 주어지지 않았다. 수십 년 동안 느껴온 일이라 나는 미리 계획까지 세웠는데 내 의지와는 상관없이 물거품이 되었다. 회사는 큰 힘을 가졌고 그 밑에서 일하는 사람은 그곳에서 녹을 먹어서 그런지 혹여 퇴출당하지나 않을까 전전긍긍하는 모습에 측은하게 보이기도 한다. 그곳에 몸담고 있는 사람들은 세상이 바뀌어도 변할 줄 모르는 것 같다. 또 한 사람의 가슴에 상처 내는 일을 여전히 하고 있으니 말이다. 모든 사람을 똑같이 취급하려고 하는 그런 것이 마음에 안 드는 부분이다.

길을 걷다가 똥을 밟으면 길가에 있는 풀숲에 쓱쓱 문질러 보지만 찝찝하긴 마찬가지고, 신발에서 냄새가 나는 듯 자꾸 들여다보게 되는 그런 기분이랄까. 뒷맛이 개운치가 않았다.

세상에는 여러 유형의 사람이 섞여 있다. 공연히 달갑지 않은 사람이 있는가 하면 어딘지 모르게 마음이 끌리는 사람도 있듯이 흔한 게 사람인데, 세상살이하면서 똥 밟는 일이 한두 번이더냐.

언젠가 머리가 허옇고 등이 굽어 힘도 없어 보이는 남자가 사다리를 팔아달라고 왔었다. 그를 보는 순간 너무 추해 보였다. 장사도 젊었을 때 해야지 늙어서는 하지 말아야 되겠구나 싶었다. 젊은이가 가지고 왔었더라면 그런 마음이 들지 않았을 텐데 저리 늦게까지는 하지 말아야겠다고 느낀 적이 있다.

불미스런 일없이 사업을 접을 수 있게 되어 홀가분하다. 행여 무언가 잘못되어 안 좋은 일이라도 생기지는 않을까 걱정도 되었다. 그동안 여러모로 도와준 많은 고객들한테 머리 숙여 고마움을 전한다. 회사와 거래해온 물품 대금은 깔끔하게 처리했다. 다만 나의 바람은 떠날 때는 웃으면서 정리하고 싶었는데, 자존심을 상하게 해서 심기가 불편했던 거다. 내게 있어 자존심은 그 무엇하고도 바꿀 수 없는 나를 지켜주는 버팀목이나 다름없다.

어떻든 짐 하나 내려놓아 홀가분하다. 그물 안에 갇혔던 물고기가 물속으로 유유히 헤엄쳐 나가는 듯하다.

벗고 만난 사람

"옷 입고 밖에서 만난 것 처음이네요."

"나도 너 옷 입은 것 처음 본다야."

서예 전시장 앞에서 만난 우리는 옷 입고 밖에서 만난 것이 처음이라며 까르르 웃었다. 오늘 금란언니의 초청장을 받고 서예 전시회가 있다는 전시장에 들렀는데 명란이도 왔다.

서예 전시회를 주체하는 금란언니도 스포츠센터에 있는 사우나에서 만났고 명란이도 새벽이면 매일 만나다시피 했다. 그곳에 드나드는 많은 사람 중에 우리 셋은 시간이 지나면서 서로 가까이 지내게 되었다. 나는 사람을 금방 사귀지 못하는 성격인데다 언니 동생이라는 말도 하지 않는 편이다. 서예를 하는 금란언니는 나보다 한참 위 연배여서 어떻게 불러야 할까 생각하다가 편안하게 그냥 언니라고 부르자 하여 그리 되었고, 명란이는 나보다 몇 살 아래여서 동생처럼 대하게 되었다. 나이 차이는 있어도 서로 모나지 않은 성격에 말이 통해서였다.

목욕탕 안에서는 실오라기 하나 걸치지 않아도 누구 하나 무어라고 하는 이가 없다. 오히려 팬티라도 입고 들어오는 사람을 보면 이상한 눈으로 바라보게 된다. 나이가 많은 사람도, 아무리 뚱뚱한 사람도 주눅 들지 않는 목욕탕 안에서는 모두 당당해서 좋다. 시어머니를 모시고 와서 몸을 닦아주는 효부도 만날 수 있고, 모녀가 다정하게 웃으며 서로 등을 밀어 주는 정겨운 장면도 볼 수 있다. 할머니가 손녀를 데리고 와서 때를 밀어주기도 하고 떼지어 몰려와서 수다를 떨고 가는 아줌마들이 시간 때우기 좋은 곳이기도 하다. 발가벗은 사람들로 빈부 차이를 가름할 수 없는 곳이 바로 목욕탕이지 싶다.

우리는 이 세상에 태어날 때 맨몸으로 왔다. 그러고 보면 옷을 입지 않았을 때 사람들의 모습이 가장 순수하지 않을까 하는 생각이 든다. 원시 적에는 옷을 입지 않고 자연 그대로 살았다고 한다. 세월이 흐르면서 가릴 곳은 가리고 계절에 따라 얇은 옷과 두꺼운 옷을 갈아입게 되었다. 어떤 옷을 입고 있느냐에 따라 그 사람의 직업이나 생활수준을 알아볼 수도 있고, 또 그 사람의 옷에 대한 미적 감각이 얼마나 뛰어난가 알아볼 수 있고, 유행에 민감한지 아닌지도 보이는 게 옷이다. 유행을 따라간다고 자기분수에 맞지 않게 옷을 사는 데 낭비를 하는 사람이 있고, 검소하게 단정한 차림을 하고 다니는 사람도 있다.

전에는 여름에 삼베나 모시로 만든 옷을 해 입었다. 풀을 적당히 먹여 입으면 땀이 나도 감기지 않고 바람이 잘 통해 여름옷으로 제격이었다. 반면 삼베로 만든 속옷을 입고 다니다보면 살갗이 헤어져도 입을 것이 변변치 않던 시절이라 어쩔 수 없이 그냥 입었다고 했다. 그런가 하면 삼베나 모시로 바지를 지어 입은 남자들은 여름이면 축 늘어진 밑천이 걸음 걸을 때마다 흔들거리는 것이 훤히 보였는데, 그것을 보는 아낙네들은 민망하여 고개를 돌리는 웃지 못할 일도 많았다고 한다.

목화를 밭에 심어 가을에 따서 씨아에 돌려 씨를 빼낸 뒤 목화를 솜틀에 타면 하얀 솜이 되었다. 그 솜을 바지와 저고리 속에 두툼하게 넣어 겨울에 춥지 않게 입었다. 그러고 보면 옛날 사람들은 피부에 좋은 옷을 입고 살았다. 손수 옷을 만들어야 하는 불편함과 빨래하기도 어려워 여자들이 고생을 많이 하고 살았지만, 그때는 아토피 같은 질병이 적었던 것 같다.

세월이 흐르면서 비단과 나일론 옷이 나오고 수도 없이 많은 옷감들이 지천으로 생겼지만 지금도 피부에 좋은 것은 나일론이 아니고 면으로 만든 옷이다. 그런 것을 보면 우리 선조들의 지혜는 높이 사야 될 일이다. 입성뿐만이 아니라 먹을거리도 마찬가지다. 지금 신토불이니 무공해 식품이니 하면서 옛날 음식을 찾는 것을 보면 제아무리 세월이 흘렀다고 해도 좋은 것은 잊지 않고 다시 찾는다는 것을 알 수 있다.

옷은 우리 생활에 없어서는 안 될 필수품이다. 재질이며 디자인이며 다양한 자기 취향을 표현할 수 있는 옷, 일하는 데 정장차림으로 한다면 불편하기 그지없고 예를 갖추고 가야할 자리에 작업복을 입고 가도 결례가 되고, 유니폼을 입는 자리에 혼자만 다르게 입어도 단합의 의미를 축소하게 된다. 돈이 많다하여 비싼 옷만 입을 것도 아니고, 고급 옷을 입었다고 누가 우러러 보는 것도 아니며, 그렇다고 남루하게 다닐 일은 더욱 아닌 것 같다. 옷은 때와 장소에 따라 거기에 맞추어 입으면 되고 같은 옷이라도 개개인의 취향에 따라 내 처지에 맞게 입으면 될 것 같다.

금란언니는 자주 만났는데, 명란이를 옷 입고 만난 것은 오늘 처음이었던 거다. 항상 발가벗은 채로 탕 안에서 만났으니 그런 말이 나올 만도 하다. 그러므로 우리는 체면치레나 가식 같은 것도 없이 순수한 마음으로 만났다고 할 수 있다.

"옷 입고 만나는 것 처음이네."

옷 입고 처음 만났다는 그 말은 생각할수록 웃음이 나온다.

멀리하고 싶은 것

"뱀이야!"

뱀을 보는 순간 나는 악! 소리를 질렀다. 손에 들고 있던 바구니와 칼을 내팽개치고는 걸음아 나 살려라 산에서 뛰어내려오기 시작했다. 가슴은 두근두근 숨이 멎을 것 같고, 아무리 빨리 뛰려고 해도 발길은 좀처럼 떨어지지 않았다. 엎친 데 덮친다고 나무 등걸에 걸려 넘어지고 가시덤불 속으로 들어가 긁히고 찔리면서 간신히 빠져 나왔다. 내가 어떻게 뛰어왔는지 모를 정도였다. "후유, 이제 살았구나!" 하며 밭두렁에 주저앉았다. 다리는 부들부들 떨리고 숨이 차서 더 이상 걸을 수가 없었다.

내가 열대여섯 살 때였다. 동네아이들이 산나물을 뜯으러 가자고 하여 따라 나섰다. 집 근처에서 멀지 않는 앞산으로 갔다. 취나물이며 고사리를 뜯고 있는데 어디선가 이상한 소리가 들렸다. 스르륵 스륵, 스르륵 스륵 무엇이 그러는가 싶어 허리를 펴고 주위를 살펴보았다. 내가 서있는 곳에서 불과 3m정도 떨어졌을까 어른 팔 크기로 한 아름은 족히 되어 보이는 뱀들이 뭉쳐 꿈틀거렸다. 그것을 보는 순간 나는 기겁을 하며 애써 뜯어 담은 나물바구니를 내팽개치고 뛰었던 거다. 뱀이란 동물은 상상만 해도 징그럽고 무섭게 느껴지는데 한 마리도 아닌 수백 마리가 한꺼번에 뭉쳐 있었으니 그때 얼마나 놀랐던지 지금도 그 장면을 생각하면 온 몸이 오싹해지고 머리카락이 하늘로 치솟는 기분이다.

겨울을 나기 위한 뱀들은 서로 엉켜 체온을 유지하면서 구덩이 속에서 살다가 겨울잠에서 깨어나 밖으로 나온 것이었다. 커다랗게 뭉쳐진 덩어리 속에서 몇 마리씩 빠져 나갔다. 그곳에서 나온 뱀은 혀를 날름거리며 먹이를 찾아 어디론가 사르르 미끄러져 나갔다. 한 곳에 수백 마리 뭉쳐 있는 것은 그때 처음 보았다.

어릴 적 학교 갔다가 집에 돌아오는 길에 가끔 뱀을 보았는데 논이나 덤불 속으로 빨리 지나가면 그래도 괜찮았다. 그러나 길 한가운데에 똬리를 틀고 앉아 머리는 번쩍 쳐들고 혀를 날름거리면서 금방이라도 쫓아와서 덥석 물을 것만 같은 자세를 취하고 있으면 다리가 부들부들 겁에 질려 오도가도 못하고 뱀이 빨리 사라져주기만을 기다렸다. 뱀이 어디로 갈 것인지를 주시하면서 신경을 곤두세우고 물리지 않게끔 뒷걸음치곤 했다.

뱀의 몸은 가늘고 길다. 온몸은 비늘로 덮여 있는데 몸이 자람에 따라 60~70일에 한 번씩 허물을 벗는다고 한다. 다리는 없지만 기어다닐 때는 배 쪽에 있는 둥근비늘을 움직여 이동하고, 등 쪽에는 척추마디가 보통 200~250개가 있어 나뭇가지에 올라가기도 하고 똬리를 틀기도 하며 몸을 자유자재로 움직일 수 있다고 한다. 귀는 피부 속에 묻혀 있어 소리는 들을 수가 없지만 냄새 맡는 감각이 예민하여 혀를 날름거려 공기 중에 있는 화학물질을 묻혀 입 속으로 가져가 먹이가 있는 곳을 느껴 사냥감을 찾는다. 눈은 눈꺼풀이 없고 콘택트렌즈 같은 단단하고 투명한 막으로 덮여 있어 5m 앞의 물체를 볼 수 있다고 한다.

뱀의 종류는 많은데, 우리나라에는 살모사나 능구렁이 유혈목이 있다. 독을 가지고 있는 뱀의 머리는 삼각형으로 생겼고, 가장 독이 많을 때가 7~8월인데 그 시기에 독사한테 물리면 생명에 위협을 받는 무서운 동물이다.

'뱀의 굴이 석 자인지 넉 자인지 어찌 알랴.'는 말은 사람의 속마음을 알 수 없을 때 쓰이는 말이고, '뱀의 세상에 난 개구리'라는 것은 개구리를 잡아먹는 뱀이 우글거리는 곳에서 태어난 개구리와 같은 신세라는 뜻으로 살면서 기를 못 펴고 불행하게 사는 처지를 이르는 말이다. '뱀 본 새 짖어대듯'은 몹시 시끄럽게 떠드는 것을 비유적으로 이르는 말이고, '뱀 설 죽이듯'이란 크게 봉변을 당할 만큼 잘못 건드려 놨을 때 빗대어 하는 말이다. 흉물스럽다고 그냥 무심코 지나쳐 버리는 뱀한테도 의미를 찾는 것을 보면 우리는 살아가면서 하찮게 여기는 동물에게서도 진리를 터득하고 배우는 것이 아닌가 하는 생각이 든다.

그 많은 뱀을 발견했을 때 땅꾼에게 연락했더라면 아마 횡재를 하지 않았을까? 지금 그런 생각을 하니 웃음이 나온다. 폐병은 뱀을 많이 삶아먹어야 효험이 있다는데 그런 환자한테 알려주었더라면 치료하는 데 도움이 되었을 것 같다. 또 남자들 중에는 정력에 좋다고 하면 뱀뿐만 아니라 그보다 더한 것도 서슴없이 먹는 사람들이 있다.

그때 얼마나 놀랐는지 뱀을 피해 도망 다니는 꿈을 자주 꾸곤 했다. 뱀 한 마리만 봐도 놀라 뒷걸음질 치게 마련인데 그 많은 것을 보았으니 어찌 놀라지 않을 수가 있으랴. 내 생전 잊혀지지 않을 일이다. 지금도 그때를 생각하면 주위에 뱀이 여기저기 기어 다니던 것이 눈에 선하고 몸도 스멀거리는 듯하다. 그 뒤로 누가 산나물 뜯으러 산에 가자고 해도 절대 가지 않았다. 산나물보다 먼저 그 뱀 덩어리가 눈앞에 아른거렸기 때문이다.

어떤 사람들은 뱀을 애완동물로 방안에서 키우기도 하고 안고 다니기도 하는데, 나는 뱀이란 말만 들어도 징그럽다. 그런 내가 하필 왜 뱀띠에 태어났는지, 뱀을 싫어해서 그리 연결된 것일까? 여하튼 나도 모르겠다.

친정집 뒤란 처마 밑에 커다랗고 누런 구렁이가 서까래를 타고 길게 걸쳐 있는 것을 보고 기겁을 한 적도 있다. 그러나 어른들은 집에서 사는 구렁이를 죽이면 집안에 재앙이 생긴다며 그냥 놔두었다. 또 뱀은 재물이라고도 하는데, 무슨 근거로 그런 말을 하는지 몰라도 미신이었던 것 같다. 어떻든 뱀은 예전이나 지금이나 멀리하고 싶을 뿐이다.

커다란 구렁이는 처마 밑이나 서까래 같은 곳에 걸쳐 있는 것을 보면 지붕 속에서 사는 것이 틀림없다. 그런 곳에 앉아 혀를 날름거리면 징그럽고 무서워 방으로 들어 올까봐 꺼림칙하여 멀리 내쫓아 버렸으면 싶은데, 어른들은 구렁이는 집을 지키는 업이라고 내쫓지도 죽이지도 않았다.

윤흥길 교수가 쓴 『장마』에서 나오는 구렁이는 죽은 삼촌의 영혼이 깃들어 있는 대상이며, 전쟁으로 상처 입은 우리 민족을 상징하기도 하고 외할머니와 할머니를 화해시키는 매개물이기도 했다. 그런 것을 보면 우리 조상들의 샤머니즘을 생활에서 뗄 수 없듯이 뱀은 집안을 지켜주는 업이라 굳게 믿었던 것 같다.

뱀은 우리에게 해를 끼치지 않는 깨끗한 동물이다. 그런데도 대부분은 뱀을 보면 멀리 하고 싶어한다. 상추밭에 뱀이 스윽 지나가면 그 상추를 먹고 싶은 생각이 뚝 떨어지듯 간혹 사람에게도 그런 느낌을 받을 때가 있다. 뭔가 떳떳하지 못하고 꺼림칙한 행동을 하는 사람의 처세를 두고 뱀이 지나간 듯하다는 것을 보면 평소 사람 도리를 잘하고 살아야 되지 싶다.

남자들의 시커먼 속마음을 빗대어 늑대 같다고 하고, 뱀은 사악한 존재로 전해져 오는 것을 보면 우리가 동물을 상징의 매개물로 삼는 것은 맞는데 잘 생각하면 뱀은 또 억울할 것도 같다.

5부

큰솥 거는 날

실수

신발이 바뀌었다. 내 것은 검정색이고 안에는 흰털이 달려 있는 반부츠인데 누군가와 바뀐 것이다.

짐작갈만한 곳은 스포츠센터 사우나실 입구 신발 벗는 곳이라고 생각되었다. 신발 바뀐 날은 나도 몰랐다. 다음 날 신을 신는데 발이 불편한 느낌이 들어 내려다보니 모양도 다르고 내 것보다 사이즈가 작고 속에 들어 있는 털도 검정색이었다. 내 신발이 아닌데 어쩌지! 누구하고 바뀐 것인지 알 수 없었다.

아침이면 스포츠센터에 가서 운동하고 샤워하는 게 습관되어 매일 목욕탕에 들른다. 직원들 출근하기 전에 사무실에 도착해야 되기 때문에 목욕탕에서 머리 감고 탕 안에 있는 시간은 불과 몇 분이다. 늦지 않게 빨리 씻고 나와야 되므로 신발을 신발장에 넣지 않고 그냥 입구에 벗어놓고 다녔는데, 누가 자기 것인 줄 알고 신고 간 모양이다.

스포츠센터에 아침 운동하러 오는 사람은 거의가 정해져 있다. 매일 보는 사람들이라서 쉽게 신을 찾을 수 있을 거라고 생각했다. 혹시 신발이 바뀌었다고 하는 사람이 있거든 알려달라고 카운터에 부탁도 해놓았다. 오늘은 신고 왔을까? 목욕탕 안에 들어갈 때마다 유심히 둘러봐도 내 신발은 보이지 않았다. 이상하다. 분명 여기에 오가는 사람일 텐데, 신발 생김새나 구입한 시기도 비슷해 보여서 서로 바꿔 신어도 손해 볼 일은 없을 것 같으나 다만 내 발이 신발보다 커서 발가락이 꽉 끼는 게 흠이었다.

신발은 작은 것보다 넉넉한 것을 신어야 발이 편하다. 더구나 겨울이면 두꺼운 양말을 신어야 하는데 신이 작으면 발이 시려서 더 춥게 느껴진다. 그 신발은 작아서 두꺼운 양말은 신을 수가 없었다. 상대방도 남의 것이니 불편할 것이라 생각되어 스포츠센터에 갈 때에는 그 신을 신고 갔다. 십여 일 지났는데도 내 것은 눈에 띄지 않았다. 이곳에 다니는 사람이라면 신고 올 텐데, 내 신은 털이 하얘서 눈에 잘 띄는데, 어떻게 해서 그것을 못 봤을까, 그 사람도 어지간히 바빠 급하게 가느라고 못 보았을 거라며 내심 혼자 기다렸다.

신발은 본의 아니게 잃어버리기도 하고 바뀌는 일이 있는데 우리 사무실에서도 신발을 자기 것인 줄 알고 신고 갔다가 도로 가지고 오는 사람들이 종종 있다. 사람이 많이 모이는 장례식장 같은 장소에서 자칫하다가는 바뀌기 십상이다. 장례식장 갈 때에는 새 신을 신고 가지 말라는 말도 있다. 언젠가 남편은 새 구두를 신고 나가 채 하루도 못 신고 잃어버리고 다 떨어진 슬리퍼를 질질 끌고 온 적이 있다. 남편은 구두를 벗어놓으면 구두가 아니라 배 같다고 할 정도로 발이 크다. 구두가 커서 좀처럼 누가 신고 가지 않을 줄 알았는데, 그렇게 큰 발이 또 있었던지 새것이라서 아까웠다. 어떤 사람은 복잡한 곳을 다니면서 괜찮은 것이 눈에 띄면 일부러 바꿔 신고 가는 얌체족도 있다고 한다. 또 모양과 크기가 비슷하면 바뀌기가 쉽다.

사람이 자살하면서 물가나 낭떠러지에서 대부분 신발을 벗어놓는다는데, 그것은 자신의 시신을 찾기 위한 증표를 남겨둔다는 이야기도 있다. 신발을 이승에 벗어놓고 가는 것, 삶을 포기한 자에게 신발이 무슨 필요가 있겠는가.

어릴 적 큰오빠가 사다준 검정색 운동화를 다락에 넣어두고 몰래몰래 꺼내보고 흙 묻히기가 아까워 방에서 신어보며 설이 빨리 오기를 학수고대했던 기억이 있다.

신발은 우리 생활에 없어서는 안 될 필수품이다. 계절 따라 옷을 바꿔 입듯 신발도 마찬가지다. 슬리퍼에서부터 구두에 이르기까지 발을 보호해 주는 신발은 생활전선에서 일하는 우리와 함께 걷고 뛰면서 동고동락을 한다. 일에 따라 신발의 모양도 다르고 나이에 따라서도 다르고 취향에 따라서도 다르다. 우리가 신는 신발의 종류는 셀 수 없을 정도로 다양하다. 개개인의 삶에 따라 어느 때는 가볍기도 하고, 무겁기도 하고, 때로는 희망에 부풀기도 하고, 멋진 발걸음을 선사하기도 하는 게 신발이다. 신발을 찾지 못해 아쉽기는 했지만 이제 그만 신발 찾기를 포기했다. 발에 맞지 않는 남의 부츠도 선반에 올려놓았다.

하루 일이 끝나 직원들도 퇴근한 저녁 시간이었다. 운산에 사는 고객과 그의 어머니가 왔다. 그의 어머니는 비닐봉지를 나에게 건네주면서 피식 웃었다. 비닐봉지를 받아 들여다보다가 “어머나 내 신발!” 반가움에 소리쳤다. 자기 며느리 신발과 바뀌었다며 가지고 온

부츠를 내놓는 아주머니, 맙소사! 스포츠센터에서만 찾았던 신발을 엉뚱한 곳에서 내가 신고 왔으리라고는 꿈에도 생각을 못했다. 어느 날인가 그 댁에 갔었는데, 마침 포크레인 작업을 끝마친 중이었다. 작업차를 실은 자동차가 나가야 하는데 우리가 타고 간 차를 빼야 된다하여 서둘러 나오다가 내가 그만 그 댁 며느리 신을 신고 나온 것이었다. 어둑어둑한 저녁이라 자세히 보지 못하고 자동차를 뺄 생각에만 급한 나머지 내 것으로 착각했던 것 같다. 내가 남의 신을 신고 왔으면서 그동안 다른 사람이 그랬다고 생각했으니, 나는 할 말이 없었다. 전화로 연락하시지 신발을 일부러 가지고 왔느냐고 하니 서산에 볼 일이 있어 가지고 왔다 했다. 우습기도 하고 미안하기도하여 실실 웃음이 나온다.

남의 신을 며칠 신고 다녀보니 마음과 발이 모두 불편했다. 바뀌었던 내 신발을 다시 찾아 신으니 이렇게 편한 것을, 주위에는 아무리 많은 물건이 있다 해도 내 것이 제일 편하다는 것을 깨닫는다. 내가 실수해 놓고 남의 탓만 하였던 거다. 그래서 눈으로 보기 전에는 함부로 짐작을 해서는 안 된다는 것을 다시 깨우친다. 훔쳐간 사람보다 잃어버린 사람이 죄인이라는 말이 왜 있는지 알 것 같다.

큰솥 거는 날

큰솥을 걸었다. 우리 집은 터가 넓은 편이라 밖에 솥 걸기가 수월하다. 수돗가 옆에 불판과 가스를 연결하고 그 위에 솥을 얹는 날이면 많은 사람들의 입이 즐거워진다. 일 년에 몇 번씩 큰솥을 거는 일이 농번기에는 연례 행사가 되었다. 광 속에 갇혀 있던 양은솥의 쌓인 먼지를 말끔히 씻어내고, 그 안에 준비된 재료를 넣고 불을 붙이면 솥은 비로소 제구실을 한다.

한창 성수기에는 고장난 기계를 수리하느라 직원들 노고가 이만저만이 아니다. 그럴 때도 영양보충을 하기 위해 큰솥을 건다. 토종닭을 삶을 때도 있고 때론 영양탕도 끓인다. 솥에서 익힌 여러 가지 먹을거리는 우리에게 에너지를 충족시켜 주는 고마운 것이다.

닭 한 마리를 요리해서는 누구 코에 붙일지 몰라 애당초 여러 마리를 준비한다. 잘 손질한 토종닭을 인삼과 대추, 마늘을 듬뿍 넣고 푹 끓인다. 보글보글 닭 익는 냄새는 구석구석 군침을 돌게 하고, 지나가는 사람들의 코에도 스친다. 잘 익은 고기는 먼저 뜯어 먹고 난 뒤 진하게 우러난 국물은 죽을 끓여 먹으면 맛이 그만이다. 밖에서 끓인 음식은 식탁에 앉아 먹는 것보다 마당에 자리를 펴고 먹어야 제격이고, 그릇도 예쁜 도자기보다는 마구 다뤄도 깨지지 않는 플라스틱 접시가 더 어울린다. 직원들 영양보충 시키려고 만드는데 고객들도 오는 터라 그들과 함께 먹으려고 넉넉하게 장만한다. 여러 사람이 드나드는 우리 집은 그 무엇을 사더라도 큰 단위의 박스라야 하고 큰 솥을 거는 날은 마치 잔치라도 하는 기분이다. 음식은 많이 해서 여럿이 먹어야 맛도 있고 사람 사는 냄새도 나는 것 같다.

언젠가 며느리가 찬장에 있는 플라스틱 그릇을 버리면 어떻겠느냐고 했다. 모든 것을 새로 장만한 신접살림을 하던 며느리는 내가 사용하는 그릇과 비교가 되었는지 큰살림을 해보지 않은 그애는 비좁게 찬장을 차지하고 있는 헌 그릇들이 이상했었나 보다. 나 역시 잘 사용하지도 않는 그릇이 이곳저곳 쌓여있는 것을 어느 때는 내다버리고 이쁜 그릇만 남기고 싶지만 때론 요긴하게 쓰일 때가 있어 선뜻 버리지를 못한다.

어렸을 때 친정집에서는 모내기를 끝내고 나면 '필'모라 하여 어머니는 떡을 만드셨다. 시루에 찐 찹쌀을 절구에 찧어 팥고물을 묻혀 푸짐하게 담고, 새알심을 만들어 넣고 커다란 가마솥에 팥죽을 한 솥 끓이셨다. 앞마당에 밀짚방석을 펴놓고 그 위에 떡과 팥죽, 막걸리를 걸게 한상 차려 내놓으시곤 했다. 모내기를 하느라 수고한 아저씨들과 이웃사촌, 아이, 어른 할 것 없이 모두 둘러앉아 땀을 뻘뻘 흘리면서 맛있게 먹었다. 먹을거리가 부족했던 그 시절에는 동네 일하는 집이 있으면 거기에서 하루 종일 밥을 먹었다. 여자들은 밥하는데 불도 때주고 찬 만드는 것을 도와주기도 하고, 남자들은 서로 품

앗이를 하며 힘든 일을 해냈다. 지금처럼 편리한 농기계 보급이 안 되었던 시절, 힘겨우면 막걸리 한 잔씩 들이켜며 잠시 어려움을 달래기도 했다.

국물, 교과서에서도 국물 이야기가 나오는데 국물은 바로 사람의 정을 나누어 주는 게 아닌가 생각 든다. 예전에는 먹을거리가 없어 가난한 사람들은 늘 허기진 배를 안고 살았다. 어떻게 해서라도 배불리 먹을 수 있는 날을 기다리며, 먹을 것이 있는 곳이라면 어디라도 가서 얻어먹기도 하고 일을 거들어 주며 끼니를 해결하기도 했다. 큰 가마솥에 끓이는 곰국은 여럿이 먹는 데 안성맞춤이며 국이 모자라면 물 한바가지 더 부어 따뜻하게 데운 국을 한 그릇 먹고 나면 마음까지 훈훈하던 정의 국물이었던 게다. 이렇듯 없으면 없는 대로 정을 나누면서 의지하며 살지 않았나 싶다.

바쁘게 살아가는 현대인들은 국물의 소중한 의미를 그냥 지나치고 있는 것 같아 아쉽기도 하다. 사람 살이는 서로 나누어 먹는 속에서 정이 더 든다는 말이 있듯 솥 거는 일은 번거로운 일이긴 하지만 해볼 만한 일이다. 간편한 것을 좋아하며 살아가고 있는 요즈음도 솥 거는 것을 보는 사람들의 표정이 밝아짐을 읽을 수 있다. 그러나 국물 속에 들어있는 정을 나누는 시간이 점점 줄어드는 것은 어쩔 수 없는 현상이다. 큰 양은솥을 걸 수 있는 장소가 있어 다행이라는 생각이 들기도 한다. 세상 인심이 각박하게 변한다고 해도 솥을 거는 날은 큰솥만큼이나 너그러운 마음이 생기는 것 같아 힘들어도 그만두지 못한다. 저쪽에 있는 멍멍이도 냄새를 맡고는 후물림을 기대하는지 괜히 꼬리를 흔들어댄다.

된장 나눠 먹는 사이

사돈댁으로 된장을 가지러 갔다. 찌개를 끓이려고 보니 된장이 얼마 남지 않아 염치 불구하고 며느리 친정집으로 간 것이다. 그동안은 우리 친정엄마가 담가주었는데, 몇 년 전 심장 수술을 한 뒤로는 힘든 일을 못하신다. 엄마가 손수 만들어준 것에 길들어서인지 고추장이나 된장, 김치는 제아무리 믿을만한 곳에서 만든 것이라도 선뜻 구입하기 망설여진다.

어느 날인가 사돈댁에 갔는데 메주가 처마 밑에 주렁주렁 매달려 있었다. 식구라고 해야 단 둘이 사는 집에 메주도 많구나 생각했다. 나중에 알고 보니 사돈집은 종가라서 된장을 갖다먹는 사람이 많다고 했다. 아무리 종갓집이라고 해도 요즈음 그런 것까지 담가주는 건 꽤 드문 일이다. 안사돈은 무엇을 만들어도 손맛이 있어 먹어본 사람이면 다시 찾는 것 같다.

우리 어머니 건강이 많이 나빠진 가을이었다. 김장을 어떻게 해야 하나 은근히 걱정되었다. 배추를 다듬어 절이고 양념을 만들어 버무리는 일이며, 무엇부터 해야 될지 엄두가 나지 않았다. 더구나 나는 추위를 너무 많이 타는지라 조금만 있어도 허리가 끊어지는 것 같아 추울 때는 될 수 있으면 밖에서 하는 일을 피하게 된다. 평소에 김치를 잘 담그는 미정엄마에게 맡기려던 차에 안사돈한테서 전화가 왔다. 서로 이런저런 얘기를 하다가 김장은 했느냐고 물어본다. 올해 김장은 아는 사람한테 맡기려고 한다 하니 안사돈은 맛없어도 그냥 드시라며 김장을 해주겠다고 했다. 그렇지 않아도 김장을 마무리지어놔야 홀가분할 것 같았다. 음식 솜씨 좋기로 소문난 며느리 친정엄마가 김장을 담가준다는데 거절할 이유는 없었다. 추운데 번거롭고 고생스런 일이라서 죄송하고도 고맙고 반가운 마음에 어쩔 줄을 몰라했다.

그렇게 되어서 며느리를 얻은 다음해부터 안사돈이 우리 김장을 해준다. 어디 그뿐인가, 그 댁은 농사를 짓는데 쌀은 말할 것도 없고 철따라 밭에서 수확하는 것은 무엇이든 다 가져온다. 콩이며 마늘, 고추며 참기름, 들기름까지 짜오고, 심지어는 직접 벌을 키우는 곳에서 꿀을 사오기도 하고 편강을 만들어 오기도 한다. 아무튼 땀 흘리며 애써 가꾼 것을 우리는 가만히 앉아서 받아먹고 있다. 그것도 모자라 된장이나 고추장이 떨어지면 그런 것까지 가져온다. 다른 것도 아닌 된장을 사돈네로 가지러 간다는 것은 좀처럼 쉬운 일이 아닌데, 나는 체면 불구하고 스스럼없는 행동을 한다. 사돈네가 제일 어렵다며 격식을 따지며 살아온 우리의 생활관습에서 언감생심 사돈댁으로 그런 것을 가지러 간다는 것은 상상할 수도 없는 일이었을 게다.

며느리의 친정아버지는 남편과 고등학교 동창생이다. 전부터 자주 왕래하며 지내왔던 터라 서로 잘 아는 집안끼리 아이들을 부부의 연으로 맺어주어도 괜찮겠다 싶어 이마사돈을 맺은 것이다. 세상에서 제일 어려운 것이 사돈지간이라지만, 우리는 언제 어디서 만나도 반갑고 편하다.

복더위가 시작되자 천안에 사는 큰아들네가 휴가라고 내려왔다. 손자들과 아들, 며느리를 앞세우고 어디 계곡이나 해수욕장이라도 다녀와야 되려나, 어떻게 보내는 것이 좋을까 궁리해 보는데 내려쬐는 햇볕만 봐도 숨이 막힐 것 같아 그만두기로 한다. 이 더위에 애들을 데리고 나갔다가 자칫 잘못하여 더위라도 먹는 날이면 고생이 말이 아닐 것 같았다.

생각다 못해 갓 잡은 싱싱한 오징어와 해물을 사다가 시원한 거실에서 편히 먹기로 했다. 오징어는 통째로 굽고 회도 만들고, 바닷장어는 고추장에 양념을 하여 발갛게 재워 익히고, 과일이며 시원한 콩국수도 준비하고 아들에게 장인, 장모님을 모셔 오라 하였다.

손자의 외할아버지와 친할아버지는 술을 좋아하신다. 신선한 해산물이 풍성하고 맛이 좋아 술안주로도 괜찮아 보였다. 이 잔은 사돈술, 이 잔은 친구의 술이라며 두 할아버지는 사돈이 되었다가는 친구도 되면서 서로의 정을 주고받으며 이야기꽃을 피웠다. 덩달아 신바람이 난 손자들은 노래를 부르며 흥에 겨워 엉덩이를 실룩실룩거리고 거실은 웃음으로 가득 채워졌다. 밖에 나가 고생하는 것보다 사돈내외와 아이들과 온가족이 함께 모여 집에서 보내는 것도 즐거웠다.

사돈지간이면 예전에는 융숭한 대접을 하는 것이 도리라고 여겨지기도 했고, 어려운 사이인 것도 사실이다. 사랑하는 자식을 낳아 길러 준 부모라서 감사한 마음으로 더없이 가까운 사이가 되기도 하지만 서로 예절을 지켜서 흉이 안 잡히게 조심하는 사이이기도 하다.

작은 아들 은기도 혼기가 다 되었다. 그애의 짝도 더도 덜도 말고 된장을 갖다 먹을 정도로 격의 없이 지낼 수 있는 집안에서 얻었으면 더할 나위 없이 좋으련만, 그게 맘대로 될까 모르겠다.

통금시간 때문에

서울에 사는 친구한테 전화가 왔다. 그녀는 큰오빠 칠순잔치에 왔다며 얼굴이나 보자고 한다.

일을 마치고 그녀가 있는 곳으로 갔다. 회관 문을 열고 안으로 들어가니 홀 안은 이미 잔치 분위기가 무르익고 있었다. 앞쪽 무대에서는 흥겨운 음악과 함께 춤을 추고, 식탁에서는 삼사오오 앉아 음식을 먹고 있었다.

칠순을 맞은 주인공에게 인사를 하고 친구와 자리에 앉았다. 그 친구와 초등학교 때부터 친하게 지냈기에 그녀의 가족과도 친근하다. 친구는 못 다한 공부를 뒤늦게 시작하여 대학교를 졸업하고 지금은 유아원에서 어린이들을 가르치고 있다. 늦은 나이에 공부를 한다는 것이 쉬운 일이 아닌데도 포기하지 않고 끈기와 용기를 가지고 해낸 친구에게 아낌없는 찬사를 보냈다.

친구와 이런저런 얘기를 나누고 있는데 그녀의 둘째 오빠가 오더니 오랜만이라며 무척 반가워했다. 결혼하기 전 그녀는 서산을 떠나 인천으로 올라갔다. 낯선 곳에서 적응하며 사느라 마음 고생 몸 고생을 많이 했다. 그 시절 고생 않고 산 사람이 몇이나 되랴만, 고생 끝에 낙이 온다는 말도 있듯이 성실하게 살아온 그녀는 아이들 모두 결혼시키고, 지금은 하고 싶은 일을 하며 보람되게 살고 있다. 그녀의 오빠도 남부럽지 않은 생활을 한다는 말을 들으니 마치 친오빠가 잘살게 된 것처럼 흐뭇했다.

친구가 인천에 살 때 나는 가끔 놀러갔었다. 그때 그 오빠는 하고 싶은 말이 있어도 용기가 없어 내게 좋아한다는 말을 못했다고 한다. 순수한 마음으로 좋아하면서도 내색 한 번 안했는데, 오늘에야 그 말을 한단다. 그 말을 듣고 친구와 나는 한바탕 소리 내어 웃었다. "우리 오빠가 너를 짝사랑하는 줄은 동생인 나도 몰랐다."며 친구는 지금이라도 잘해 보라고 놀려댔다. 친구 오빠는 얼큰하게 술을 마신 탓인지 수 십 년 전, 가슴속에 묻어 두었던 이야기를 끄집어냈다. 친구오빠에게서 옛날 얘기를 들으며 소녀시절, 미니스커트를 입고 발랄하게 거리를 걷던 그런 젊은 날이 내게도 있었는데, 잠시 지난날을 회상해 보기도 했다.

그 당시 친구 오빠가 자동차 정비사업하는 사람을 나에게 소개 시켜준 일이 있었다. 얼굴 생김새는 그런대로 괜찮았던 걸로 기억나는데, 데이트 하러 나온 사람이 작업복 차림에 손톱은 시커먼 기름때가 묻은 채로 씻지도 않고 나왔다. 사람 됨됨이가 아무리 성실하다 해도 선보러 나온 자리에 지저분하게 하고 나온다면 어떤 여자라고 해도 그런 사람에게 호감이 가지 않을 것 같다. 아무리 바쁘다 해도 상대방을 배려할 줄 아는 아량이 있어야 하는데, 그 남자는 남을 배려하는 마음은 조금도 없는 것 같았다. 처녀 시절에는 먼지 하나만 묻어도 톡톡 털고 다니던 때에 지저분하게 나온 그를 좋게 봐줄 수가 없었다. 나를 생각해준 그 오빠의 마음은 고맙지만 매너 없는 그런 사람은 만나지 않겠다고 했더니 그 오빠는 바빠서 그랬을지도 모른다며 겉모습만 보지 말고 몇 번 더 만나보라고 했다.

그 오빠 말대로 사람 겉모습만 보고 판단하는 것이 아닌 것 같아 다시 한 번 만나보기로 했다. 그 이후로는 깨끗하게 씻고 나왔다. 어느 날인가 그 사람과 만나서 얘기를 하다가 통행금지 시간이 가까워졌다. 빨리 돌아가야겠다는 생각에 발걸음을 재빠르게 옮기는데 바래다 주겠다며 그 사람은 갑자기 내 손을 잡았다. 나는 깜짝 놀라 손을 홱 뿌리쳤다. 그 사람과 손을 잡을 정도로 마음이 끌리지 않아서였다. 순간 불길한 생각이 머릿속을 스쳤다. 혹시 엉뚱한 짓이라도 하면 어쩌지, 이 밤에 여관으로 끌고 갈지도 모른다는 생각이 미치자 어서 빨리 그 곁을 떠나야겠다는 생각만 했다. 나는 혼자 가도 된다면서 그 사람을 따돌리고 반대 방향으로 뛰듯이 걸어갔다.

허둥지둥 발걸음을 옮기는데 때마침 통행금지 시간 단속 나온 경찰한테 딱 걸렸다. 어쩌다가 늦게 되었다며 변명을 늘어놓았지만 경찰은 쉽게 들어주지 않았다. 날이 밝으면 들어가라 하여 경찰서로 갔다. 경찰서 안에 있는 의자에 앉아있노라니 사람들이 하나 둘 단속반에 걸려 들어오기 시작했다. 어떤 사람은 술을 잔뜩 마시고 와서는 고래고래 소리를 지르는가 하면, 어떤 사람은 도둑질을 하다가 붙잡혀오기도 하고, 또는 싸우다가 오는 사람도 있었다. 여러 가지 사건들로 경찰서 안은 시끌벅적했다. 어쩌다가 통행금지에 걸려 이곳에 와있는 나도 한심했지만, 거기에 오는 이들 모두가 한심스럽게 보였다. 한쪽 의자에 앉아 경찰서 안의 각기 다른 사람들을 보다가 잠깐 눈을 감았다. 졸음이 몰려오고 등살이 아픈 것 같았다. 무슨 큰 죄라도 지은 것처럼 불편한 심기였다. 동녘은 언제 밝으려는지 지루함은 이루 말할 수 없고, 그날따라 초침은 왜 그렇게 느리게 움직이는지 답답하기만 했다.

순경은 경찰서에 들어온 사람들의 인적사항을 적으며 문란 행위에 대한 조치를 내렸다. 얼마 후 순경은 나를 보더니 따라 오라고 한다. 무슨 일인가 싶어 눈을 동그랗게 뜨고 따라갔다. 순경은 다음부터는 늦게 다니지 말라며 집에 데려다 준다고 했다. 생각지도 못한 뜻밖의 일이었다. 그날 경찰의 호의를 받으며 무사히 귀가하였다. 경찰이라고 하면 어딘지 모르게 딱딱하고 만나기 거북스런 느낌이 들기도 하는데, 그 순경은 그렇지 않았다. 내가 나쁜 짓을 할 사람으로 안 보였는지 그냥 훈방조치도 아니고 집까지 데려다 주는 호의를 베풀었다.

집에 와서 생각하니 그 사람과 같이 있는 것보다는 안전한 경찰서에 있었던 것이 천만다행이었다는 생각이 들었다. 그날 그 사람이 손을 잡았다는 빌미로 그 후로는 만나지 않았다. 친구오빠가 들려준 지난 얘기 때문에 그때 경찰아저씨가 안전하게 바래다 준 고마운 일을 떠올릴 수가 있었다. 그 고마운 아저씨, 지금은 어디에서 살고 있는지 이름이라도 알아두었더라면 차라도 한 잔 대접하고 싶은 아쉬움이 남는다. 살다보면 이런저런 일로 사람들을 만나게 되는데, 지나고 보면 어떤 사연에 만났든지 추억속의 한 장면일 뿐 오래 기억되는 것은 아니다. 무슨 사연이든지 내 곁을 스쳐간 모든 사람들이 건강하고 행복한 삶이 되었으면 싶다.

솔방울의 기억

초등학교 다닐 때 동생은 솔방울을 따서 팔았다. 소나무에 달려 있는 솔방울을 따 가마니에 가득 차면 그것을 이고 읍내로 가서 팔곤 했다. 동생뿐 아니라 동네 아이들은 겨울방학이면 거의가 솔방울을 따러 다녔다. 낮에는 솔방울을 따느라 산을 오르락내리락 돌아다녔고, 어둠이 깔리기 시작하면 그애들은 솔방울을 가득 담은 가마니를 이고 지고 팔러 가는 것이었다. 전깃불도 없던 시절, 빈손으로 걷기도 어려운 캄캄한 길을 짐까지 이고 어떻게 읍내를 다녔는지 모르겠다.

전에는 전기제품이나 가스 불을 사용하지 않는 시골에서는 솔방울은 땔감으로 요긴하게 쓰였다. 솔방울은 불이 붙으면 화력도 세고 먼지도 나지 않아 부엌 살림하는 여자들이 좋아했던 것 같다. 읍에서 사는 사람들은 솔방울이나 장작 같은 나무를 여축해 놨다가 그 불로 음식도 만들고 겨울에는 군불도 땠다.

동생은 솔방울을 팔면 주머니 가득 군것질할 것을 샀다. 라면땅이나 사탕을 사다가 먹으면서 나에게도 나눠주었는데 그때 라면땅은 참 고소하고 맛있었다. 동생의 주머니에는 군것질거리가 늘 들어 있었다. 입이 심심하면 또 무엇인가 돈될 것을 만들어 장에 내다 팔아 사탕이나 과자를 바꿔다가 먹었다.

매일 부스럭거리며 달콤한 사탕을 맛있게 먹는 그애를 보면서 어느 날인가 나도 한 번 솔방울을 따봐야겠다고 동생을 따라 갔다. 장갑도 귀하던 시절 맨손으로 솔방울을 따야 했다. 작은 나무에 매달려 있는 것은 따기 쉬웠으나 큰 소나무에 달린 솔방울은 많았지만 높아서 딸 수가 없었다. 큰 나무에 있는 것을 따려면 나무 위로 올라가야 하는데, 나는 보기만 해도 가슴이 두근거렸다. 솔방울을 딸 때 솔잎과 솔방울에 찔리기도 하고 산에서 내리치는 세찬 겨울바람은 손등을 얼얼하게 스쳐갔다. 추위를 참으면서 간신히 한 가마니 채웠는데, 나는 그것을 내다 팔 용기가 나지 않았다.

동생은 동네아이들 갈 때 가자면서 행여 솔방울이 쏟아지기라도 할까봐 가마니 주둥이를 새끼줄로 꽁꽁 묶었다. 동생이 마무리해준 가마니를 이고 따라 나섰다. 그애는 가지고 간 것을 어느 상점으로 들어가 금방 팔고 나왔는데, 나는 행여 아는 사람이라도 만날까 두려움만 앞서고 솔방울을 어디에 팔아야 할지 몰라 쩔쩔매며 담 모퉁이에서 서성거렸다. 그런 나를 본 동생은 히쭉 웃으면서 무어랄 것도 없이 가마니를 번쩍 들고 가 어떤 집에다 손쉽게 팔아 넘겼다. 솔방울에는 뾰쪽한 가시가 있는데 긁히면 손이 여간 쓰린 게 아니다. 나는 가마니를 이고 가는 것도 싫었고, 차라리 고생하지 말고 그 돈 안 쓰는 게 낫겠다싶어 그 뒤로는 솔방울을 따지 않았다.

동생은 나와 달리 말도 잘하고, 힘도 세고, 용기도 있었다. 집에

풋콩이나 채소가 남아돌면 그런 것도 내다 팔아 가끔은 아버지께 막걸리를 사다 드리는 효녀 노릇도 했다. 그뿐이 아니었다. 갑자기 손님이 오면 시골에서는 집에서 기르는 토끼나 닭을 잡아 대접했는데, 그애는 그런 일도 서슴지 않고 거뜬히 했다. 동생과 나는 같은 자매인데 성격이 반대였다. 선머슴 같은 동생과는 달리 나는 수줍음을 많이 타서 남들 앞에 서면 말도 제대로 못하고 힘도 없어 허드렛일을 좋아하지 않았다. 그런 나를 오히려 그애가 보호해주지 않았나 싶다.

주변머리가 없는 나에 비해 동생은 무엇이든 손쉽게 잘했다. 손맛도 있어 그애 손이 거치기만 하면 맛깔스런 음식이 만들어진다. 집안 청소를 해도 깔끔하게 정리를 잘했다. 아무튼 동생은 어려서부터 시원시원하게 일하여 이 다음에 잘살 것이라 생각되었다.

그러나 그애는 돈이 생기면 절약하기보다는 군것질하느라 돈이 주머니에 남아 있을 새가 없었다. 어렵게 벌었으면 먹는 데에만 소비하지 말고 다른 곳에 유용하게 쓰면 좋으련만, 어려서부터 씀씀이가 크던 그 버릇은 어른이 되어서도 마찬가지였다. 먹는 것이 퇴직금이라며 누구 못지않게 잘 챙겨 먹었다. 모든 일은 몸이 건강해야 일할 의욕도 생기고 마음먹은 대로 이뤄지는 것은 틀림없다. 그러나 요즈음은 너무 많이 먹어서 건강을 해친다고 해도 과언이 아닐 것이다. 돈을 헤프게 쓰는 습성 때문인지 그애는 일은 열심히 하는데도 넉넉지 못한 생활을 한다. 그런 걸 보면서 돈은 어떻게 쓰느냐에 따라 경제적으로 안정된 생활이 되기도 하는 반면 빈곤으로 이어지기도 하는 것 같다.

그애는 어떤 일이든지 잘하여 누구보다 더 잘살 것이라고 여겼는데, 나는 그와 달리 무엇 하나 제대로 하는 게 없어 그럭저럭 살겠거니 생각했는데 그 예상은 빗나갔다.

돈을 버는 것보다 더 중요한 것은 돈쓰는 법을 몸에 익히는 것이라 생각한다. 돈을 써야 할 곳은 망설이지 말 것이며, 아무리 돈을 많이 벌어도 아끼지 않으면 노후에 가서 후회할 일만 생긴다는 것을 명심해야 할 것 같다. 솔방울을 따서 파느라 손이 나무껍질같이 되어도 사탕이나 과자를 사먹는 것을 좋아하던 동생, 어디에 내놔도 걱정 없이 살아갈 줄 알았는데 그때 절약하는 습성을 길렀더라면 지금은 좀더 안정된 삶이 되지 않았을까 안쓰러운 생각이 든다.

손주 바보

며느리한테서 전화가 왔다. 서부 평생학습관에서 영어강의가 있는데 애들을 돌봐줄 수 있겠냐는 내용이었다.

일주일에 한 번씩 두 달정도 하는데, 수업이 끝나면 바로 천안으로 올라가 다음날 손자인 석현이를 학원에 보내야 되므로 강수리에 있는 친정집보다는 가까운 우리 집이 덜 불편할 것 같아서란다. 그동안 무슨 일이 있으면 며느리의 친정어머니가 애를 봐주었다. 애들을 며칠도 아닌 몇 시간 못 봐주랴 싶어 그러라고 했다. 네 살 된 큰손자는 말귀를 알아들으니 괜찮으나 작은손녀는 아직 돌도 안 돼 낯가림하여 보채기라도 하면 어쩌나, 대답은 했어도 은근히 걱정되었다. 애들은 잘 놀 때는 봐줄만 한데 칭얼거리기라도 하면 어떻게 해야 될지 난감한 일이기 때문이다.

강의가 있는 날, 며느리는 손자와 손녀를 데리고 왔다. 큰녀석은 제 아빠를 닮아 남자같이 생긴 게 듬직하고, 손녀는 어미를 닮아 예쁘다. 이제 막 짝짜꿍을 하고 도리도리를 하는 손녀와 같이 따라 하면서 까르르 웃는다. 이제 한참 말문이 터진 큰녀석은 이것은 트랙터, 또 이것은 콤바인, 이앙기라고 어려운 농기계 이름도 척척 대며, 누가 물어보면 아예 트랙터 할아버지 네라고 한다. 어디에서 말이 술술 나오는지 손자녀석 말을 들을 때마다 신기하여 귀가 쫑긋거려진다. 녀석들의 재롱에 내 입은 귓가에 걸려 내려올 줄을 모르고, 손녀는 걱정했던 것보다 생긋생긋 웃으며 오빠 따라 잘 놀아주었다.

잠시도 가만히 있지 않고 재잘거리며 왔다갔다 돌아다니며 노는 아이들이 출출할 것 같아 간식을 먹였다. 냠, 냠, 냠! 오물거리며 받아먹는 손주들 입이 더없이 귀엽다. 웃을 일이 없어 암울하던 집, 손주들의 웃음꽃으로 방안 가득 채우고 신선한 공기로 정화시켜 놓는다. 어린아이들과 놀고 있으니 나도 아이가 되는 듯하다. 손자들이 너무 예뻐서 어쩔 줄을 모르겠다고 하는 사람들을 볼 때면 무엇이 그리 예쁠까 좀 과장스럽다 느껴지기도 해서 팔불출이 따로 없다고 생각했다. 손주 앞에 있는 나는 나도 모르게 푼수 끼가 슬슬 발동하는지라 그들과 다름없는 행동을 하면서 혼자 웃었다. 아이들의 순수하고 때 묻지 않은 맑고 고운 눈동자를 들여다 보노라면 아무리 무뚝뚝한 사람이라고 해도 웃게 되고 마음엔 평온함이 깃드는 것 같다.

며느리는 결혼 후 큰아이를 낳고 일 년 쉬고 학교에 나가다가 작은 아이를 낳고 다시 육아휴직을 하고 있다. 첫애를 낳고는 삼 개월만 쉬고 학교에 나간다는 것을 제 남편이 어린것을 안쓰럽게 어찌 떼어 놓고 나가느냐, 일 년이라도 키워놓고 다니는 것이 좋을 것 같다하여 그리 했단다. 둘째도 일 년 동안 휴직할 예정이라더니 아무래도 이삼 년은 더 집에서 아이들을 보살피는 것이 정서적으로나 여러 모로 좋을 것 같다고 한다. 농사 중에 자식농사를 우선 잘 지어야 한다는 말도 있다. 내가 아이들을 돌봐 줄 수 있는 여건이 아니라서 이래라 저래라 말은 하지 않았지만 하던 일을 뒤로 미루더라도 애들을 잘 돌봐야겠다는 그 말을 듣는 순간 반가움에 참 잘했다고 큰소리라도 치고 싶었다. 그런 마음을 가진 며느리가 기특하고 고마웠다.

애를 낳아 키우는 것은 정말 힘들고 어려운 일이다. 말도 못하는 어린것이 칭얼댈 때면 어찌할 바를 몰라 같이 울고 싶어질 때가 한두 번이 아닐 게다. 밖에 나가 일하던 며느리가 첫애를 낳고 집안에서 아이와 씨름하다보니 마음이 불안하고 답답해서 우울증이라도 걸릴 것 같아 한동안 그걸 극복하느라 애를 먹었다고 했다.

며느리는 중고등학교 영어교사다. 교과서 편집위원이라고 하니 실력은 출중한 모양이다. 결혼하기 전에는 일 욕심이 너무 많은 것 같아 행여 집안일을 등한시하면 어쩌나 걱정도 했는데, 그렇지는 않았다. 여자들은 결혼하여 가사 일을 돌보다 보면 아무리 아는 것이 많다 해도 제대로 활용하지 못하는 경우가 많다. 요즈음은 육아휴직이란 게 있어 사용하고 싶은 기간이 길어서 괜찮은 편이다.

"어머님, 저 요즈음 참 행복해요! 지금 애들 데리고 산책 나왔는데요, 애들하고 사는 재미가 즐거워요." 전화기 속에서 흘러나오는 며느리 목소리가 상큼하다. 집안에서 살림하고 애들이나 키우면 재미없을 줄 알았는데 재롱부리는 것을 보면 힘들다가도 흐뭇하고, 집안일하며 남편 뒷바라지하는 재미도 쏠쏠하다면서 요즈음 자기가 참 행복한 여인인 것 같다고 한다.

내 집으로 시집 온 며느리가 행복하다는 전화를 받으니 내 마음도 덩달아 편안해진다. 며느리 마음이 불편하다면 집안 분위기가 엉망

일 텐데, 그런 걱정 하나 덜어주니 그저 고마울 따름이다. '행복'이라는 말은 흔해도 쉽게 안 나오는 말인데, 스스로 행복을 느낀다니 이보다 반가운 말이 어디 있으랴. 안주인인 주부의 마음이 편해야 그 집안이 화목해짐은 물론 나아가 사회도 편안해지는 법이다.

일을 끝내고 며느리가 돌아왔다. 아이들은 제 엄마를 보자 반가움에 어쩔 줄을 몰라 "엄마!" 하며 달려든다. 지금껏 돌봐준 할미는 거들떠보지도 않고 제 엄마한테로 모두 안긴다. 그래서 제 자식은 제가 키우기 마련인가보다. 서둘러 저녁밥을 지어 며느리와 손주에게 먹였다. 애들을 카시트에 태우고 떠나는 며느리, 천안에서 이곳까지 애들 데리고 왔다 가려면 피곤할 텐데 "다음 주에 또 와요, 어머님!" 어려운 내색 없이 명랑하게 웃으며 가는 며느리를 보면서 무엇인가 자기가 하고 싶어서 하는 일은 삶에 활력소가 되는 것 같다는 생각을 한다.

몇 시간 동안 웃음보따리를 풀어놓고 가는 손주들, 다음 주에 다시 웃음보따리를 안고 돌아올 자동차가 주르르 미끄러져 떠나고 있다.

어휴, 냄새

대리점 관리하는 담당직원이 바뀌었다. 담당은 업무상 자주 만나게 된다. 때론 사람을 만나고 헤어지는 과정에서 어떤 사람을 만나느냐에 따라 일에 대한 열정과 성과가 더 생길 수도 있고 그렇지 않을 수도 있다. 개개인의 능력과 인격도 비교되는 것 같다.

다시 바뀐 영업담당은 성격이 소탈하지 않아 그다지 마음에 들지 않는 사람인데, 그 사람이 우리 지역을 담당하게 되었다. 전임자와 인수인계하러 온 첫날, 가까이 앉아 이런저런 얘기를 나누노라니 입에서 심한 냄새가 나서 나는 대충 대화를 마치고 얼른 자리에서 일어났다. 담당을 맡게 되면 한두 해는 자주 출장을 나오는데 그때마다 마주칠 것을 생각하니 이를 어쩌나! 걱정이 앞섰다. 사람은 젊고 늙음을 떠나 깔끔한 인상을 풍겨야 다시 만나도 반가운 법이다. 나쁜 냄새를 풍기는 사람은 어디를 가더라도 환영받지 못할 것이라고 생각되었다.

며칠 후 그가 또 출장을 나왔다. 나는 내 책상 앞에 앉아 그를 멀리하려는데 직인을 받기 위해 그가 내 앞으로 다가온다. 순간 속이 뒤집어질 정도로 심한 냄새가 코를 찌른다. 악취를 맡지 않으려고 입을 꾹 다물고 숨을 쉬지 않았다. 서류 검토를 하면서 더 이상은 숨을 참을 수가 없어 "어휴, 냄새! 담배 좀 끊으세요, 너무 역겨워요." 느닷없이 나도 모르게 내뱉고 일어나 저쪽으로 자리를 옮겼다. 그 말을 들은 그는 얼굴색이 변하면서 당황하는 기색이 역력했다. 그가 가고 난 후 내가 너무 심한 말을 했나! 전화라도 해서 미안하다고 할까, 아니야 그럴 것 없어 정신 좀 차리고 담배를 끊던지 자기 관리를 하고 다녀야지 젊은 사람이 어찌 그러고 다닌담, 불쾌한 냄새를 맡고도 다른 사람들은 참고 말을 안 해서 그렇지 얼마나 역겨울 거야. 앞뒤를 가리지 않고 직선적으로 말한 것이 마음에 걸렸지만 전화도 하지 않고 그냥 내버려두기로 하였다.

먼저 담당했던 직원은 나이는 어려도 기본자세가 되어 있었다. 무거운 것을 내가 치우려면 얼른 다가와 "어이구 무거운 것 들면 병나요, 제가 할 게요." 거들어주며 상냥하게 웃곤 했다. 출장 나왔을 때 식사시간이 되면 스스럼없이 밥도 같이 먹고, 무엇을 도와 줄 것이 없는지 자상하게 챙겨주고 담배도 피우지 않았다.

나는 후각이 발달했는지 냄새에 예민하다. 새로 지은 건물에 간다거나 페인트 냄새를 맡게 되면 가슴이 답답하고 머리가 띵하고 어지러워 오래 있지 못한다. 아직도 담배를 끊지 못하고 열심히 피워대는 남편 때문에 날마다 신경이 쓰여 주름살이 하나씩 늘어나는 느낌이다. 담배 연기를 맡으면 머리카락이 하늘로 치솟는 것 같을 정도로 싫어한다. 정작 담배 애호가들은 자기만 좋으면 그만인지 상대방 배려를 덜하는 것 같다는 느낌이 든다. 담배를 피우는 본인들도 담배가 건강에 안 좋다는 것을 알고, 다른 사람들에게 곱지 않은 시선을 받는다는 것을 모르지는 않는다. 그들은 나름대로 담배를 끊어보려고 시도를 해보는데 실패하는 사람이 많다.

몇 년 전 일이다. 출근하여 사무실 문을 열고 들어서려는데 가스 냄새가 확 났다. 이상하다 어디서 가스가 새어나왔지? 일단 문을 열어놓고 가스 잠금장치를 찾고 있는데, 뒤따라 들어온 남편은 담배를 피우려고 라이터를 켜려고 하였다. 순간 "안 돼, 불 켜면 폭발해!" 나는 다급한 나머지 소리쳤다. 남편은 아무렇지도 않은데 아침부터 수선을 떤다고 오히려 퉁명스런 말투였다. 아니나 다를까 가스 잠금장치 부분을 살펴보니 밸브가 열려 있어 밤새 가스가 조금씩 새어나왔던 거다. 그때 남편이 라이터에 불을 켰더라면 가스 폭발로 대형사고가 날 뻔 했는데, 예민한 후각 덕에 그 위기를 넘길 수 있었다. 이렇듯 냄새를 잘 맡아 위기를 모면하기도 하는 반면 생활하면서 불편한 일도 많다. 버스 같은 좁은 공간에 방향제를 달아놓으면 멀미를 한다. 그런 냄새를 맡게 되면 속이 메슥거려 아무리 향이 좋다고 해도 나는 집안이나 자동차 안에는 그런 것을 사다놓지 않는다. 역겨운 냄새가 나면 아무리 맛있는 것이 있다 해도 잘 먹지 않는다. 그럴 때 먹었다가는 배탈 나서 고생하기 일쑤다. 이렇듯 본의 아니게 괴로움을 겪게 된다. 후각이 예민하지 않은 사람들은 아무렇지도 않게 어디를 가든지 잘 먹고 잘 견디는 것을 보면 부러울 때도 있다.

담당한테 듣기 싫은 얘기를 한 지 열흘이 지났을 즈음, 그가 왔다. 그는 나에게 그런 말을 듣고는 충격 받아 집에 가서 자기 와이프에게 물어봤단다. 자신에게서 입 냄새가 심하게 나느냐고? 와이프는 냄새

난다는 말을 여러 번 했는데도 자신이 듣지 않아 지쳐서 그만 두었다고 하더란다. 대부분 사람들은 식구들이 말을 하면 건성으로 듣는 습성이 있는데, 그도 그랬던 거다. 그는 안 되겠다 싶어 아무리 바빠도 치과에 가서 치료를 받아야겠다며 바로 그 다음 날 병원에 갔다. 그리고 이빨에 쌓인 치석도 제거하고 칫솔을 가지고 다니며 밥을 먹고 나면 이를 닦고 담배를 피운 후에는 물을 마시고 가그린을 뿌리는 등 다른 사람들한테 불쾌감을 주지 않기 위해 신경을 많이 쓴다고 하였다.

자기 아내의 말을 일찍이 귀담아 들었더라면 좋았을 것을 자신한테 그렇게 심한 냄새가 나는 줄은 미처 몰랐다며, 오히려 나쁜 습관을 고치게 되어 고맙다는 말을 했다. 나도 모르게 튀어나온 말이라서 나름대로 미안한 생각이 들었다고 하였더니 알려 주어 본인한테는 얼마나 다행한 일인지 모른다고 했다.

자신이 담배를 피우는데도 다른 사람이 옆에서 담배를 피우면 그 냄새가 싫어 고개를 돌리는데 그동안 자기 때문에 많은 사람들이 말도 못하고 얼마나 괴로웠겠느냐며, 늦게 알게 된 것을 아쉬워하였다.

잘못된 습관을 지적해 주는 일은 자칫 오해가 생길 수도 있고 그로 인하여 거리감이 생길 수도 있어 되도록이면 듣기 싫은 말은 하지 않으려고 한다. 그래도 그는 자신의 나쁜 습성이 있었다는 것을 알아듣고 고치려고 하니 다행이었다. 그 일로 마음에 담아 두면 어쩌나 노파심이 들었던 것도 사실이다. 그를 만나기라도 하면 속으로는 얼른 돌아가기를 바라고, 자주 마주치는 일이 없었으면 싶을 정도였다. 이제 그를 만나는 사람은 악취 때문에 멀리 하지 않아도 될 것 같다.

나쁜 습관을 지적당하고 그것을 고치려고 노력하는 그를 보면서 자신을 깔끔하게 관리하는 일은 본인한테도 좋은 일이지만 우선은 상대방에게 불쾌감을 주지 않으니 일거양득이지 싶다.

하루에도 수많은 사람들을 스쳐 지나고, 만나는 일이 날마다 연속이다. 나 자신은 어떤지 당사자는 알 수 없는 일이므로 나로 인해 상대방이 선의의 피해는 입지 않았는지 잠시 자신을 점검해 보기로 한다.

신발과 건망증

칠갑산을 가게 되었다. 신발장에 넣어두었던 등산화를 꺼내 신으려고 하는데 접착 부분이 군데군데 떨어져 있다. 왜 이렇게 되었지? 얼마 신지도 않았는데 혼자 중얼거리며 신발을 유심히 살펴보았다. 신발을 구입한 지는 오래 되었지만 많이 신지 않아 바닥과 겉은 멀쩡했다. 신발도 나이를 먹어서인지 애당초 모습과는 달리 여기저기 해어지는 것을 보니 말이다. 신발을 새로 구입하고 싶어도 이른 아침이라 살 수도 없었다. 해진 신발을 신고 나갔다가 혹시 돌이라도 걸려 바닥창이 개 혓바닥처럼 될까 염려되어 손으로 힘껏 잡아당겨보았다. 아주 못 신을 정도는 아니라서 틈이 벌어진 것을 신고 집을 나섰다. 아무리 값비싼 것이라도 수명은 한계가 있는 것 같다.

언젠가 관광 갔다 돌아오는 길이었다. 휴게소에서 잠깐 쉬었는데 자동차에 등산화를 진열해 놓고 팔고 있었다. 신발을 구경하던 사람들은 너도 나도 신어보며 한 켤레씩 사들고는 산에 갈 생각에 흐뭇한 표정들이다. 나도 그들 틈에 끼어 한 켤레 샀다. 그 신발을 신고 해인사에 갔다. 처음에는 발이 불편한지 잘 몰랐는데 산 중턱에 올라갔을

즈음부터 발가락이 아프기 시작했다. 간신히 아픔을 참으면서 정상에 올라갔지만 내려올 것이 걱정되었다. 산에서 내려올 때는 편한 신발을 신었다 해도 힘겹고 다리가 아프다. 한 걸음 한 걸음 옮길 때마다 오른쪽 엄지발가락이 점점 더 아파 신을 벗어 내팽개치고 싶은 마음뿐이었다. 잘못 구입한 신발 때문에 모처럼 만에 나온 산행은 불편하기 그지없었다. 다리를 절뚝거리면서 간신히 내려와 신발을 벗고 발가락을 들여다보니 엄지발톱이 벌겋게 되어 있었다. 발톱이 빠지면 어쩌지, 발가락이 피멍이 들 정도로 고생을 했기에 그 신발은 두 번 다시 쳐다 보기도 싫었다. 발이 편해야 머리가 잘 돌아간다는 말이 있다.

그 뒤로 다시 등산화를 구입했는데, 오래 되어 저절로 밑창이 떨어져 버린 것이었다. 산을 자주 가는 편은 아니지만 그래도 등산화 한 켤레는 있어야 되겠기에 다시 사기로 했다. 신발 가게에 들러 이것저것 신어보고 그 중에서 제일 가볍고 편한 것으로 샀다. 신발가게에서 나와 양품점에 들렀다. 상점 안에 진열해놓은 옷을 이것저것 둘러보다가 눈에 띄는 것을 골라 탈의실로 들어가 바지를 벗고 스커트를 입으려는 순간 그만 나도 모르게 픽 웃음이 터져 나왔다. 왼발은 무릎까지 올라오는 검정색 양말을 신었고 오른발은 회색의 짧은 양말에 스커트를 입었으니 내가 나를 봐도 웃기는 모양새라 낄낄거리며 문을 열고 나왔다.

"야! 너 패션 한번 볼만하다. 왜 양말이 짝짝이냐? 그렇게 하고 거리를 한번 활보하면 사람들이 새로운 패션이라고 할 것 같다야."

같이 간 이웃 언니는 나를 보면서 놀려대고, 매장 안에 있던 사람들은 너나 할 것 없이 모두가 까르르 웃는다.

등산화를 구입할 때는 두꺼운 양말을 신고 손가락 한 개 정도 여유 있는 것을 골라야 발이 편하다며 매장 주인이 신어보라고 준 양말을 신고 신발을 신어보다가 그만 양말을 그곳에다 벗어놓고 그냥 나왔던 게다. 요즘은 편한 신발만 신는데도 깜빡깜빡 잊어 먹는 일이 늘고 있다.

언젠가는 스타킹을 짝짝이로 신고 한나절을 다닌 적이 있다. 아파트에서 살 때였는데, 남편이 출장 중이라서 혼자 출근을 해야 했다. 스타킹을 신다가 그만 올이 풀려 그쪽만 다른 것으로 바꿔 신고는 서둘러 집에서 나왔다. 택시를 타려고 서성이다가 운동삼아 걷기로 했다. 사무실까지 걸어서 삼십분 정도 걸리는데 아침공기 마시며 출근하는 것도 상큼하여 가끔은 이렇게 걸어서 출근을 해야겠다는 생각을 하면서 활기차게 걸었다.

사무실에 도착하여 일을 하는데 "요즈음 양말은 짝짝이로 신는 게 유행인 가유?" 앞에 앉아있던 고객이 쿡쿡거려 영문도 모르는 나는 뭔 소린가 싶어 내 다리를 내려다보니 퍼렇고 허연 각기 다른 색상의 스타킹을 신고 있었다. 어이고 이게 뭔 꼴이람? 우습기도 하고 계면쩍기도 했지만 요즈음은 이런 패션이 유행이라고 둘러대며 웃어 넘겼다. 올이 나간 스타킹을 벗으면서 다른 한 쪽도 벗는다는 것을 깜빡하고 그냥 나온 것이다. 바지도 아닌 스커트를 입고 집에서부터 사무실까지 아무렇지 않게 활보했던 거다. 퍼렇고 허연 각기 다른 다리로 씩씩하게 걸어가는 모습을 보는 사람들은 무어라고 했을까, 지금도 그 생각을 하면 웃음이 절로 나온다.

나이가 한 살씩 보태지면서 나도 모르게 깜빡 잊어버리는 일이 잦아진다. 어느 때는 손에 잡고도 찾아 헤매고, 책상 위에 놓은 것도 보이지 않아 이리저리 찾기 바쁘고, 물을 끓인다고 가스 불을 켜놓고 돌아다녀 보리가 다시 볶아져 주전자 바닥에서 달그락거리는 일도 있다. 언젠가는 아파트 경비실에서 전화가 왔다. 집에 불이 난 것 같다면서 빨리 오라고 한다. 꽃게찌개를 끓여놓고 나온다는 게 가스 불을 켜놓은 채 그냥 나온 것이다. 경비아저씨의 전화에 부랴부랴 집으로 갔다. 아파트 통로에 들어서자 냄새가 진동을 한다. 현관문을 열고 들어서니 자욱한 연기 속에 꽃게 비린내의 특유한 냄새가 온 집안 가득하였다. 문이란 문은 다 열어놓고 환기를 시켜도 좀처럼 냄새는 가시지 않았다. 그 후로 경비실 아저씨와 마주치기라도 하면 민망하여 고개를 들 수가 없었다.

자주 일어나는 건망증 때문에 곤욕을 치르는 게 한두 가지가 아니다. 웃음거리를 제공하기도 하지만 자칫 잘못하면 큰 사고로 이어질 것 같은 아슬아슬한 일이 있을 때엔 가슴이 오싹해진다. 핸드백에 자동차 키를 넣고 핸드폰을 잘 챙겨 넣고도 열어보고 또 열어보는 게 이젠 습관이 되어버렸다. 어쩌다가 이 지경까지 왔는지, 어느 때엔 한심스럽다는 생각이 들기도 한다.

양품점에서 나와 다시 신발가게로 갔다. "좀전에 양말을 벗어놓고 갔는데…." 주인은 웃으면서 그렇잖아도 여기에 챙겨놨다며 양말을 내주었다. 복잡한 시내를 들어오지 않아도 되는데 건망증 때문에 다시 들러야 했다. 양말을 받아들고 나오면서 다음부터는 정신을 바짝 차려야지 다짐해 보며 혼자 웃었다.

어리굴젓 담그기

어리굴젓을 담그기로 했다. 굴젓을 잘 만들지 못하는 나는 바다에서 갓 따온 싱싱한 굴을 가지고 선배님 댁으로 갔다.

선배님은 굴을 깨끗이 헹구어 바구니에 건져 물기를 뺀 다음 소금을 넣었다. 소금에 절인 굴을 며칠 놔두면 발효된다고 한다. 발효가 잘된 후 끓인 물에 고운 고추가루를 개어 식힌 다음 굴과 버무리면 어리굴젓이 완성된다는 것이었다. 선배님은 소금에 절인 굴과 고춧가루를 주면서 집에 가지고 가서 너무 덥지 않은 곳에 놔두라고 했다.

나흘 정도 지났을 무렵 선배님 댁도 굴젓을 담갔다며 굴이 발효됐는지 살펴보란다. 뚜껑을 열고 살펴보니 색깔이 누렇게 변하면서 굴 익는 냄새가 구수하다. 우리 집과 기온 차이가 있었는지 선배님 댁보다 이틀 정도 더 지나서야 제대로 곰삭은 것 같았다. 잘 발효된 굴과 고추를 넣고 버무려 유리병에 담았다. 투명한 병에 담아 놓은 어리굴젓, 굴과 고춧가루가 잘 어우러져 발갛게 물든 빛이 곱고 맛깔스럽게 보인다. 내 손으로 직접 만드는 일은 좋은 재료를 사용하여 믿을 수 있고, 입맛에 따라 간을 조절할 수 있는 장점과 기쁨이 있다.

굴젓을 담을 수 있다는 뿌듯함을 참을 수 없어 나는 선배님께 전화를 걸었다.

"선배님! 이제 저 혼자서도 어리굴젓을 담글 수 있을 것 같아요, 알고 보니 간단하고 쉽네요."라며 자신만만하게 말했다. 무엇이든 알고 나면 쉽고, 모르면 어렵다는 말이 괜한 말이 아니라는 것을 다시금 느꼈다.

김치냉장고 위에 올려놓은 빛 고운 어리굴젓은 보기만 해도 입맛이 살아나는 듯했다. 마침 대리점에 온 고객은 어리굴젓을 보더니 소주 한 잔 마시면 그만이겠다며 쩝쩝 입맛을 다신다. 먹자고 만든 건데 그러라며 굴젓과 소주를 내놓았다. 벌리면 잔치라고 오가는 고객들과 한잔 한잔 마시다보니 어리굴젓이 순식간에 바닥났다. 손수 담은 것을 맛있게 먹으며 즐거워하는 그들을 보는 내 마음은 덩달아 즐거웠다.

또 굴젓을 담기로 하였다. 선배님이 알려준 대로 했더니, 두 번째 담근 것도 성공이었다. 이렇게 하면 되는 것을 왜 진작 배우지 않았는지 후회마저 들었다.

남편 생일 날, 남편의 형제들과 함께 점심을 먹기로 했다. 며느리는 아버님 형제분들께 예쁜 커피 잔을 선물하면 어떻겠느냐고 한다. 집집마다 찻잔은 여러 개 있을 것이 뻔하고, 선물이란 받는 사람의 취향이 맞지 않으면 천덕꾸러기가 되니 차라리 손수 만든 어리굴젓으로 하는 것이 어떻겠냐고 하니 며느리도 좋은 생각이라고 한다.

두 번째 담근 것을 남편의 형제분들께 주고 나니 정작 내가 먹을 것이 없었다. 굴젓 담그는 일에 신바람이 들린 듯 나는 또 굴젓을 담그기로 했다. 굴은 일 년 내내 채취하는 것이 아니라 대부분 11월경부터 다음해 4월까지 먹을 수 있는데, 그 이후로는 번식기라서 굴에 독소가 생겨 채취하지 않는다고 한다. 굴이 들어가기 전에 한 번 더 담아야겠기에 서둘렀다.

굴젓 담그기 세 번째였다. 발효시키는 데 사오일이 지났을 즈음 빛깔이 누렇게 되면서 냄새도 괜찮았다. 이 정도면 되겠지 싶어 고춧가루를 넣고 버무렸다. 병에 담을 때까지는 별다른 이상이 없는 것 같아 이번에도 잘되었다고 좋아했다. 그러나 그 이튿날 굴젓은 완전 다른 모양으로 변해 있었다. 병뚜껑은 금방이라도 펑 터질 것같이 공기가 가득 차 있고 국물은 병 밖으로 흘러내려 주변이 지저분해 있다. 굴은 모두 위로 떠 있고 멀건 물은 밑으로, 일부러 그렇게 하려 해도 그리되지는 않을 것 같았다. 고와야 할 고춧가루는 제 색깔을 내지 못하고 군데군데 몰려 있다. 잘할 수 있을 거라고 자신만만하던 오만은 보기 좋게 한방 얻어맞은 기분이었고, 굴 따로 물 따로 고춧가루가 모두 제각기 반란을 일으키며 마치 비웃기라도 하는 듯 보였다.

누가 볼까 두려운 나머지 사람들의 보이지 않는 곳에 옮겨놓았다. 하루만 더 두었더라면 좋았을 걸, 발효가 조금 덜 됐다고 이렇게 되다니, 담글 때는 별 차이가 없었는데 정말 하늘과 땅 차이 라는 생각마저 들었다. 한두 번 해보고 잘할 수 있을 거라고 너무 쉽게 생각한 것도 잘못이었다. 굴을 얼린 것과 생것을 함께 섞은 것이 실패의 원인이었다. 아무리 싱싱한 것을 얼렸다고 해도 생굴과 얼린 것과는 서로 어우러지지 않는다는 것 또한 미처 몰랐다.

내 삶에 있어서 제대로 배워서 해야 할 일을 쉽게 덤벼들어 실패한 일이 어디 어리굴젓뿐이었으랴, 무엇이든 제대로 익히기까지는 많은 노력이 따라야 한다. 그러나 실패는 재도전의 기회가 있는 것이며, 실패를 함으로써 한 번 더 신중히 생각하게 되는 전진의 발걸음이 되기도 하는 것 같다.

굴은 국을 끓여도 국물이 시원하고 나물 볶는데 넣어도 맛이 담백하다. 배를 썰어 넣어 만든 굴회는 술안주에 그만이다. 굴전은 입맛을 돋우는 데도 한몫을 한다. 굴은 여러 가지 음식을 만들어 먹을 수 있는 자연이 우리에게 선사한 겨울철의 식품이며, 또한 농한기 어민들에게 소득을 올리는데도 한몫을 한다.

어리굴젓은 조선 태종 때부터 임금님 수라상에 올랐다는 것인데 김이 모락모락 나는 쌀밥에 얹어먹으면 밥도둑이 따로 없을 정도다. 어리굴젓은 알싸하고 고운 고춧가루로 양념을 해서 만든 매운 굴젓이란 뜻이라고 하는데 '맵다'는 뜻의 지역 방언이며, 어리어리하다에서 나온 이름이라고 한다.

이렇듯 어리굴젓은 오래 전부터 우리 밥상에 오른 것이고 굴젓을 담가놓으면 계절과 상관없이 맛볼 수 있는 요긴한 밥반찬이다. 그래도 제철에 먹는 게 더 맛이 있는 것 같다. 굴젓을 담다가 실패한 후 굴이 없어 재도전을 하지 못했는데, 어리굴젓 담그는 것을 제대로 익혀 올 겨울에 재도전해 보기로 한다. 굴속에 마음의 정도 함께 넣어 버무려 이웃과 나누어 먹으면 맛이 더 살아날 것 같다.

자동차극장

몇 년 전 결혼기념일이었다. 남편은 밖에서 누구와 술을 마셨는지 얼큰하게 취해 들어와서는 가까운 온천이라도 다녀오자고 하였다. 이왕 외출하려고 마음먹었거든 상대방이 기쁜 마음으로 받아들일 수 있도록 아량을 좀 베풀면 좋으련만, 술을 잔뜩 마신 상태라 선뜻 일어서고 싶은 생각이 들지 않았다. 어떻게 할까 망설이다가 어찌 되었든 저녁이나 먹고 들어와야겠다는 마음으로 집을 나섰다.

해마다 이맘때가 되면 연말이라 마무리할 일이 많아 마음 놓고 가지도 못하고 그냥 넘기곤 했다. 깔끔하고 맛있게 하는 음식점은 어디에 있는지 두리번거리며 찾고 있는데 남편은 횟집으로 가자고 한다. 자동차를 주차하고 식당 안으로 들어갔다. 왠지 맛깔스럽지 않을 것 같은 생각이 들어 다른 곳으로 갔으면 좋겠다고 하니 그냥 먹자고 하였다.

주문한 음식이 나왔다. 생선회는 소주를 한잔 걸쳐야 제 맛이니 술을 좋아하는 남편이 그냥 넘어갈 리가 없다. 술 한 병을 시켜서 먹었는데 음식이 남았다. 안주가 아깝다며 또 술을 주문했다. 배부르다 싫으면 음식을 남기면 될 것을 왜 그리도 술 욕심을 부리는지 나와는 대조적이다.

저녁을 먹고 밖으로 나오니 함박눈이 펑펑 내리고 있었다. 나뭇가지에도 지붕 위에도 온 세상을 새하얀 눈꽃으로 뒤덮였다. 눈 내리는 풍경은 언제 보아도 환상적이고 가슴 설렌다. 그런 건 나이를 먹어도 변함없다는 것을 새삼 느꼈다.

그러나 들떠 있는 마음도 잠시 자동차를 움직일 생각을 하니 걱정이 앞섰다. 술을 마셨으니 운전을 할 수도 없고 어디 숙소를 정하려고 다녀 봐도 연말이라 빈방이 없었다. 눈은 쌓여 어디 갈 곳도 마땅치 않고 더군다나 험악한 도로라서 자칫 사고라도 나면 어쩌나 싶은데 마침 자동차극장이 있었다. 평소에도 한번 구경을 해야겠다고 벼르던 일이라서 영화 한 편을 감상하는 것도 괜찮을 것 같았다.

영화를 보다보면 술도 깰 것이라는 생각이 들어 자동차극장으로 갔다. 표값은 일반 극장보다 몇 천원 더 비쌌다. 안내원의 설명에 따라 자동차는 시동을 건 상태에서 주파수를 맞추고, 자동차 안 시트에 앉아서 밖에 설치해놓은 대형화면을 보면 되었다. 자동차 안에 설치되어 있는 TV를 봐도 되고 음량조절도 차내에서 할 수 있었다. 그런 면에서 자동차극장은 일반 영화관보다 좀 달랐다.

술 이기는 장사 없다고 이곳에 오기 전부터 술을 마신 남편은 처음 시작할 때 몇 분이나 화면을 보았을까 영화 관람은 뒷전이고 의자를 뒤로 젖히고는 잠을 자느라 정신이 없다. 영화를 보기 위해 표를 구매한 것이 아닌 잠을 자기 위한 숙박료를 낸 것으로 착각하는 모양이다. 이젠 아주 안방인 양 코까지 골아댄다.

이럴 것이었으면 집에서 편히 있을 일이지 왜 나왔는지 분위기만 망쳐 놓는 것 같았다. 자동차극장이 아니라면 다른 방법을 찾을 수도 있으련만, 자동차 속의 좁은 공간이고 또 추운 날씨라서 밖으로 나가라고 할 수도 없었다. 잠을 자려거든 코나 골지 말든지, 집을 나설 때부터 내키지 않았던 마음이었는데 이러지도 저러지도 못하고 괜히 왔다는 후회마저 들었다.

남편이 술에 취해 잠자는 동안 난 그렇게 불편한 시간을 보냈다. 다른 사람과 같이 왔었다면 이렇게 재미없이 보냈을까 싶은 생각이 들었다. 앞으로 이런 곳은 남편과 함께 오지 않을 것이라고 마음먹었다.

자동차극장은 부부가 가는 것보다는 친구나 연인들이 함께 가는 것이 더 즐겁고 좋을 것이라는 생각이 들었다. 삼십 년 전쯤이었다면 어땠을까, 술 대신 향내 나는 껌을 씹었을 것이고, 어떻게 하면 보다 즐거운 시간을 보낼 수 있을 것인가를 생각하며 다정다감하게 손이라도 한번 잡아보려는 설렘이 있었을 텐데, 맹세코 가진 것은 없어도 마음고생은 시키지 않을 것이라며, 내 마음을 사로잡기 위한 말은 다 동원하여 나를 흔들어 놓던 사람, 그러나 결혼하고 나서부터 그런 말들은 언제 그랬느냐는 듯, 지금은 영화를 보든지 말든지 남편은 이렇게 나를 팽겨쳐 두고 술 냄새 풍기며 코까지 골면서 잠을 자고 있다.

오래도록 살다보면 '남편'은 때론 남처럼 느껴진다 하여 '내'편이 아닌 '남'편이라 그렇게 이름을 붙였나 보다. 아무런 감각도 없는 무디고 낯선 타인처럼 보인다.

내가 그리 만만하게 보이는 상대일까? 무엇을 믿고 흔히 말하는 간 덩어리만 커진 것인지.

삼십여 년이란 시간은 이렇게 마음의 변화를 가져왔다.

나눠먹는 재미

규영이 엄마가 속새뿌리를 한 박스 가지고 왔다. 속새는 씀바귀의 일종인데 약효로는 항암, 노화방지, 식욕부진, 위염, 불면증 이외에도 성인병 예방에 탁월한 효과가 있다하여 많은 사람들이 선호하는 식품이다.

이것을 고추장과 식초, 매실청을 넣고 무쳤다. 새콤달콤 쌉쌀한 게 입안이 상큼하다. 하얀 접시에 발갛게 무친 나물을 담아 깨를 솔솔 뿌렸다. 보기만 해도 군침이 도는 게 오늘 점심은 다른 반찬 없어도 될 것 같다.

내가 초등학교 4학년 무렵 친정엄마가 막내동생을 낳았다. 그런데 동생을 낳고부터 산후조리를 제대로 못해서인지 엄마는 얼굴이 부석부석 붓고 아파서 몸져누우셨다. 살림을 도맡아 하던 엄마가 앓고 있으니 맏이인 나는 그때부터 부엌일을 하게 되었다. 그 당시 시골에서는 아궁이에 나무를 넣고 불을 때서 밥을 하였는데, 거친 나무를 땔 때에는 쏟아져 나오는 연기로 눈이 매워 울면서 밥을 하였다. 어쩔 수 없는 상황에 일은 하였지만 마음은 늘 다른 곳에 가 있었다.

동생하고 나물을 뜯으러 가도 내 바구니에는 겨우 한 움큼이나 될까 싶은 나물이 밑에 깔린 게 고작인데 동생은 무엇을 그렇게 많이 뜯었는지 그애의 바구니는 싱싱한 나물로 가득했다.

언젠가 엄마는 이런 말씀을 하셨다. "네 동생이 음식을 만들면 감칠맛이 나는데, 네가 한 것은 왜 그 맛이 안 나냐?"

그건 맞는 말이었다. 음식은 어떻게 하느냐에 따라서 맛이 나는데 싫어서 데면데면하였으니 음식이 제 맛이 날 리가 없었다. 엄마한테 그런 말을 들어도 나는 여전히 요리에 별 관심이 없었다.

결혼하여 큰댁에서 살다가 분가했다. 신접살림이라 이것저것 필요한 것이 많았는데 그 당시 남편의 월급은 남편 혼자 쓰기도 모자랄 정도였다. 거기다가 남편은 김치를 썰어놓아도 그중에서 제일 작은 것을 뒤적뒤적 골라먹고 식성이 까다로운 편이라서 밥상을 차리려면 은근히 신경이 쓰였다. 그 사람은 음식이 입에 맞지 않는가 싶으면 형수가 해주는 음식 얘기를 잘했다.

어느 날인가는 배추겉절이를 해놓고 이것 당신 먹으라고 형수가 가져왔다고 했더니 남편은 얼른 상 앞에 앉아 겉절이와 밥 한 그릇을 게 눈 감추듯 뚝딱 먹어치웠다. 다 먹고 난 뒤, 그거 내가 만들었는데 했더니 "어쩐지 맛이 좀 그렇더라니." 남편은 내가 만들었다는 말을 듣고는 얼굴 표정이 바뀌면서 말을 얼버무렸다.

사람은 누구나 어렸을 적에 먹었던 음식에 좋은 기억을 가지고 있다. 오랜 시간이 지나도 그 맛을 잊혀지지 않는다. 대부분 사람들은 어머니가 해주는 음식이 제일 맛있다고 느끼는데, 남편은 형수 손에서 자라 형수의 손맛에 길들여져 있었으니 당연한 일일 게다.

입안이 깔깔할 때 호박죽이나 팥죽을 별미로 먹으면 입맛이 살아나기도 하는데, 남편은 그런 것도 좋아하지 않는다. 어릴 적에 죽을 많이 먹어서 그렇다고 했다. 여러 가지로 나와 식성이 맞지 않아 은근히 속을 뒤집어 놓던 남편이었다. 그런데 요즈음은 내가 만든 음식이 더 맛있다고 한다. 그러면서 여자들 손은 요리 만드는 요술이 숨었는지, 재료만 있으면 무엇이든지 뚝딱 쉽게 만드는 것을 보면 참 대단하다고 했다. 몇 십 년을 같이 살다보니 시나브로 내 손맛에 젖어 들었나보다. 처음부터 음식을 잘하는 사람은 없다. 같은 재료라도 정성을 들이면 맛이 있고, 성의 없이 하면 맛없게 되는 게 요리다.

전에는 도우미를 두고 직원들 밥을 해주었다. 처음에는 잘 먹던 직원들이 나중에는 맛이 있느니 없느니, 메뉴가 특별하지 않다느니, 먹는 것에 대해 불만을 늘어놓기 시작하였다. 그들의 불만을 듣다 못한 남편은 식당을 정해놓고 먹게 하라고 했지만 내가 식당 음식을 좋아하는 편이 아니라서 망설였다. 식당에서는 대부분 화학조미료를 사용한다. 미원을 많이 넣은 것을 먹으면 속이 느글거려 고생하는데, 그냥 못들은 체 밥을 해주었다. 나름대로 신경 써서 해주는데도 그들은 여전히 불평이었다. 참다못해 더 이상은 안 되겠다 싶어 직원들 식사는 식당에서 하게 하였다. 그러나 어느 곳을 가나 비슷비슷한 메뉴인데, 직원들은 식당 밥도 맛없다며 이틀이 멀다하고 장소를 옮기곤 했다. 다시 전처럼 밥을 해주고 싶어도 일하는 사람 구하는 것도 마땅치 않을뿐더러 도우미에게 지출되는 인건비만 가져도 점심 식비는 되었다. 직원들의 불만은 오히려 나한테 일거양득이었다. 끼니 때마다 무엇을 해야 할까 걱정이 떠날 새가 없었는데 무거운 짐

하나 내려놓게 되어 어깨가 가벼워졌고, 경제적으로 따져 봐도 실보다는 득이었다.

개개인의 식성이 다르므로 같은 음식일지라도 느끼는 맛도 다르기 마련, 유명한 요리전문가라 해도 여러 사람의 입맛을 맞추기 어려운 것 또한 음식 만드는 일일 게다. 내 입맛에는 내가 만든 것이 잘 맞듯이, 내 식성대로 먹으려면 내가 알아서 손수 해먹는 게 제일 좋지 싶은데 그도 쉬운 일이 아니다.

규영이 엄마가 가지고 온 속새를 무쳐서 점심에 먹었는데 맛이 괜찮았다. 혼자 먹기는 양이 많아 커다란 양푼에 갖은 양념을 넣고 또 버무렸다. 친정어머니도 드리고 직원한테도 주고 정아 네도 주었다. 몸에 좋다니까 맛있게 먹으라며 여럿에게 나누어 주었다. 속새뿌리는 규영이네서 가져 왔는데, 선심은 내가 다 쓰고 다니면서 혼자 웃었다. 어떻든 음식을 만드는 것이 번거롭기는 해도 푸짐하게 만들어서 나누어 먹는 일은 흐뭇하고, 받는 것보다는 주는 것이 더 즐겁다. 먹는 데서 정이 든다고 하는 말은 맞는 말인 것 같다.

신뢰가 사라진 자리

샤워를 마치고 탈의실에서 선풍기 바람을 쐬며 머리를 말리고 있는데, 선풍기를 끄라는 퉁명스런 목소리가 들렸다. 순간 내가 무엇을 잘못하였는가, 고개를 돌렸다. 공공장소에서 질서를 지키지 않아 다른 사람에게 피해 주는 그런 행동은 성격상 거리가 좀 먼 것 같은데, 아침부터 남의 책망을 듣다니 머리를 어지럽히는 일이었다.

고개를 돌려보니 언젠가 목욕탕 안에서 이성을 잃은 채 큰소리로 떠들어대던 여자였다. 그의 남편이 바람나서 집안은 거들떠보지도 않는다며 두 년놈을 붙잡아 시청 앞 광장에다 묶어놓고 오가는 사람들한테 망신을 주어 얼굴을 못 들고 다니게 해야겠다고, 억울해서 그냥 놔둘 수가 없는 일이라고, 꼭 그렇게 할 것이니 두고 보라며 날을 세우던 바로 그 여인이었다. 나와 눈빛이 마주치자 그는 자신이 한 말이 잘못됐다는 생각이 들었는지 금방 말꼬리를 돌린다. 요즈음 머리가 아파서 대침을 맞는 중인데, 찬바람을 쐬면 중풍이 올지 모른다는 의사의 말을 챙기느라 그랬단다.

그의 말을 들으니 그럴 만도 하겠다는 생각이 들었다. 벌써 몇 개월 전 일이다. 그녀는 결혼하여 20여 년을 살았는데 남편이 다른 여자에게 푹 빠져 있단다. 이제 중학교에 다니는 딸아이를 다른 학교로 전학시키고 딸과 함께 그곳으로 가서 살라고 한다고, 그런 놈이 이 세상에 어디 있냐며 울분을 감추지 못하고 입에서 나오는 대로 말을 내뱉었다.

지금껏 아이들을 키우면서 살림하며 남편만을 믿고 살아왔는데 다른 여자와 눈이 맞아 집안 식구들은 안중에도 없다고 한다. 가만히 앉아서 당한 그 여인의 배신감이야말로 무어라 표현할 수 있을지, 감당하기 힘들고 불행한 일임에는 틀림없었다. 그렇다고 공공장소에서 떠든다고 해결될 일이 아니라는 생각이 들었다.

남편과 바람을 피운다는 여자는 평소에도 바르지 않은 행동을 하고 살았던 터라 다른 사람들에게 의심을 받아도 마땅하다고 본인 스스로도 인정을 했단다. 같이 맞붙어 싸우면 사회적 위치로 보아 남편의 입장만 곤란할 것 같아 딸아이에게 가서 몇 개월 머물다오면 잠잠해질 것이라 생각하고 외국으로 나갔다고 한다.

결혼할 때는 검은 머리가 파뿌리 될 때까지 서로를 아끼고 사랑하며 한평생을 잘살겠노라고 많은 하객들 앞에서 혼인 서약을 한다. 결혼 당시처럼 그런 마음이 변하지 않는다면 그보다 더 좋은 일이 어디 있으랴. 시간이 흐르다보면 이런저런 일로 서로 믿음이 깨져 가정이 파괴되는 것을 자주 보게 된다. 자신들의 쾌락을 위해 한눈 파는 사이 한 가정이 무너지게 된다는 사실을 잊고 있는 것 같다.

사랑하는 이와 함께라면 무인도에라도 가서 살고 싶다는 말을 하는 사람들이 있다. 무인도에서 며칠은 견딜 수 있을지 모르겠지만 아무리 좋다한들 문명의 이기에 길들여 살던 사람들이 어떻게 그런 곳에서 살겠다는 것인지 좀처럼 이해되지 않는다.

자신이 하는 일을 중요하게 느끼지 않는 사람이 대개 불륜에 휘말리는 것 같다. 어떤 이는 꽃뱀에게 물려 재산을 탕진하는가 하면 고급승용차에 뭔가 있어 보이는 사람에게 걸려 경제적 손해가 나고 가정이 파탄 나는 그런 경우도 종종 있다.

반면 자신의 꿈을 이루기 위해 끊임없이 노력하고, 시간을 헛되이 보내지 않으려고 하는 차이점이 있는 것 같다. 겉으로는 잘사는 것 같이 보이는 가정도 내막을 파헤쳐 놓고 보면 신뢰와 믿음이 깨진 경우가 많다고들 한다. 나름대로 이런저런 이유가 있겠지만 그중에서도 제일 많은 비중을 차지하는 것은 배우자의 불륜이란다. 그래서 요즈음 이혼율이 점점 더 늘어나고 있다고 한다. 어느 날 갑자기 배신당한 후 억울하다고 몸부림치며 울어봤자 이미 떠난 사람이라면 붙잡는다 해도 소용없는 일이리라.

언젠가는 혼자 덩그마니 남게 될지도 모를 일이라면 가끔은 홀로 서는 법을 익히며 사는 것도 생각해 볼 일이다.

머리가 아파 대침을 맞는다는 그 여인을 보면서 부부관계에서 어느 무엇보다 정직과 신뢰만이 가정을 지킬 수 있는 길이 아닌가 생각된다. 열 길 물속은 알아도 한 치 사람 속은 모른다고 하듯, 사람의 마음속은 어디가 끝인지 미궁에 가려져 자로 잴 수도 없는 일, 때와 장소에 따라 언제 어떻게 변하게 될지 알 수 없는 것이 사람의 마음인 것만은 틀림없는 것 같다.

나를 살리는 길

"어디 아프세요?" 이런 말을 자주 듣고 살 정도로 내게 올해는 견디기 힘든 한 해가 아니었나 싶다.

불면증에 시달려 신경정신과에 치료를 받으러 다니면서 약을 먹지 않으면 잠을 한숨도 자지 못하고 밤을 꼬박 새워야만 했다. 전에는 어느 정도 치료받고 나면 괜찮아졌는데, 일 년이 거의 다되어 가는데도 약을 끊을 수가 없었다. 약을 계속 복용하다보니 몸은 무겁고 늘어져 자꾸 자리에 눕고만 싶었다. 머리는 빠개질 것같이 아프고 기억력은 점점 쇠퇴해져가는 것이 눈에 보일 정도였다. 이러다가 지레 지쳐 죽을지도 모른다는 생각이 들기도 했다. 일도 손에 잡히지 않고 아무런 희망도 남아있지 않은 것 같았다.

자신만만했던 그 마음은 다 어디로 갔는지, 내가 한없이 처량해지고 작게만 느껴졌다. 그냥 집에 있는 사람도 아니고 사업하는 사람이 이 모양이니 일이고 무엇이고 나와 관련된 것은 모두 정리해 버리고 홀가분하게 살고 싶었다. 그러나 무 자르듯 쉽게 싹둑 자를 수 없는 일이라서 머리만 복잡해지니 그게 문제였다.

입안은 왜 그리도 깔깔한지, 입에 들어오는 것은 모두 모래알 같았다. 얼굴은 누렇게 뜨고 부스스해서 내가 나를 봐도 정상적인 사람이 아닌 병이 깊어있는 그런 몰골이었다. 그런 모습을 다른 사람한테 보이고 싶지 않아 애써 웃음 짓지만 그런다고 해서 감추어지지는 않았다. 손가락으로 건드리기만 해도 넘어질 것같이 힘없어 보였으니 만나는 사람마다 "어디 아프세요? 안색이 전 같지 않으니 보약이라도 좀 드셔요."라고 한마디씩 하였다. 그럴 땐 나도 모르게 마음이 더 움츠려들고, 설령 내 모습이 초라하게 보였을지라도 그런 말은 듣기 싫었다.

어떻게 하면 건강을 빨리 회복할 수 있을까 나름대로 한약도 먹어봤지만 건강은 쉽게 회복되지 않았다. 올 여름 무더위는 지친 심신을 더 어렵게 만들고 가을은 농번기라 피곤함이 겹쳐 쇠약해진 나를 점점 더 깊은 늪으로 빠져들게 했다.

수면제 양도 늘려 복용해야 그나마 잠을 좀 잘 수 있었다. 밤이 되면 불면증 때문에 겁이 나고, 동이 트는 아침이면 일도 문제지만 사람을 만난다는 그 자체만으로도 두려움이 앞서고 꺼려질 정도였다. 사업이란 사람을 많이 만나야 하는 일임에도 사람 대하는 일이 두렵고 무서워졌다. 이 세상 모든 것을 포기하고 싶을 정도로 귀찮게 느껴지고 심지어는 그냥 이대로 죽었으면 좋겠다는 생각만이 머릿속으로 점점 깊숙이 침입했다. 잠을 이루지 못하므로, 무기력과 만병의 원인이 되는 것이 바로 불면증이었다. 이러다가 우울증에 걸리는 게 아닐까 하는 생각도 들고 불안감으로 이어지는 나날이었다.

사람이 살다보면 별의별 일이 있게 마련이니 누군들 평탄한 길만을 걸어 왔을까. 개개인 속을 다 뒤집어 놓고 보면 말 못할 사연 하나쯤은 감추어져 있음을 알 수 있다. 고만고만한 게 우리 삶이듯 그녀는 누군가한테 기대어 한없이 울고 싶을 때가 어디 한두 번이었으랴. 이런저런 일로 내보이지 못하는 아픔을 가슴에 안고 살아가는 이들이 이 세상에는 많을 것 같다.

믿어야 할 사람에게 받은 배신감, 그 상처가 이렇게 클 줄은 예전엔 미처 몰랐다. 모든 것을 뒤집어 엎어버리고 싶은 마음이 하루에도 수없이 치받쳐 올라왔지만, 나 하나만 참고 넘어가면 세상사 아무 일 없는 것처럼 잘 돌아갔듯이 지금까지 잘 견디고 참아왔는데 조금만 더 참아 보자고 입술을 깨물며 마음을 돌렸다.

아직 할 일이 많이 남아있는 내가 쓰러지면 안 되지. 못 다한 일을 다 이루어 놓은 다음에도 늦지 않으니 늪에서 빠져 나와야 한다. 모든 것은 그냥 못본 체 무시해 버리라고, 그리고 다시 일어서는 거라고, 그 동안도 잘해왔잖아. 예전처럼 자신감을 가지라고 채찍질을 가했다. 너는 개인이 아닌 공인이야. 공인이란 꼭 출세하고 높은 직위를 가져야만 공인이 아니거든, 너는 이 사업에서 공인이니 기죽지 말고 힘을 내라고. 나 자신한테 밝은 마음으로 모든 것을 털어버리고 당당하게 일어서라고 하루에도 수없이 중얼거리며 다짐하곤 했다. 그렇게 하지 않으면 삶을 포기할지도 모른다고, 그리되면 안 된다고 풍선에 공기를 불어 넣어 부풀리듯 계속 힘을 불어넣었다.

입맛이 없고 깔깔해도 억지로 밥을 먹었다. 그리곤 수면제도 서서히 끊기로 했다. 이 약을 계속 복용하면 몸의 균형을 잃고 건강만 더 해칠 것 같았다. 순간순간 치받치는 감정을 억제하면서 다른 쪽으로 마음을 돌리기로 했다. 너를 지켜보는 눈이 얼마나 많은데, 여기서 기죽고 쓰러지면 안 된다는 오직 그 자존심을 일으켜 세우고 정신을 집중시켰다. 내가 못다한 일들이 수두룩한데, 마음의 상처 때문에 건강을 잃으면 모든 것은 무용지물이라는 것을 알았다.

"건강은 빌릴 수 없지만 머리는 빌릴 수 있다"는 명언이 떠올랐다. 건강은 누구한테도 빌릴 수 없는 중요한 것이고, 건강을 잃으면 모든 것은 다 잃는다고 한 말이 내게 와닿는다.

긴 늪에서 빠져나온 느낌이다. 이미 흠집 난 것을 지우개로 아무리 지우고 또 지운다 해도 없어지진 않으리라. 이미 되돌릴 수 없는 일을 가슴에 부여안고 있는 것은 헛된 시간만 낭비할 뿐, 나를 망가뜨리는 짓은 이쯤해서 접기로 했다.

그 무엇인가 다른 것을 찾아 마음을 돌리기로 한다. 내 얼굴에 다시 생기가 도는 걸 보니 "어디가 아프세요?"라는 말은 이젠 듣지 않아도 될 것 같다.

나를 살리는 길, 그건 내 마음 안으로 난 길이었다.

아홉모랭이

2013년 4월 5일 1판 1쇄 발행

지은이 · 이형순 | 발행인 · 이선우

펴낸곳 · 도서출판 선우미디어

등록 | 1997. 8. 7 제300-1997-148호

110-070 서울시 종로구 내수동 75 용비어천가 1435호

☎ 2272-3351, 3352 팩스: 2272-5540 sunwoome@hanmail.net

값 10,000원

※ 잘못된 책은 바꿔 드립니다.

※ 저자와 협의하여 인지 생략합니다.

※ 이 도서의 국립중앙도서관 출판시도서목록(CIP)은 서지정보유통지원시스템 홈페이지(http://seoji.nl.go.kr)와 국가자료공동목록시스템(http://www.nl.go.kr/kolisnet)에서 이용하실 수 있습니다.(CIP제어번호: CIP2013002012)

ISBN 978-89-5658-342-6 03810